ERZIEHEN INGRID LÖBNER
mit Mut und Muße

Was Babys, Klein- und
Vorschulkinder wirklich brauchen

fischer & gann

FÜR FILIPPA

Bibliografische Information der Deutschen Nationalbibliothek:
Die Deutsche Nationalbibliothek verzeichnet diese Publikation
in der Deutschen Nationalbibliografie; detaillierte bibliografische Daten
sind im Internet über http://dnb.d-nb.de abrufbar.

© Verlag Fischer & Gann, Munderfing 2017
Umschlaggestaltung | Layout: Gesine Beran, Turin, Italy
Umschlagmotiv: shutterstock/vitalinka
Gesamtherstellung | Druck: Aumayer Druck + Verlag Ges.m.b.H. & Co KG, Munderfing
Printed in The European Union

ISBN 978-3-903072-47-3
ISBN E-Book 978-3-903072-53-4

www.fischerundgann.com

INHALT

7 FRAGEN ZU VIER-, FÜNF- UND SECHSJÄHRIGEN KINDERN

EINLEITUNG

ES SIND DIE ALLTÄGLICHEN, größeren wie kleineren Momente im Leben mit Kindern, die Fragen aufwerfen oder Eltern und Erwachsene generell verunsichern. Zunächst die Fragen der Lebensplanung: Wie gestaltet man sein Leben mit Kindern, wann geht man wieder in die Berufsarbeit und ins bisherige Leben, wie viel Zeit nimmt man sich für die Familie? Wie sicher ist man bei derartigen Entscheidungen, wenn man nicht mehr weiß, wo einem der Kopf steht bei allem, was zu tun ist? Was sagt das Gefühl, was die Sehnsucht nach Muße?

Schließlich die konkreten Momente während eines Tages mit Kind: Was brauchen Kinder wann? Sollen wir strenger sein mit dem Kind, mehr fordern oder nachgeben? Worauf soll man hören – auf die innere Stimme oder mehr darauf, was das Umfeld oder die Medien sagen? Vielleicht haben Sie mein Buch *Gelassene Eltern – glückliche Kinder* gelesen; man kann es als eine Art Wanderung bezeichnen: einmal durch die frühe Kindheit, von der Geburt bis ins Alter von sechs Jahren.

Meine Bücher *Gelassene Eltern – glückliche Kinder* und *Erziehen mit Mut und Muße* ergänzen einander. Menschen sind sehr komplexe Wesen, und entsprechend komplex sind alle Themen menschlicher Entwicklung. Man kann menschliches Sosein und menschliche Entwicklung als die Wanderkleidung bezeichnen, in der Menschen von Kindesbeinen an durchs Leben gehen. Die Komplexität menschlichen Erlebens ist das Gewebe der Kleidung, das aus vielen, sehr unterschiedlichen Fäden gewoben ist. Dieser Stoff der Wanderkleidung sieht natürlich bei jedem Menschen anders aus. In *Gelassene Eltern – glückliche Kinder* bin ich auf diese Komplexität etwas umfassender eingegangen, habe geschildert, wie geschmeidig oder rau einzelne Fäden sind und warum sie ins Gewebe körperlicher und psychischer Entwicklung und menschlichen Soseins hineingewoben sind. Warum ist der Faden Schlaf in der Kleidung eines Menschen so wichtig, warum für kleine Kinder je nach Alter unterschiedlich schwierig? Wozu brauchen Menschen Aggression, und warum sind Kinder immer wieder so aggressiv? Warum ist es sinnvoll, wenn Kinder viel spielen, was brauchen sie dafür und wozu dient menschliches Spiel überhaupt?

Bei diesem Buch geht es um typische Wegmarken der Wanderung: um jene Fragen, bei denen die meisten Eltern innehalten, unsicher werden; Fragen, die häufig an Elternabenden oder in Einzelgesprächen von Eltern, aber auch von Erzieher/-innen der Kindertagesstätten gestellt werden. Dieses »Was mache ich, wenn das Kind sich so benimmt und meine Nerven strapaziert …?« ist eine Art Weggabelung, vor der man beim Wandern durch die ersten Jahre mit Kind immer wieder steht und sich grübelnd fragt: »Und nun? Welche Richtung? Eher nach rechts oder nach links oder doch geradeaus? Wo geht jetzt der Weg lang?«

Mit den Antworten will ich Ihnen Kriterien an die Hand geben, welche Richtung Sie am besten wann mit Kindern nehmen. Alltägliche Situationen werden weniger anstrengend, wenn angesichts von Grenzmarken kindlicher Entwicklung klarer wird, welcher Weg mit einem Kind in welchem Alter am besten möglich ist. Wenn wir Gefühle und Erleben von Kindern genauer verstehen, hilft das einerseits. Andererseits tauchen manchmal neue Fragen für uns Erwachsene auf. Diese anzuschauen, braucht unter Umständen etwas Mut, weil das bisherige Gewissheiten durcheinanderwirbeln kann.

Ich will Sie ermutigen, auf Ihr Gefühl sowie auf Ihre Erinnerungen zu hören, um mit Ihrem Verhalten in die Richtung mitzugehen, in die Kinder Sie lotsen.

Im ersten Kapitel geht es um Fragen, die das Zusammenleben mit Kindern jeden Alters betreffen. In den weiteren Kapiteln sind die Fragen und Antworten nach Altersabschnitten der Kinder gegliedert.

Ich hoffe und wünsche Ihnen und mir, dass Ihr Leben mit Kind(ern) dadurch leichter und vergnüglicher wird.

Ingrid Löbner

KAPITEL 1 | HÄUFIGE FRAGEN ZU KINDERN JEDEN ALTERS

UNSER KIND TRÖDELT IMMERZU – IST DAS NORMAL?
Unser Kind ist oft sehr langsam, außerdem zeitweise extrem anhänglich – ist das normal? Wir geraten dann oft in Streit, weil unser Kind immer nur trödelt und alles, was zu tun ist, dauernd aufhält.

BEIDES IST FÜR EIN KIND NORMAL. Man erlebt dabei zwei wesentliche Züge von Kindheit: Kinder werden langsam groß und sie hängen an ihren Eltern. Kinder leben intensiv in Gefühlen und erleben Tage und alles, was am Tag zu tun ist, in langsamerem Tempo als Erwachsene. Erwachsene haben diese Seiten ihrer Kindheit meist vergessen.

LANGSAMKEIT: Vielleicht wissen Sie noch, wie unendlich lang es für Sie als Kind dauerte, bis endlich wieder Weihnachten war. Oder wie Sie als Kind vor sich hin trödelten und innerlich zeitweise in andere Welten abtauchten, gedanklich woanders waren als die Erwachsenen. Vielleicht haben Sie damals nicht verstanden, warum Erwachsene so drängelten oder mahnten. Denn ein Kind erlebt, dass es nicht schneller kann. Und so ist es tatsächlich. Kinder brauchen Langsamkeit und den damit verbundenen »leeren« Blick, damit ihre Nerven im Gehirn stabile Bahnen und Strukturen bilden können.[1]

ANHÄNGLICHKEIT: Um zu verstehen, wie stark die Anhänglichkeit sein kann, helfen ebenfalls unsere Erinnerungen, wenngleich wir in der Zeit, an die wir uns erinnern können, nicht mehr ganz kleine Kinder waren. Es geht aber um dieselbe Seite von Kindheit. Die meisten erinnern sich gut, wie wichtig es war, dass in bestimmten Situationen – z. B. in Bring- oder Abhol-Situationen oder bei Aufführungen in Kindergarten oder Schule – die Eltern Zeit hatten. Auch im Hinblick aufs Zubettgehen oder Kranksein erinnern sich die meisten von uns daran, dass ein Elternteil da war. Man kann es so beschreiben: Je kleiner Kinder sind, umso wichtiger ist für ihre seelische Stabilität die Erfahrung, dass die, die sie am unmittelbarsten lieben, spürbar da sein können. Als Kind hat man oft Sehnsucht nach den Hauptbezugspersonen, in der Regel den eigenen Eltern; von ihnen wahrgenommen, gemocht und umsorgt zu werden, dieses Bedürfnis hatten wir alle als Kind.

Wenn wir diesen Bedürfnissen nicht mit Ruhe begegnen, geraten Kinder leicht in Unruhe.

Immer schneller – die Entwicklung in der Gesellschaft

NEUE ERKENNTNISSE ÜBER MENSCHLICHE PSYCHE und kindliche Entwicklung (und auch entscheidend Arbeitnehmerkämpfe) führten in den 1950er- und 1960er-Jahren dazu, dass zunächst der arbeitsfreie Samstag in der Woche als Zeit für Familie etabliert wurde und später auch eine Auszeit im Beruf, einige arbeitsfreie Jahre als Erziehungszeit. Dem kindlichen Bedürfnis nach Bindung und Beziehung sollte Rechnung getragen werden. Weil menschliche Psyche Bindung und Beziehung braucht, bleibt trotz veränderter Berufswelt wichtig, dass Eltern Zeit für Kinder haben. Und zugleich ist die Langsamkeit aller Abläufe im Leben mit kleinen Kindern eine Herausforderung, weil sie im Widerspruch zum hohen Tempo steht, das wir in der Moderne leben. Obwohl wir alle davon ausgehen, durch Maschinen und Computer Zeit zu sparen[2], treibt beides die Geschwindigkeit an. (Denken Sie nur an die Anforderung, jederzeit erreichbar zu sein, oder die übliche Erwartung, dass man sofort auf E-Mail-Nachrichten reagiert.) Mit der Digitalisierung nimmt das Tempo moderner Gesellschaften zu. Das lässt sich an etwas so Alltäglichem wie der Beobachtung messen, dass in den Metropolen der Welt die Fußgänger heute schneller gehen als vor wenigen Jahren! Und die Tendenz ist steigend.[3]

Dieser Zunahme an Geschwindigkeit steht das Tempo von Kindern diametral entgegen. Langsamkeit als zentrales Moment kindlicher Entwicklung mehr anzuerkennen, würde helfen und bedeuten, dass wir es stärker zum Thema machen und für Bedingungen eintreten, die Eltern aus den hohen Anforderungen von Gleichzeitigkeit und Schnelligkeit in Berufs- und Familienwelt mehr entlassen.

So lange unsere Gesellschaft die Langsamkeit im Alltag mit Kindern nicht berücksichtigt, erleben sich einzelne Eltern als versagend. Eltern denken, in ihrem Umgang mit ihrem Kind stimme etwas nicht oder – ich erlebe das nicht selten in beratenden Gesprächen – sie wären nicht in der Lage, ihr Leben ausreichend klug und effektiv zu managen. Das Tempo moderner Gesellschaften steht jedoch generell im Widerspruch zu allen langsamen Wachstumsprozessen.[4] Eltern erleben heute die daraus resultierende Spannung stark, treiben sich an, treiben das Kind an, fühlen sich getrieben; der überall beklagte Stress ist da, inzwischen auch in der frühen Kindheit.

Im Übrigen wird in unserer Leistungsgesellschaft die Stärke betont. Schwäche ist selten ein Thema, ja, wird zum Tabu. Und Tabus bringen es mit sich, dass Betroffene aus Scham nur im Verborgenen darüber sprechen.

Schalten Sie einen Gang zurück!

WENN SIE ZU JENEN GEHÖREN, denen das heutige Tempo zu hoch ist, und Sie das anstrengt, seien Sie sicher, dass viele Menschen ähnlich empfinden – der Run auf Veröffentlichungen zum Thema Burnout beweist das nur allzu gut. Wenn Sie sich im Alltag mit kleinen Kindern zu langsam oder zeitweise auch erschöpft fühlen, zweifeln Sie nicht an sich. Machen Sie es vielmehr zum Thema, wagen Sie, es häufiger anzusprechen. Sich bei Schwierigkeiten mitzuteilen, sich mit anderen auszutauschen, sich zusammenzutun und gegenseitig zu unterstützen, stärkt Sie und Ihre Freunde nachweislich.[5] Es ist entlastend, wenn Sie, statt an sich und Ihrem Kind zu zweifeln, statt sich und das Kind anzutreiben, das Tempo aus Ihren Verpflichtungen herausnehmen – und das auch offen vertreten, sich darüber mit anderen verständigen und einander behilflich sind.

Ich weiß, das ist leichter gesagt als getan; nicht zuletzt, weil man mit der gesamten Arbeitssituation in Zwängen steckt, die nicht leicht zu durchbrechen oder aufzulösen sind. Aber genauer darauf zu schauen, was an Schnelligkeit und Gleichzeitigkeit im Alltag mit Kindern verlangt wird, kommt Ihrem Zusammenleben als Paar und jeglichem Zusammensein mit Kindern zugute. *Der Langsamkeit mehr Raum zu geben, ist in der modernen Gesellschaft eigentlich für alle nötig. Es sollte für Eltern nicht mit existenzgefährdenden Nachteilen verbunden sein, wenn sie sich auf das langsame Großwerden von Kindern einstellen wollen.*[6] Im Leben mit Kindern müssten wir durch bessere Rahmenbedingungen realistischere Lösungen für Eltern ermöglichen. Wichtig wären zum Beispiel machbare Berufspausen durch flexible Arbeitszeitkonten und einen Anspruch auf die jeweils passende Teil- oder Vollzeitstelle für Mütter und Väter. Auch dürften jene, die Kinder versorgen, in der Altersversorgung keine Nachteile haben. Das bestehende System der Rentenpunkte für Erziehungszeiten ist hier längst nicht ausreichend. Familien mit Kindern sind finanziell immer noch drastisch schlechter gestellt als kinderlose Berufstätige und Rentenbezieher. Die Fürsorge für Kinder müsste in unserer Gesellschaft einen viel höheren Wert haben (auch ganz konkret), denn Kinder sind die nächste Generation, die wir brauchen, damit Gesellschaft eine Zukunft hat.

Auf einzelne Alltagssituationen, in denen sich die kindliche Langsamkeit zeigt, kommen wir an anderen Stellen immer wieder zurück.

WAS TUN, WENN DAS KIND STÄNDIG QUENGELT?

Unser Kind quengelt oft. Wir meinen, das tut es nur, um Aufmerksamkeit zu bekommen. Uns wurde geraten, diese Quengelei zu ignorieren, damit es sich das abgewöhnt und nicht durch zu viel Aufmerksamkeit verwöhnt wird. Es hört aber nicht auf – was tun?

EIN HÄUFIGES MISSVERSTÄNDNIS HEUTIGER ERWACHSENER ist die Meinung, Kinder würden das eine oder andere Verhalten an den Tag legen, um Aufmerksamkeit zu bekommen. Mich überzeugt diese Interpretation kindlichen Verhaltens nicht, denn man kann beobachten: Kinder, die ihrem Alter entsprechende, nährende Bedingungen haben, quengeln kaum und fast nur, wenn sie müde oder hungrig sind.

Kinder quengeln nicht, weil sie Aufmerksamkeit wollen, sondern weil sie in Beziehung zu jemandem sein wollen und um sich mit etwas fasziniert beschäftigen zu können.

Menschliches Wachsen geschieht von Anfang an in Beziehung zu nahestehenden Menschen und in Begeisterung für interessante Entdeckungen.[7] Es sind diese zwei Faktoren, die für Kinder notwendig sind, um gut groß werden zu können.

Kinder brauchen ein Gegenüber

EINES WISSEN WIR ALLE INTUITIV: Jüngere Kinder können nicht allein sein; sie sind auf stete äußere und innere Nähe zu jemandem angewiesen. Sobald Babys und Kleinkinder spüren, dass ihr Gegenüber gedanklich zu abwesend wirkt, werden sie unruhig, fangen an zu quengeln. Nach der Baby- und Kleinkindzeit müssen Kinder räumlich nicht mehr in unmittelbarer Nähe sein, bevorzugen es zeitweise durchaus, weiter weg von Erwachsenen zu spielen. Aber dennoch brauchen sie das Gefühl, sich im Zweifelsfall durch die stete Erreichbarkeit einer nahestehenden Person versorgt zu wissen.

Kleine Kinder (bis zum Ende der Kleinkindzeit) brauchen sozusagen ein jederzeit ansprechbares Gegenüber, während Erwachsene, die für Babys und Kleinkinder sorgen, sich auch nach Zeiten des Für-sich-Seins sehnen. Am Anfang ist es das plötzliche Schreien, später das häufige »Mama«- oder »Papa«-Rufen, das Erwachsene im Leben mit kleinen Kindern immer wieder anstrengt. Sehnsucht nach Bezogenheit bei den kleinen Kindern, Sehnsucht nach Ruhe bei den Erwachsenen: aus diesem Dilemma helfen immer wieder alltägliche Zwischenwege heraus. Eine wesentliche Lösung liegt darin, Abläufe am Tag so einzurichten, dass es neben der erwachsenen Arbeit möglich ist, kleine Zwiegespräche mit einem Kind zuzulassen. Mit der sicheren Gewissheit, im Prinzip ein Gegenüber zu haben und mit den Hauptbezugspersonen in Kontakt sein zu können, spielen Kinder vor sich hin, schon als Babys.

Bei der Frage, warum ein Kind quengelt und was man denn nun, wenn überhaupt, tun soll, hilft zuallererst, einigen Dingen nachzugehen: dem körperlichen Wohl, das heißt der Frage, ob ein Kind hungrig oder müde ist; sowie dem psychischen Wohl, das heißt den Fragen, ob man als Erwachsener für das Kind im Prinzip erreichbar ist, in seinen Gedanken nicht zu weit abtaucht, zu lange auf Tablet oder Handy starrt oder im Beisein des Kindes zwischendurch ständig SMS-Nachrichten beantwortet; ob ein Kind seinem Alter entsprechend interessante Bedingungen umgeben, damit es begeistert sein und in kindlich leidenschaftliches »Arbeiten«, also in sein Spiel finden kann bzw. zu anderen Kindern Kontakt und damit kinderleicht zum Spielen einen Zugang bekommt. Wenn Sie beim Quengeln eines Kindes diese Punkte durchgehen und sie entsprechend berücksichtigen, erleben Sie, dass Ihr Zusammensein mit dem Kind ruhiger wird, Muße einkehrt und Sie alle Arbeiten neben dem Kind erledigen können. Mehr dazu, was Sie in bestimmten anstrengenden Situationen mit Ihrem Kind noch anders einrichten können, folgt in den jeweiligen Kapiteln zu bestimmten Altersgruppen.

UNSER KIND VERHÄLT SICH PLÖTZLICH WIEDER WIE EIN KLEINKIND – SOLLEN WIR ETWAS DAGEGEN UNTERNEHMEN?

Unser Kind benimmt sich plötzlich wieder wie ein Kleinkind, macht Dinge nicht mehr, die es schon konnte. Soll man nachgeben? Oder soll man das Verhalten besser ignorieren und strenger sein, um das Größerwerden des Kindes zu bestärken?

DAS ERLEBEN, WIEDER KLEIN ZU SEIN, ist ein Teil kindlicher Langsamkeit. Man kann es wie folgt beschreiben: Kinder machen in ihrer Entwicklung zwei Schritte vor und bleiben dann zunächst wieder stehen oder gehen einen Schritt zurück. Das sind die Momente, in denen Ihr Kind ängstlicher, schwächer, bedürftiger ist als noch einige Zeit zuvor. Meist ist das ganz normal, weil Kinder auch in ihrer Bedürftigkeit verstanden werden wollen. Lassen Sie es zu, denn es ist eine wichtige Erfahrung, in schwachen Momenten mit Entgegenkommen und Verständnis der Stärkeren (der Erwachsenen) rechnen zu können. Als Kind häufig genug, ja, regelmäßig diese Erfahrung machen zu können, stärkt in Menschen die Empathiefähigkeit und erhält ihr grundlegendes Gefühl, sich nicht größer und stärker geben zu müssen, als sie nun einmal sind.

Das Innehalten oder Zurückgehen eines Kindes hat einen wesentlichen Sinn: Ohne stark genug geliebt zu werden, ist menschliche Entwicklung nicht möglich.[8] Kinder verhalten sich in aller Regel logisch. Ihr Kleinsein sorgt dafür, dass Beziehung gepflegt wird – die wesentliche Voraussetzung dafür, dass ihr Gehirn sich entwickeln kann. Denn das kindliche Gehirn muss von starken Gefühlserlebnissen, und zwar zuallererst von Zuneigung, »geduscht« werden. Erst dann bilden sich Nervenbahnen und Nervenverbindungen vielfältig und elastisch aus. Ein guter Grund, das Kleinsein eines Kindes immer wieder zu verstehen und – bei aller Mühe, die es macht – immer wieder zu schätzen.

Die richtige Balance zwischen Versorgung und Herausforderung

DAS HIN UND HER ZWISCHEN KLEIN- UND GROSSSEIN macht uns Erwachsene unsicher: Wann, in welchen Situationen soll man dem Kleinsein eines Kindes nachgeben? Nützen Kinder das aus? Wann verzärtelt man ein Kind? Wann muss man ein Kind auffordern, eine Herausforderung anzunehmen, um zu wachsen, um »groß und stark« zu werden, um Neues zuzulassen, um sich auch mehr zuzutrauen?

Derzeit beobachtet man zwei Trends: Von kleinen Kindern (vor der Schulzeit) wird heutzutage eher viel verlangt, weil wir Erwachsenen meinen, sie seien psychisch, in ihrem Gefühlsleben schon stabiler und größer, als sie oftmals noch sind. Bei größeren Kindern dagegen neigen Eltern aktuell dazu, ihnen bei alltäglichen Anforderungen und Arbeiten vieles abzunehmen, sie wie Kleine zu behandeln, sie kaum an altersentsprechenden Herausforderungen wachsen zu lassen. Hier einige Beispiele: Eltern tragen bei Schulkindern den Schulranzen bis zum Sitzplatz des Kindes ins Klassenzimmer, fahren ihr Schulkind im Auto überall hin, auch Wege, die ein Kind laufen könnte und gemeinsam mit Gleichaltrigen liebend gerne gehen würde. Oder sie bringen einem größeren Kind alles hinterher, obwohl es selbst anfangen könnte, mit an seine Sachen zu denken, und in der Sorge für sich selbst eigenständiger würde.

Es macht Kinder psychisch stabil und stärkt ihr Selbstvertrauen, wenn Eltern eine altersgemäß angemessene Balance zwischen Versorgung und Herausforderung finden. Wann in den ersten sechs Jahren das eine, wann das andere dran ist, dazu finden Sie Genaueres in den folgenden Kapiteln.

Für Ihre Entlastung: Wenn die Logik kindlichen Verhaltens im jeweiligen Alter verständlicher wird, können Sie besser einschätzen, wann ein Kind zunächst noch klein sein muss, um nicht überfordert zu sein, und wann eine Herausforderung seine Persönlichkeit stärkt und ihm hilft, eigenständiger zu werden.

UNSER KIND UNTERBRICHT UNS STÄNDIG – SOLLEN WIR UNS DAS GEFALLEN LASSEN?

Unser Kind kann nicht warten, unterbricht uns ständig. Manche Leute warnen und sagen, wir dürften uns das nicht bieten lassen. Soll man Kinder mehr zurückweisen, auch größere Kinder z. B. bei Gesprächen weniger einbeziehen, damit sie sich gegenüber Erwachsenen nicht so in den Vordergrund spielen?

DA KINDER HEUTE MEHR MITREDEN DÜRFEN als früher, ist manches etwas komplizierter geworden. Seit unseren kollektiven Erfahrungen unbedingten Gehorsams (im »Dritten Reich« und dann in den sozialistischen Diktaturen bis in die 1980er-Jahre) und zusätzlich durch die Erkenntnisse der Psychologie zur Persönlichkeitsentwicklung besteht heute Einigkeit darüber, dass Kinder nicht mehr ausschließlich zu Gehorsam und Unterwerfung im Umgang mit Erwachsenen erzogen werden sollen. Wenn Kinder nicht mehr auf Kommando hören, nicht mehr sich nur nach den Erwachsenen richten müssen, dann steht man vor der Frage: In welchen Situationen dürfen Kinder mitreden? Wann müssen sie – trotz Dialogbereitschaft – doch machen, was die Eltern sagen? Wie findet man heraus, wann das eine und wann das andere dran ist?

Wann und wie man Anliegen der Kinder einbeziehen kann und sollte, darauf kommen wir bei den einzelnen Altersstufen genauer zurück; auch zur Frage, an welchen Punkten Erwachsene klarer und vorausschauender sind und von Kindern erwarten können, dass sie den Weitblick und größeren Überblick von Erwachsenen respektieren.

Warten will gelernt sein

ALS GRUNDEINSTELLUNG IM ZUSAMMENLEBEN mit Kindern ist in jedem Alter hilfreich: Sobald Kinder anfangen zu sprechen, kann für sie die Erfahrung beginnen, dass sie nicht immer zuerst dran sind und dass alle Anwesenden aussprechen dürfen (in Familien mit mehreren Kindern geht es kunterbunter zu, da fällt man sich natürlich auch ins Wort, das ist menschlich und normal …). Trotz Dialogbereitschaft haben Kinder dadurch nicht immer das Privileg, alle anderen zu unterbrechen. Hilfreich ist, wenn sie im Laufe ihres Größerwerdens gegenseitigen Respekt erleben; und das bedeutet hier, dass zwar alle bei Gesprächen und Tätigkeiten drankommen, aber der Reihe nach. Man muss also manchmal warten.

Es ist gut, eine häufige Situation mit zu bedenken, die für Kinder sehr anstrengend ist: als einzelnes Kind unter vielen Erwachsenen anwesend zu sein und warten zu müssen. Besser ist es, wenn Erwachsene helfen, dass ein Kind möglichst schnell andere Kinder findet, mit denen es spielen und reden kann, bis die Erwachsenen ihre Gespräche unterbrechen. Sollte es unvermeidlich sein, dass ein Kind unter zahlreichen Erwachsenen allein ist, hilft es, es immer wieder einzubeziehen und im Idealfall während des Wartens etwas machen zu lassen, womit es fasziniert und versonnen spielen kann. Dann vergeht die Wartezeit für ein Kind ohne Anstrengung.

Verlässliches Einbeziehen des Kindes

WENN KINDER UNS BEIM EINBEZIEHEN ZUVERLÄSSIG ERLEBEN, sie also nach etwas Warten definitiv dran sind, wir also mit verlässlichem Hin und Her dasselbe einlösen, was wir von einem Kind gerne hätten, dann werden Kompromisse möglich, denn Kinder sind von klein auf zur Kooperation bereit.

Wie hilfreich das verlässliche Hin und Her zwischen Warten und Einbezogenwerden ist, wurde mir im Laufe der Jahre in Gesprächen mit Eltern in Anwesenheit kleiner Kinder immer deutlicher. Wir Erwachsenen sagen sehr oft zu einem Kind: »Warte, gleich ...«, reden dann aber weiter. Häufig kommt das versprochene Gleich gar nicht oder erst nach sehr langer Zeit. Ein Kind fängt an zu quengeln, weil es nicht mehr warten kann, aber auch, weil es sich versetzt fühlt, denn wir lösen unser Versprechen ja nicht ein. Je verlässlicher man bei Gesprächen unter Erwachsenen zwischendurch mit dem Kind redet (spätestens alle fünf Minuten ist bei Klein- und Vorschulkindern eine gute Richtschnur), seine Fragen oder sonstigen Anliegen berücksichtigt, umso mehr erlebt sich ein Kind als gehört und respektiert im Raum. Mit diesem Gefühl findet es plötzlich ruhig und gut – ganz nebenher zu Gesprächen Erwachsener – in sein Spiel.

Spielend wartet es sich leichter

UNTERHALTUNGEN PARALLEL ZUM SPIELEN ZU ÜBEN, ist übrigens nachhaltiger, als ein Kind in Zeiten erwachsener Gespräche vor einen Bildschirm zu setzen. Ein Kind statt aus den Medien aus seiner eigenen Fantasie etwas erleben zu lassen, geht leichter, als man meint. Es macht außerdem Spaß und nährt ein Kind in seinem Innenleben und seinem Können.

Man kann zwischendurch kleine Episoden anstoßen, die sich auf irgendetwas im Raum beziehen. Oft hat ein Kind ein Spieltier dabei, mit dem man kleine Geschichten erfinden kann; oder es sind Dinge im Raum, die man stapeln kann, und sei es nur zu einem hohen Turm, um zu sehen, ob er kippt oder stehenbleibt. Mit dem mitgebrachten Spielzeugauto kann ein Kind irgendwelche kleinen Fahrdienste übernehmen; oder es ist eine Puppe da, die gefüttert werden muss oder etwas zu erzählen hat.

Wenn wir einem Kind in seine Fantasie helfen, überlässt es sich schnell seinen daraus folgenden Spieleinfällen, ist dabei hochkonzentriert und wird aus sich heraus zufrieden. Durch solches Spiel erlebt es sich von den Erwachsenen unabhängiger, seine Langeweile verfliegt. Das Kind beginnt dann, die Erwachsenen zu ignorieren. Am liebsten will es dort verweilen, wo es in konzentriertes Spiel hineingefunden hat. Die Zeit ist plötzlich mit Leben gefüllt und muss aus kindlicher Sicht nicht mehr unterbrochen werden.

Mit der kindlichen Logik mitgehen

DIE HEUTIGE DIALOGORIENTIERTE ERZIEHUNG bringt eine weitere Schwierigkeit mit sich: Alle Erwachsenen reden inzwischen viel mit Kindern und gehen dabei davon aus, dass ein Kind sein Verhalten schon über unsere erwachsene Art des Denkens steuert. Das ist nur bedingt richtig, häufiger ist es ein Irrtum.

Kinder sind von ihrer Zeit als Baby an durch Worte zu erreichen, sie reagieren schon sehr früh logisch, sie haben aber im Vergleich zu unserer erwachsenen Logik eine kindliche Logik. Mit unserer heute eher sprachlastigen Erziehung vergessen wir das oft und überfordern Kinder mit erwachsenem Argumentieren, was meistens bedeutet: mit Worten, die kindliche Lebensgefühle eher nicht erreichen.

Wenn man sich in kindliche Vorstellungswelten einfühlt, spürt man, dass wir nicht mehr erreichen, je mehr wir Erwachsenen sprechen. Kindliche Logik richtet sich nach Gefühlen; erwachsenes Argumentieren ist meist mehr von intellektuellem Denken geprägt. Hilfreicher ist es, wenn wir mit der kindlichen Logik mitgehen.

Dagegen wird heute eingewandt: Müssten Kinder nicht die erwachsene Art zu denken am besten zügig lernen, um selbstständig und groß zu werden? Andersherum geht es besser und ist sinnvoller, denn Gefühle sind der Antriebsmotor aller Entwicklung im menschlichen Gehirn. Hilfreich ist es vielmehr immer, diesem zentralen »Motor« unseres Gehirns nachzuspüren. Es hilft den Kindern, weil sie sich mehr verstanden fühlen und ihre gesamte Entwicklung in vielerlei Hinsicht lebendiger wird. (Es bleibt alle Jahre ihres Aufwachsens so: Nur über die Aktivierung der Gefühlszentren im Gehirn bekommen Kinder ein plastisches, neurologisch vielfach vernetztes Gehirn.)

Aber es tut uns Erwachsenen ebenfalls gut, denn es hält uns jung. Während unseres ganzen Lebens sind Gefühle der entscheidende Antriebsmotor für Veränderungen und für sich neu bildende Nervenbahnen im menschlichen Gehirn. Wenn wir Erwachsene durch das Zusammensein mit Kindern unseren Gefühlen vermehrt nachspüren, ist es auch für uns konstruktiver – denn genau das erhält auch das erwachsene Gehirn »plastisch« bzw. komplexer.[9] Es hilft uns also auch selbst mehr, anstatt mit Kindern von klein an intellektuell-nüchterne Denk- und Argumentationsweisen zu praktizieren.

Lasst die Kinder in Ruhe!

NEBEN ERWACHSENEM ARGUMENTIEREN ist eine weitere Veränderung im Umgang mit Kindern verstärkt zu beobachten: Wir beziehen Kinder heute zwar häufiger ein und reden mehr sowie freundlicher mit ihnen als früher, aber wir sind dabei auf andere Weise weniger kinderfreundlich. Denn wir lassen sie zu wenig in Ruhe. Wir verplanen sie täglich, unterrichten sie früh, reden viel und zudem auf sie ein, fahren sie schon als Babys zu Kursen, sind mit ihnen vielfach auf Achse und reißen sie durch unsere ständigen Pläne aus ihrer Art, kindlich in der Welt zu sein.

Kind sein zu dürfen war einmal eine Errungenschaft, die Kinder frei machte von Arbeit. Mit unserer heutigen Lebensweise des Immer-irgendwohin-Müssens und der Vorstellung, Kinder früh unterrichten zu müssen, bürden wir Kindern wieder etwas auf, unterwerfen sie einem neuen Gehorsam und der Idee, dass sie schon früh nur woanders als in ihrer täglichen Umgebung voran- kommen können. Die damit einhergehenden Pläne, Kurse und auch Wege sind ein ernst zu nehmendes Problem für Kinder. Zugleich sind sie ein Irrtum unserer Gesellschaft in Bezug auf das, was Kinder stärkt und ihre Intelligenz, ihre Begabung, ihr Lebens- gefühl sowie ihr Zusammenleben fördert.

Wenn wir die Ergebnisse der Hirnforschung beherzigen, kommt die Frage auf, ob wir Kinder heute gewissermaßen neu gefährden, weil sie von Jahr zu Jahr weniger freie Zeit für ihr Spiel haben. Das betrifft Kinder aller Altersstufen, so lange sie im Alter des Spielens sind, letztlich bis zum Eintritt der Pubertät.[10] Kinder werden früh in die Pflicht genommen, sie werden beurteilt (was gut gemeint ist, gleichzeitig aber für alle Beteiligten Anstrengung und Anspannung bedeuten kann), kindliche Muße nimmt ab und die einst größere Freiheit von Kindern, frei von erwachsenen

Tätigkeiten und erwachsener Welt zu sein, schwindet wieder. Kinder leben wie Erwachsene den ganzen Tag in Plänen, vermehrt unter erwachsener Anleitung, dauernd unter erwachsener Aufsicht, auf überschaubaren Plätzen in begrenzten Einrichtungen. Diese Einschränkung der Freiheit nimmt ihnen ihre Welt unter anderen Kindern. Unter diesen Bedingungen können Kinder nicht mehr in derselben Weise wie einst ungestört, untereinander und altersgemäß, in ihrer fantasievollen Art spielen und auf ihre Weise kindlich nachdenken.

Freiheit und Spiel machen Kinder klug

EINS LÄSST HOFFEN: DIE WARNENDEN STIMMEN aus der Fachwelt nehmen zu. Im Anmerkungsteil finden Sie eine Liste aktueller Bücher, die Ihnen Freude machen und vielfältige Argumente liefern können, warum Freiheit und Spiel Kinder klug machen und Sie als Eltern mögliche Zweifel über Bord werfen können.[11] Sie handeln nicht fahrlässig, wenn Sie Ihre Kinder nicht gleich früh verplanen, sie nicht von klein auf in die Förderung und damit in die Bewerbung um die »besten Plätze« schicken – in jenen Wettbewerb, der in unserer Gesellschaft immer früher beginnt und nicht so kindgerecht ist, wie es scheint. Sie als Eltern dürfen getrost kritisch sein, denn die vermehrt vertretene, Ihnen ans Herz gelegte frühe Förderung bewirkt keine besondere Intelligenz und ist nicht ganz ohne Intention. Förderprogramme halten seit einigen Jahren in den Kindertagesstätten[12] konsequent Einzug und nehmen Kindern ihre einst vom Spiel geprägten Freiräume. In seinem 2014 erschienenen Buch *Die Kindheit ist unantastbar* zeigt der Kinderarzt und Wissenschaftler Herbert Renz-Polster auf, wie die frühe Kindheit und damit die Kleinkinder in den vergangenen Jahren von der Wirtschaft als Ressource und sogenanntes Humankapital entdeckt wurden. In Bezug auf die Stiftung »Kleine Forscher«, die KiTa-Pädagogen fortbildet, schreibt Renz-Polster: »Die Behauptung, nach der das Haus der kleinen Forscher ›selbstlos‹ tätig sei, (so steht es in der Satzung) stimmt nur im Sinne des Stiftungsrechts. In Wirklichkeit verfolgt es klare Interessen, und die sind von den Initiatoren auch klar formuliert worden: Den Kindern sollen Kompetenzen vermittelt werden, die sie für das Wachstums- und Effizienzmodell des globalisierten Wettbewerbs tauglich machen.«[13]

Renz-Polster weist minutiös nach, dass es die Initiativen großer, weltweit operierender Konzerne und Firmen sind, auf deren Drängen ganz bestimmte Bildungspläne für die frühe Kindheit flächendeckend eingeführt wurden. Zugleich wird verdeutlicht, wie fein und subtil (den meisten von uns nicht bekannt) die Verzahnungen zwischen Wirtschaftsgrößen, Stiftungen, Politikern und Bildungsoffensiven sind und damit einhergehend die Überprüfung bestimmter Bildungsergebnisse bei (kleinen) Kindern. Die Lektüre dieses Buches empfehle ich wärmstens allen Erwachsenen, die das Recht heutiger Kinder auf ihr Kindsein verteidigen möchten und klare Argumente dafür suchen.[14]

Eigenem Spiel und eigenen Ideen folgen zu dürfen, wird der Tatsache gerecht, dass Menschen sich auf unterschiedlichen Ebenen entwickeln. Ihrer Fantasie folgend können sie ihre Welt innerlich und äußerlich reichhaltig gestalten und wollen und müssen sich auch nicht zu früh spezialisieren. Denn entwickeln sie sich spielerisch, werden Menschen als Erwachsene der späteren Vielfalt von Anforderungen, die während ihres Lebens noch auf sie zukommen werden, komplexer, umfassender und – beim Finden von Lösungen – kreativer gewachsen sein.[15]

Aus dieser Tatsache ergeben sich gute Gründe, Kindern so oft wie möglich ins Spiel zu helfen. Ganz nebenbei haben wir selbst dadurch Vorteile. Denn wenn wir das Spielen für Kinder hochhalten, unterbrechen Kinder uns seltener, machen verspielt ihre Dinge und lassen uns Erwachsenen die unseren machen. Das Problem, den anderen zu unterbrechen, dreht sich dann oftmals um: Kinder im Spiel reagieren auf unsere Unterbrechungen zeitweise ungehalten, weil wir sie aus ihrer hohen Konzentration holen.

Ich informiere mich ständig im Internet und lese sehr viel, um alles mit dem Kind richtig zu machen. Aber es gibt so viele verschiedene Informationen – wonach soll man sich richten?

AM BESTEN, SIE GEHEN DAVON AUS, dass Sie gar nicht alles richtig machen können oder müssen – und dass Blogs im Internet oder Bücher über Erziehung nicht alles beantworten. Es geht nicht darum, perfekt zu sein, sondern nur darum, im Wesentlichen ganz gut zu sein und mit Kindern in wohlwollender Atmosphäre zu leben. Bücher können Anhaltspunkte geben, Kriterien nennen und Ihnen helfen, Ihrem Gefühl zu trauen. Darüber hinaus können sie Ihnen Hintergrundwissen und Erklärungen geben. Wenn Sie etwas mehr darüber erfahren, was sich gerade in einem Kind abspielt, bekommen Sie als Eltern vielfältigere Ideen, wie Sie Schwierigkeiten lösen können.

Warmherzig, mit Sinn für das Kind

WENN SIE ZWISCHENDURCH RATLOS SIND, wie Sie den einen oder anderen Konflikt entscheiden sollen (Sie können sicher sein, dass es allen Eltern so geht!), dann nehmen Sie als erste Richtschnur *Warmherzigkeit*. Man muss nicht immer alles hundertprozentig machen, auch einem Kind können Sie nicht immer gerecht werden. Sie können mal verbieten, zeitweise auch streng sein usw., nur werden Sie emotional nicht kalt. Sie müssen keinesfalls sämtliche Kinderwünsche erfüllen. Warmherzig zu bleiben bedeutet, dass man im Prinzip aber für kindliche Wünsche einen Sinn behält, auch wenn man manchmal aus erwachsener Sicht und Notwendigkeit heraus anders entscheiden muss. Wenn man trotz des einen oder anderen Neins herzlich bleibt, ist man für ein Kind zwar enttäuschend, aber nicht extrem verletzend. Denn mit dem Sinn für das Kind bleibt man in Kontakt, also in Beziehung zueinander, und das hält uns alle seelisch gesund – erst recht die Kinder, die ja noch instabiler sind als Erwachsene.

Zusammen geht es besser

ALS ZWEITE RICHTSCHNUR BEI RATLOSIGKEIT hilft *Respekt*. Gegenseitiger Respekt nährt einen guten Boden, der alle Beteiligten psychisch gesund erhält. Kinder nimmt man ernst, aber das sollte nicht dazu führen, dass Eltern (nach den ersten Monaten der Babyzeit) zu Bediensteten ihrer Kinder werden, was man heute öfter beobachtet als früher. Aus falsch verstandenem psychologischen Wissen werden Kinder heute in mancher Hinsicht mit größter Vorsicht und ungeheuren Skrupeln behandelt, während Eltern sich alles und jedes abverlangen. Das tut keiner Seite gut, denn die Eltern unterwerfen sich auf diese Weise den scheinbar berechtigten Forderungen ihrer Kinder. Die Kinder wiederum werden weniger patent, auch weniger robust, und lernen kaum eine Haltung des »Zusammen geht es besser«.

Wenn man die Haltung lebt, dass keiner den anderen respektlos behandelt und beugt, dann haben beide Seiten einen starken Standpunkt und häufig gute, konfliktlösende Ideen. Mit der Haltung des Respekts kann man ein Kind bitten, dass es altersentsprechend seinen Teil beiträgt, damit alle im Zusammenleben besser zurechtkommen. Diese Einstellung des »Hilf auch du jetzt ein wenig mit– dann schaffen wir es besser« verstehen Kinder früh, in kleinen Schritten ihrem Kleinsein entsprechend, und sie mögen diese Haltung. Denn sie werden dabei angesichts ihres Könnens auf liebenswerte Art stolz auf sich.

In dieser Haltung mit Kindern zu leben, trifft einmal mehr auf das menschliche Bedürfnis, in Beziehung zu sein und sich gegenseitig zu unterstützen. Menschen bevorzugen diese Haltung und Erfahrung der Hilfsbereitschaft untereinander von frühester Kindheit an, das konnte man in Studien mit Babys zeigen.[16]

WIE VIEL FÖRDERUNG
BRAUCHT UNSER KIND?

Unsere Zeit heute ist, wie sie ist; also muss man Kinder fördern, sie dafür auch früh in Institutionen und Kurse geben. Sonst haben die eigenen Kinder in unserer Leistungsgesellschaft geringere Chancen als die anderen, ihre Anlagen herausragend auszubilden, oder?

KINDER SIND SEHR VERSCHIEDEN, aber eines haben sie alle gemeinsam. Gerald Hüther, Neurobiologe und Hirnforscher beschreibt und belegt es:»Jedes Kind ist hochbegabt.«[17] Hochbegabt? Damit ist nicht gemeint, dass jedes Kind als Star durchs Leben geht und mit Auftritten besonderer Art berühmt wird.

Hochbegabt heißt, dass jedes Kind ausgezeichnete Begabungen und Fähigkeiten mitbringt, die es entfalten kann, wenn es darf und wenn es – als Grundlage der Entfaltung aller Begabungen – geliebt und verstanden wird. Das bedeutet zuallererst, gesehen zu werden, Zeit und Muße zu bekommen, um die eigenen Züge und Gaben zu entfalten.

Ich habe in meinem Leben mit Streichinstrumenten zu tun, spiele eines und das zugehörige Handwerk war lange Teil meiner täglichen Erfahrung. Daher geht mir mein Wissen aus dem Geigenbau durch den Sinn, aber andere Handwerke bieten parallele Vergleiche:

Kinder zum Klingen bringen
ALLE GEIGEN, AUCH DIE ALTEN, SEHR KOSTBAREN italienischen Instrumente, kommen nur dann richtig zum Klingen, wenn sie genügend Raum dazu haben und man sie gut einstellt. Alle Feinheiten wie der schmale Stimmstock im Inneren einer Geige, der Steg, die

Saiten über dem Steg, die Wirbel usw. kommen erst zur Geltung, wenn sie feinfühlig von Geigenbauern behandelt und positioniert werden. Dabei gilt, was ich verblüffend miterlebt habe: Auch eine Stradivari entfaltet nicht von sich aus schon ihr volles Potenzial, sondern erst, wenn bestimmte Bedingungen erfüllt sind. Stimme und Steg müssen einfühlsam »eingestellt« worden sein und der angemessene, weite Raum ist notwendig, damit das Instrument richtig gut klingt. Und natürlich braucht es eine/n Spieler/in, der/die leidenschaftlich auf ihm spielt.

Auf Kinder übertragen, hilft das zu verstehen: Jedes Kind bringt zahlreiche und vielfältige Begabungen mit, um schön im Leben zu klingen. Voraussetzung ist dabei, dass ein Kind den Raum hat, sich zu entfalten, und Eltern, die seine Begabungen wahrnehmen, sich mit feinem Gefühl auf ihr Kind »einstellen«: Mit genug Zeit und Ruhe kann man entdecken, was ein Kind mitbringt und wie man ihm den nötigen Raum gibt, damit es seiner Wesensart entsprechend zum Klingen kommt. Wenn Kinder sich verstanden fühlen, dann sind sie leidenschaftlich dazu bereit, sich in ihren Fähigkeiten zu üben. Für das Kind heißt das nicht in erster Linie, an Kursen teilzunehmen, sondern sich das Leben und die eigenen Gaben zu erspielen.

Wenn das Dasein oft genug Freude macht, werden Menschen meisterhaft, brillant auf ihrem »Instrument« – also in allem, was sie für ihr Leben mitbekommen haben. In ihren Gaben zu Hause zu sein, ist das, was Menschen tatkräftig und glücklich sein lässt. In der Folge sind sie für sich und andere bereichernd bei allem, was sie tun. Dann leben sie Hochbegabung – was nicht heißt, dass sie ständig nach außen herausragen, sondern dass sie leidenschaftlich gut, aber auch zufrieden sind bei dem, was sie tun, was immer es ist. Es ist oft genug eine unauffällige, nach außen hin unscheinbare Tätigkeit.[18] Wir alle kennen Menschen, die in solchen Tätigkeiten ihre Hochbegabung leben und so auch andere bereichern.[19]

Astrid Lindgren – eine besondere Lehrmeisterin

DIE GROSSE ERZÄHLERIN, DIE SCHILDERTE, wie Kinder »klingen«, wenn sie ihrem Alter entsprechend Kind sein und ihren kindlichen Vorlieben nachgehen können, war Astrid Lindgren. Sie ist auch heute noch die meistgelesene Kinderbuchautorin.[20] Ihre Sicht auf Kindheit hilft uns Erwachsenen, Kinder zu verstehen, und ihre Bücher geben uns Kriterien an die Hand, was es braucht, damit Kinder altersentsprechende, »wohl klingende« Bedingungen haben. Astrid Lindgren hatte die seltene Gabe, Gefühle und Gedanken von Kindern jeder Altersstufe noch einmal so intensiv zu empfinden, dass uns ihre Erzählungen unwillkürlich unter die Haut gehen und uns helfen, uns zu erinnern, wie es sich anfühlte, Kind zu sein. Wir Erwachsenen finden uns als Erwachsene ebenfalls in Lindgrens Schilderungen wieder, in allem, was die Sorge für Kinder intensiv und gleichzeitig anstrengend macht. Wie Malin, die als erwachsene Schwester dabei ist, den Ärger über ihre Brüder aufzuschreiben, und uns unvermittelt den Sommer herbeizaubert, verbunden mit Kinderplagen:

Mittsommer war da, ein strahlend heller Mittsommertag, und was fiel Malin ein? Den lieben langen Vormittag saß sie hinter der Fliederhecke im Gras und schrieb in ihr Tagebuch, und als Johann sich ihr zutraulich näherte, sagte sie kalt und ohne auch nur aufzublicken: »Geh weg!«

Worauf Johann mit hängenden Ohren zu seinen Brüdern zurück ging und berichtete: »Sie ist immer noch böse!«

»Tsss, sie sollte lieber dankbar sein«, meinte Niklas. »Nun hat sie ja was zum Schreiben. Aus dem Tagebuch würde nie etwas werden, wenn sie uns nicht hätte.«

Aber Pelle machte ein reuevolles Gesicht. »Dann hätte sie aber vielleicht lustigere Sache reinzuschreiben. Was sie so lustiger findet, meine ich.«

Sie schauten kummervoll in die Richtung, wo Malin saß, und Johann sagte: »Diesmal schmiert sie bestimmt schauerliches Zeug über uns da rein.«

Gestern war Mittsommerabend, schrieb Malin. Und diesen Mittsommerabend werde ich nie vergessen. Um aber sicherzugehen, will ich lieber festhalten, was geschehen ist. Diese Zeilen werde ich meiner Tochter aushändigen, falls ich einmal eine bekommen sollte. Sie kommt vielleicht an einem Mittsommerabend glühend vor Glück nach Hause und fragt: »Hast Du es schön gehabt, als du jung warst, Mama?« Dann werde ich unmutig auf ein paar vergilbte Tagebuchblätter zeigen und sagen: »Hier kannst du sehen, wie es deiner armen Mutter erging, nur deiner kleinen abscheulichen Onkel wegen.«

Aber um der Wahrheit die Ehre zu geben – die abscheulichsten kleinen Onkel der Welt können den lieblichen Glanz über einem Mittsommer auf Saltkrokan nicht trüben. Den Glanz und die Schönheit und die Wonne des Sommers, der jetzt um uns herum blüht, das kann keiner zunichte machen.[21]

Wie sorgenvoll der vorhergehende Abend für alle verlief, als die Kinder viel zu lang mit dem Boot auf dem Meer verschwunden blieben und das Wetter draußen immer schlechter wurde, das erleben wir beim Lesen intensiv mit. Wir kennen solche Sorgen und können durch Lindgrens Schilderungen auch die Erwachsenen bestens verstehen.

WIE GUT MÜSSEN WIR ALS ELTERN SEIN?

Wenn hier von feinfühligen Einstellungen und Kunst die Rede ist, heißt das, dass wir als Eltern also doch sehr gut sein müssen?

KEINE SORGE – ES GEHT NICHT DARUM, dass Sie als Eltern immer mehr Ansprüchen genügen sollen. Die Erfahrung zeigt: Die meisten Erwachsenen haben, wenn sie auf sich hören, ein gutes Gefühl dafür, was ein Kind eigentlich bräuchte, um im Gleichgewicht zu sein. Wenn Sie Zugang zu Ihrer Intuition haben, wird Ihr Leben mit Kind leichter. Sie werden ganz von selbst durch Ihr Gespür zu »Kunsthandwerkern«. Es ist wie bei jedem Handwerk: Es geht darum, Dinge mitzuerleben und manchen Kniff erklärt und gezeigt zu bekommen, um immer mehr der eigenen Wahrnehmung zu trauen. Dann kommt die schöne Musik – das Leben mit Kindern kommt zum Klingen.

IST ASTRID LINDGREN NICHT EIN FALL FÜR ROMANTIKER?

Heute leben Familien und Kinder doch völlig anders als zu Astrid Lindgrens Zeiten. Lebensbedingungen haben sich grundlegend geändert; Erwachsene, auch Mütter, gehen ihrem Beruf außer Haus nach, um ihre Existenz jetzt und später selbstständig zu sichern. Hängt man nicht verklärter Romantik und alten Zeiten nach, wenn man sich auf Astrid Lindgren bezieht?

WÄHREND IN FRÜHEREN ZEITEN ALL JENE, die es sich leisten konnten, Haushaltshilfen oder, wenn sie Landwirte waren, Mägde und Knechte hatten, welche die alltäglichen Arbeiten mit erledigten (Lindgren erzählt vielfach davon), hat sich die Situation inzwischen geradezu um 180 Grad gedreht und wir sehen das als Fortschritt an. Familien erledigen heute das dreifache Pensum: Beide Elternteile sind außer Haus berufstätig, erledigen den Haushalt zwischendurch und versorgen parallel Kinder. Die Annahme unserer Zeit ist, Sorge für Familie und Kinder ginge bei (fast) voller Berufstätigkeit nebenher. Dazu kommt, dass anscheinend nur die Berufsarbeit als gesellschaftlich anerkannte, wertschöpfende Arbeit angesehen wird.

Alltag braucht Muße

UM MISSVERSTÄNDNISSEN VORZUBEUGEN: Nicht, dass ich wieder für Mägde und Knechte eintreten will. Aber trotz heutiger Unterstützung durch Kinderbetreuung und Maschinen im Haushalt fällt im Zusammenleben als Familie vielfältige Arbeit an. (Wir kennen alle das tägliche Aufräumen oder das zeitraubende Kümmern um liegengebliebene Arbeiten im Haus, Besorgungen für die

Familie usw.) Kinder sind lebhaft und brauchen wie früher Zeit und Kraft der Eltern, Gleichmaß und Muße, damit alle gute Nerven behalten und über Jahre durchhalten. Wie aber kommt es dann, dass wir inzwischen meinen, man könne die alltäglichen Dinge des Zusammenlebens als Familie bei einer vollen Woche der Berufsarbeit beider Eltern auf Feierabende und Wochenenden schieben? Wäre es nicht klug, für das psychische und körperliche Gleichgewicht aller anzuerkennen, dass die Arbeit für die Kinder und das gemeinsame Zuhause Ressourcen braucht? Fortschrittlich zu respektieren, dass alle Arbeit für menschliches Zusammenleben wichtige Arbeit für eine Gesellschaft ist?

Alltag braucht auch Muße, weil die anstehenden Arbeiten dann nicht nur eilig durchgeackert werden, sondern die Nerven in der Versorgung (nicht nur) kleiner Kinder nicht so beansprucht werden: Es bleibt Zeit für jene Arbeiten, die Atmosphäre und Zusammenleben pflegen, individuelle Vorlieben nähren, Tätigkeiten und Ereignisse ermöglichen, nach denen sich alle, besonders aber Kinder sehnen; man hat Zeit, zusammen Erfahrungen zu machen, Dinge selbst herzustellen; die Liebe kann durch den Magen gehen, weil Eltern das (Lieblings-)Essen kochen; man erlebt starke Augenblicke mit allen Sinnen, wie das Ostereierfärben im Frühling, das Drachen- und Laternenbauen im Herbst, das Sammeln und Einkochen von Früchten des Sommers, das Basteln von Weihnachtsgeschenken an Wintertagen, während man erzählt, den Kerzenschein im Auge, den Zimt- und Plätzchenduft in der Nase. Wenn wir uns gemeinsam draußen und drinnen mit allen möglichen Dingen beschäftigen, haben Kinder Sinneserlebnisse unter lieben Menschen, an die sie sich ein Leben lang mit Genuss erinnern und aus denen sie sich auch später, als Erwachsene, noch nähren.

Sinneserfahrungen –
so erleben Kinder das Leben intensiv

ASTRID LINDGREN SCHILDERT IN ALL IHREN BÜCHERN immer wieder: Es ist wichtig und schön, wenn intensive Lebensgefühle sich an bestimmte Sinneserfahrungen knüpfen, verbunden mit Menschen, die man liebt und mit denen man gerne Zeit verbringt. Wir kennen das von uns selbst und erleben es mit Kindern heute ebenso.

Wie sehr Sinneserfahrungen mit Gefühlen verbunden sind, erlebte ich einmal, als ich einem Kind die Zeit bis zur Rückkehr seiner Eltern überbrücken wollte. Weil Essenszeit war und ich dem sehnsüchtig wartenden Kind eine Freude machen wollte, fing ich an, sein Lieblingsessen zuzubereiten. Obwohl das Kind und ich uns nah vertraut waren und ich geübt war, also ganz ordentliche Pfannkuchen backen konnte, stand das Kind skeptisch neben mir am Herd und kommentierte jeden meiner Handgriffe mit den Worten:»Mama macht das aber so …« Da wurde mir klar, dass es Mama und ihre Pfannkuchen waren, die hier vermisst wurden, und was immer ich auch anstellte – Mama und ihre Pfannkuchen waren nicht zu ersetzen. So ist das nun einmal, wenn man fünf Jahre alt ist.

Erste Hilfe für Eltern

JENE, DIE SICH AN INTENSIVE UND SCHÖNE ZEITEN mit ihren Eltern erinnern und es als Eltern weiterhin so wie ihre Eltern halten wollen und Muße mit Kindern möglich und mit guten Dingen angefüllt wird, riskieren heutzutage, gesellschaftlich abgehängt zu werden. Statt dessen müsste man ihnen eigentlich unterstützende Angebote für einen bleibenden Kontakt zu ihrem Beruf garantieren, z. B. durch Angebote regelmäßiger Weiterbildung. Das wäre

entscheidend, damit Eltern in unserer Arbeits- und Leistungsgesellschaft nicht mehr ständig Angst haben müssen, ihren Platz
in der Arbeitswelt zu verlieren, sollten sie sich Berufspausen erlauben. Derzeit drohen jenen (Frauen wie Männern) ernsthafte
Nachteile, die aufgrund ihrer Zeit für Kinder mehr als wenige
Monate in der Berufstätigkeit aussetzen. Männer trifft es momen-
tan härter als Frauen: Wenn sie wagen, länger als ein paar Monate
Elternzeit zu nehmen, ernten sie von vielen Personalchefs zur Zeit
noch weniger Verständnis als Frauen.

Statt dass wir alle den damit einhergehenden, alltäglichen
Stress von Eltern wahrnehmen und ihn immer wieder öffentlich
zum Thema machen, erleben Paare diese Situation als ihr indivi-
duelles Problem, tragen ihre Konflikte alleine aus, reiben sich
gegenseitig auf und streiten darüber, wer wann wie schnell und mit
wie vielen Wochenstunden wieder arbeiten gehen kann. Alle, die
Paarberatung machen (ich gehöre zu jenen), erleben diese neue
Thematik.

»Erste Hilfe« für Sie als Eltern: Werden Sie realistisch bezüglich ihres Pensums im Alltag. Und leben Sie als Elternpaar mit
Respekt füreinander, seien Sie zueinander solidarisch, regeln Sie
existenzielle und berufliche Fragen für sich als Paar gegenseitig
wohlwollend und für Ihre Kinder mit Ruhe. Je mehr es Ihnen gelingt, verständnisvoll für die Belastungen eines jeden zu sein und
jede Arbeit als Arbeit mit jeweiligen Vor- und Nachteilen anzuerkennen, wie auch immer Sie Ihre Anteile an der Arbeit zu Hause
und im Beruf aufteilen, und je eher Sie sich gegenseitig respektieren und entlasten, umso stärker sind Sie als Paar und nachweislich
glücklicher.[22]

Eintreten für bessere Bedingungen

UM ZU FAMILIENFREUNDLICHEREN RAHMENBEDINGUNGEN zu kommen, wäre ein Weg, dass wir viel häufiger öffentlich die Diskussion anregen und das jetzige Credo angreifen, in Beruf und Familie sei alles jederzeit gleichzeitig machbar.[23] Als eine, die die täglichen Situationen von Familien mit Kindern miterlebt und durch die Beratung von Erzieher/Erzieherinnen auch die Situation in den Kindertagesstätten hautnah geschildert bekommt, meine ich: Es ist nicht die ganze Wahrheit, dass alles gleichzeitig machbar ist, man Kraft hat für alles, den Beruf und die Sorge für Kinder, noch dazu kleine Kinder; dass man nur durch gute Organisation alles unter einen Hut bekommen kann, ohne dabei die Nerven zu verlieren und zusammen in nervenaufreibenden Stress zu geraten oder ständig Konflikte als Paar verhandeln zu müssen.

Die vielfältigen Belastungen und Konflikte als Folgen des »Alles geht gleichzeitig« anzuerkennen, hieße auch, dass wir in einer Gesellschaft, die auf Leistung setzt, uns ehrlicher äußern und eingestehen: Es ist genug, es ist zu viel. Berufsarbeit außer Haus für alle hat nicht nur Vorteile, sondern auch entscheidende Nachteile. Es hieße auch, für mehr Zusammenhalt untereinander und für realistischere Unterstützungen und Lösungen für jene einzutreten, die die Schwächeren, die kleinen Kinder, versorgen. Es könnte eine differenziertere Diskussion beginnen. Mehr Muße im Alltag von Familien könnte wieder möglich werden und der derzeitige Stress nachlassen – für Eltern und für Kinder.

Gut gerüstet für das Leben

DA DIE MENSCHLICHE PSYCHE SICH NICHT ÄNDERT und zentrale menschliche Bedürfnisse zu jeder Zeit dieselben sind, bleiben Lindgrens Erzählungen zeitlos aktuell. Lediglich die äußeren Umstände haben sich im Vergleich zu Lindgrens Zeit geändert; innere Zustände, Gefühle von Menschen und kindliche Sehnsüchte sind die gleichen wie einst geblieben. Lindgren beschreibt nicht, wie so oft behauptet wird, eine heile, vergangene Welt, sondern eine intensive Welt, angefüllt mit Tatkraft und Spiel von Kindern und diverser Arbeit von Erwachsenen. Wie alle großen Schriftsteller schildert sie die vielfältigen Nöte, die Menschen zustoßen, ausgelöst durch äußere Umstände und noch häufiger durch das, was Menschen sich gegenseitig antun, unter Erwachsenen, unter Kindern. In Lindgrens Erzählungen geht es nicht ausschließlich um Freuden, sondern immer auch um Sorgen, um Höhen und Tiefen des Zusammenlebens samt den Gedanken, die sich Kinder (und Erwachsene) dazu machen.

Auch in einer Erzählung wie *Ferien auf Saltkrokan,* die häufig als »nur idyllisch« bezeichnet wird, weil sie uns die Stimmungen der Jahreszeiten intensiv vermittelt, geht es um Raffinessen und Gemeinheiten, die Menschen untereinander erleben. Die guten wie schwierigen Charakterzüge von Menschen sind spürbar und halten den Leser bis zu den letzten Seiten des Buches in Atem. In allen Lindgren-Geschichten finden wir menschliche Charaktere, die auch wir Erwachsenen fürchten und die uns beim Lesen nur zu bekannte Ängste miterleben lassen. Da ist es tröstlich – und wichtig, denn auf gelingende Beziehungen sind alle Menschen, aber besonders Kinder angewiesen –, dass Astrid Lindgren häufig genug starke Seiten von Erwachsenen und Kindern schildert. Trotz schwierigster Situationen geschieht Unterstützung füreinander, erfahren Einzelne Zusammenhalt, gibt es warmherzige Personen, die schließlich mithelfen, dass existenzielle, manchmal auch lebensgefährliche Situationen doch gut enden. Das mitzuerleben stärkt in der kindlichen Psyche die Kräfte der Resilienz. Schwer wird das Leben für Kinder und Jugendliche von selbst und früh genug, man muss ihnen die Schwierigkeiten des Lebens nicht durch übermäßig belastende Geschichten nahebringen.[24]

Aus der neurobiologischen Erforschung menschlicher Gehirnentwicklung wissen wir, wie entscheidend es ist, dass Kinder aus ihrer Zeit des Aufwachsens mehr positive als schwierige Erfahrungen mitnehmen. Anstatt Astrid Lindgren vorzuwerfen, sie wecke bei Kindern nicht einzulösende Sehnsüchte nach »heilem Leben«, wäre es hilfreicher, ihre Schilderungen des Alltagslebens und der Menschen darin sowie ihren Umgang mit Situationen und Zwischenmenschlichem mehr an uns heranzulassen; dafür einzutreten, dass Kinder ihrem Wunsch nach vielfältigem und »echtem« Leben nachgehen können und ihre damit einhergehenden Sehnsüchte mehr zu achten und ernster zu nehmen.

Dann könnten Kinder das Atmosphärische und die Bewältigungsstrategien, die sie an Lindgrens Geschichten lieben, nicht nur im Buch, sondern im Hier und Jetzt erleben – real, mit allem, was dazu gehört, den verschiedensten Personen, ihren Charakterzügen und ihrer Art, das Leben zu leben. So wären Kinder mittendrin und mit dabei in Wind und Wetter, bei allem, was das Leben interessant macht. So bekämen die Sehnsüchte und Gaben, die jedes Kind mitbringt und entfalten will, auch genügend Nahrung.

KAPITEL 2 | FRAGEN ZU SCHWANGERSCHAFT UND GEBURT

SO GEHT ES FRAUEN (UND MÄNNERN) WÄHREND DER SCHWANGERSCHAFT

MEIST IST MIT NEUEM BEIDES VERBUNDEN – Zuversicht und Sorge. Sie können also sicher sein, dass alle werdenden Mütter und Väter zwischendurch zweifeln, ob das Abenteuer, ein Leben mit Kind, gut gehen wird, ob sie alles bewältigen, allen Pflichten gerecht werden können. Eine Folge unserer auf Effektivität und Planung ausgerichteten Welt ist, dass wir meinen, wir seien ausschließlich selbst verantwortlich dafür, ob alles, was wir planen, gelingt – auch ein Kind.

Die Entstehung von Kindern ist mit Leidenschaft verbunden, also einem Lebensgefühl, das Planung übersteigt. Daher bleibt es ein Mythos, Kinder wären machbar oder jederzeit möglich. Nach fast dreißig Jahren Beratung schwangerer Frauen habe ich für alle eine beruhigende Nachricht: Nicht alles ist machbar, wie wir Menschen oft meinen. Trotz sehr guter Verhütung entstehen zahllose Schwangerschaften ungeplant. Aber auch unverhoffte Kinder mit ambivalenten Eltern bedeuten häufig genug Lebensglück. Planung *kann nicht* das einzige Eintrittstor für menschliches Glück sein. Vermutlich hat es einen Sinn, dass Kinder aus Leidenschaft entstehen. Vielleicht soll menschliches Leben am besten mit Lust, Leidenschaft und Vergnügen beginnen?

Wenn Ereignisse anders laufen als geplant, weil Ihre Leidenschaft Ihr Leben bestimmt hat, rechtfertigen Sie sich nirgends – es ist zu jedem Zeitpunkt ein Menschenrecht, Kinder zu bekommen!

Ängste und Sorgen

SCHLIESSLICH IST DA NOCH DIE ANGST, ein Kind könnte krank zur Welt kommen. Die heute vielfach durchgeführten vorgeburtlichen Untersuchungen vermitteln das Gefühl, als wären *wir selbst für die Gesundheit des Kindes* verantwortlich und könnten Gesundheit planen – ein weiterer Mythos. Gesundheit *machen* wir nicht, wir haben mit ihr Glück. Selbst wenn ein Kind während der Schwangerschaft gesund ist, besteht danach die Möglichkeit, dass Kinder ernsthaft krank werden. Ein Kind zu bekommen, bringt vom Beginn der Schwangerschaft an mit sich, dass man sich dem Risiko des Lebens aussetzt. Die Illusion zu nähren, wir hätten alles im Griff, birgt die große Gefahr, inhumane Maßstäbe und Anforderungen zu stellen und Menschen von Beginn an zu vermessen und zu prüfen.

Sollten für Sie manche Ängste in der Schwangerschaft doch zu unerträglich werden, gibt es heutzutage gute Hilfe. Denn mit Ihren Nöten sind Sie nicht allein. In Ihrer Nähe finden Sie freundliche Fachmenschen unter www.dajeb.de, www.franz-renggli.ch, www.isppm.de oder www.isppm.ch (auch für Deutschland und Österreich). Sie stehen zur Verfügung, kennen besagte Ängste gut und helfen, sie loszuwerden bzw. durchzustehen. Es ist menschlich, Ängste zu haben und damit nicht allein sein zu wollen, sondern sie mit Beistand möglichst loszuwerden. Beim üblichen Hin und Her zwischen Freude und Bedenken grübeln Sie bitte nicht zu sehr, auch nicht über Ihr Kind. Menschliches Leben ist sensibel, aber auch stark, und es hält Ambivalenz aus, von Anfang an.[25]

ICH HABE ANGST VOR DER GEBURT – IST EIN KAISERSCHNITT NICHT SICHERER?

Ich habe Angst vor einer Geburt. Gerade die Vorstellung, dass man auf solche Weise ausgeliefert ist, erscheint mir im Moment unerträglich. Daher möchte ich lieber einen Kaiserschnitt, angesichts heute guter OP-Techniken ist das ja vertretbar. Wäre ein Kaiserschnitt nicht leichter zu verkraften und für das Kind auch sicherer?

DA HEUTE ALLGEMEIN BEKANNT IST, dass mehr als jede dritte Geburt mit Kaiserschnitt endet, kann man verstehen, dass Ängste aufkommen und der Gedanke, eine Operation sei von vornherein der bessere Weg.

Da jeder Kaiserschnitt trotz moderner medizinischer Techniken eine Operation bleibt – mit allen Folgen, die diese Schnitte durch den Körper haben können – gibt es gute Gründe, ein Kind ohne Operation auf die Welt kommen zu lassen. Sie als Gebärende sind übrigens bei einer Geburt weniger ausgeliefert als bei einer Operation, aber dazu gleich noch mehr.

Außerdem stimmt, was der langjährige ärztliche Leiter der Semmelweis-Klinik in Wien, Professor Rockenschaub in einem Interview mit der *Bundeszentrale für gesundheitliche Aufklärung* eindrücklich beschrieb und etwas provokant formulierte: »Die Frauen können es, man lässt sie nur nicht.«[26]

Kein sanfter Eintritt ins Leben

EIN KIND DURCH EINEN KAISERSCHNITT aus dem mütterlichen Bauch herauszuholen, sieht nach einem einfacheren Weg aus, hat aber nicht selten für Mutter und Kind (manchmal auch langfristige) Folgen.

Bei der Mutter können dies sein: Wundheilungsstörungen, mögliche innere Verwachsungen durch Narben, Schmerzen durch Narben, das Risiko eines Risses der Gebärmutter bei den folgenden Schwangerschaften, auch das Risiko, dass die Plazenta bei Folgeschwangerschaften falsch sitzt, und nicht zuletzt ein erhöhtes Risiko, beim Geschlechtsverkehr Schmerzen zu haben.[27] Mögliche Folgen für das Kind sind zum Beispiel verstärkt zu beobachtende Anpassungsstörungen, häufigere Atemprobleme, aber auch mehr Schreien und Unruhe in den ersten Wochen, unter Umständen über längere Zeit.[28]

Da ich in der Baby-Schrei-Sprechstunde oft von Eltern gefragt werde, warum man über mögliche Folgen von Kaiserschnitten nicht besser informiert wird, habe ich hier erste mögliche Folgen einer solchen Operation genannt, um Ihnen im Anschluss daran positive Informationen zu geben: jenes Wissen, das Sie ermutigen kann, sich eine normale Geburt doch zuzutrauen, bei der Sie durchaus eine aktiv Beteiligte sind und mitreden, was mit Ihnen geschieht.

Die Regelkreise der Natur

SCHWANGERSCHAFT UND GEBURT sind ganz normale Vorgänge menschlichen Lebens. Wie wir immer mehr herausfinden, gibt es in der Natur vielfach feinste Regelsysteme, um wichtige Wachstums- und Lebensprozesse so anzulegen, dass sie sich gut und »gesund« abspielen können. Die Tatsache, dass das Buch *Das geheime Leben der Bäume*[29] im Jahr 2016 über Monate die Bestsellerlisten anführt, zeigt, wie faszinierend viele von uns die Regelkreise der Natur finden. Schwangerschaft und Geburt gehören dazu.

Das Wissen um diese Regelkreise ist *das Handwerk der Hebammen und der Grund, warum Hebammen (nach unseren Gesetzen) eine Geburt ohne Ärzte begleiten dürfen und Ärzte wiederum bei jeder Geburt zur Hinzuziehung einer Hebamme gesetzlich verpflichtet sind.*[30] Hebammen lernen, wie ein weiblicher Körper Regelkreise nutzt, und kennen sich mit Regelprozessen im weiblichen Körper gut aus. Aus diesem Wissen heraus verteidigen sie ihr Geburtshilfe-Handwerk selbstbewusst, trotz neuer, feinerer Operationstechniken.[31]

Hebammen sind an Kliniken sorgfältig ausgebildet worden und wissen ganz genau wie Ärzte, dass in manchen Fällen bei Geburten Schwierigkeiten auftreten können. Aber sie haben gelernt, wie viel und was genau man für eine Frau tun kann, so dass möglichst wenig Schwierigkeiten auftreten, für Mutter und Kind eine normale Geburt möglich wird und anschließend eventuelle Wunden schnellstens verheilen.

Suchen Sie sich eine gute Hebamme!

DAMIT SIE ÜBER IHRE ÄNGSTE SPRECHEN KÖNNEN und im Detail erfahren, wie das Gebären vor sich geht und wie sehr Sie an allem beteiligt sind, hier ein erster Rat: Suchen Sie sich eine Hebamme[32], zu der Sie Vertrauen haben. Ob Sie eine gute Hebamme gefunden haben (für andere Fachleute gilt das natürlich auch), erkennen Sie in der Regel daran, dass sie Ihnen gut zuhört, Sie sich mit Ihren Fragen ernst genommen und nicht beschwichtigt fühlen, gleichzeitig aber Ihre Fragen und Sorgen auch nicht verstärkt werden, sondern die Hebamme Ihnen durch differenzierte Antworten, durch Wissen, Kompetenz und menschliche Zugewandtheit eine angemessene Sicherheit vermittelt.

In Gesprächen und Geburts-Vorbereitungskursen bringen Hebammen den Frauen bzw. Paaren die Abläufe, die Körperlogik des Gebärens bei. Sie sind Ihnen durch Übungen behilflich, so dass Sie für die Erläuterungen der Hebamme ein Gespür, eine Vorstellung und ein Körpergefühl für alle Abläufe bekommen und dadurch wissen, was mit Ihnen passiert. So können Sie sich mit dem eigenen, aktiven Part während einer Geburt im Voraus gut vertraut machen.

Eine Geburt ist wie eine Art Wanderung auf neuem Gelände, und Sie als Frau sind es, die da unterwegs ist. Aber wie in jedem unbekannten Gelände fühlen Sie sich sicherer – aus diesem Grund schreiben es unsere Gesetze allen Beteiligten vor –, wenn eine Hebamme als ausgebildete Wanderführerin neben Ihnen hergeht und Ihnen zeigt, wie Sie am besten Ihren Weg finden. Die Geburt ist (um im Bild zu bleiben) eine große Bergwanderung, die anstrengend, aber auch voller unglaublich faszinierender Momente ist, weil das, was man nach einem Aufstieg »ganz oben« erlebt, besonders überwältigend ist.

Was Ihr Körper bei der Geburt tut

UM SIE NEUGIERIG UND GLEICHZEITIG ETWAS SICHERER zu machen, hier erste Informationen zu den Regelkreisen und Vorgängen im Körper einer Frau: Wenn eine Frau ungestört ist und man nicht in die hormonell gesteuerten Prozesse ihres Körpers eingreift, produziert *ihr Körper selbst auf optimale Weise ein Schmerzmittel,* das bewirkt, dass die Wehen erträglich werden und gleichzeitig höchst effektiv sind.[33] Die wichtigste Voraussetzung dafür sind Ruhe und Rückzugsmöglichkeiten, denn nur mit Rückzug und Ruhe kann eine Frau in den Wehenpausen ihrer Müdigkeit nachgeben. Es stellt sich eine Schläfrigkeit ein, die den Körper Schmerzmittel produzieren lässt. Es ist wichtig, nicht durch zu viel Reden oder zu viele Untersuchungen oder durch Gaben von Wehenmitteln in den Regelkreis und damit in die notwendige Müdigkeit und Trance einzugreifen, denn hormonelle Prozesse sind sehr störanfällig.

Verena Schmid hat die Regelkreise detailliert in ihrem Buch *Der Geburtsschmerz* beschrieben. Wenn Sie genau wissen wollen, warum ein gutes Maß an Ruhe und Ungestörtheit (in Begleitung einer Hebamme) die Sicherheit während einer Geburt stärkt und nicht schwächt, lesen Sie dort nach. Schmid erklärt so, dass es auch für Laien gut zu verstehen ist.

Sollten Wehenmittel-Gaben doch notwendig sein, entfalten sie ihre Wirkung besser und effektiver, wenn die Gebärende ihre psychische Anspannung bemerkt, loslässt und über Belastungen und Sorgen mit Vertrauten ins Gespräch kommt. Früher nannte man eine Hebamme auch »Wehmutter«, weil sie wie eine Mutter da ist und die gebärende Frau versorgt, ihr zuhört, sie versteht. Das Gebären ist ein psychosomatischer Prozess, und die Erfahrung lehrt, dass das Aussprechen von psychischen Belastungen die Möglichkeit, körperlich loszulassen, deutlich fördert. Manchmal fließen Tränen. Wenn die Psyche alles gehen lässt, kann der Körper weich werden – und das ist eine wichtige Voraussetzung, damit der Körper der Frau sich öffnen und das Kind durchlassen kann.[34]

Ebenso faszinierend ist: Wenn eine Frau nicht schnell, also gewissermaßen von vornherein durch eine Peridural-Anästhesie (PDA) betäubt wird, sondern ihren Körper wahrnimmt, dann spürt sie, dass sie aktiv sein und sich bewegen will. Dann ist sie mit ihrem Kind in Kontakt und spürt, wie sie sich drehen und bewegen will, damit ihr Kind sich durch sie hindurch drehen und bewegen kann, um leichter und »richtiger« seinen Kopf zu wenden und damit den Weg durch das mütterliche Becken zu finden.

Ein gutes Team

EINE HEBAMME LÄSST SIE SCHLAFEN ODER DÖSEN. Wenn wieder eine Wehe kommt, sagen Sie ihr, wie sich alles anfühlt, welche Bewegung und Position Sie haben wollen, damit alles am besten geht. Sie als Gebärende, Ihr Kind und die Hebamme, Sie sind das kommunizierende Team. Den Mann vergessen wir natürlich auch nicht – sein Anteil ist, darüber informiert zu sein, wie der weibliche Körper das mit dem Gebären eigentlich »macht«, und unterstützend zu helfen – einerseits durch Empathie, andererseits durch real haltende Kraft, z. B. seine starken Arme, die der Frau ermöglichen, eine Position einzunehmen, in der sie sich im Moment entlastet, unterstützt und gestärkt fühlt.[35]

Ruhe, das Spüren des Körpers, die Anwesenheit hilfreicher, auch erfahrener Personen – das alles sind normale und durchaus aktive Bedingungen, wenn Sie als Frau ein Kind bekommen. Dabei machen Sie schon bei der Geburt die Erfahrung, die im Leben mit Kind ab jetzt immer weiterhilft: Gemeinsam geht es besser als allein. Eine ruhig begleitete Geburt ist eine Erfahrung, die sämtliche Beteiligten miteinander verbindet.

Mutter und Kind nach der Geburt

NACH DER GEBURT VERHEILEN eventuelle Risswunden schnell (das Dammgewebe wird heute nicht mehr geschnitten, aus Wundheilungsgründen lässt man es besser reißen) und hinterlassen nur selten Komplikationen. Auch sonst bildet sich nach einer normal verlaufenen Geburt schnell alles zurück – Ihr Körper ist sehr bald wieder der »alte«. Bei einer ruhig begleiteten Geburt kommt eine Frau zudem in positive, psychische Ausnahmezustände, die man als körpereigenen »Trip« bezeichnen könnte. Frauen werden euphorisch, sie werden durch Glückshormone »belohnt«, so dass sie daran denken, es noch einmal zu tun. Nach Kaiserschnitten geht der Kinderwunsch zurück, nach Geburten bleibt er bestehen. Mutter und Kind werden noch während der Geburt durch einen Cocktail an Hormonen so »geflutet«, dass die Faszination nicht endet. Man kann sich bei normal verlaufender, gut begleiteter Geburt darauf verlassen, dass die Bindung zwischen Ihnen als Mutter und Ihrem Kind ohne Zutun Dritter meistens unwillkürlich eintritt und bleibend stark ist.[36]

Für Mutter und Kind sind alle diese Erfahrungen körperlich und psychisch kräftigend; wichtige Voraussetzung dabei ist allerdings, dass sie nicht plötzlichen Angstzuständen ausgesetzt sind, also kompetent ruhig begleitet werden. Das ist allen Geburtshelfern – Hebammen wie Ärzten – bekannt und durch Daten erforscht und belegt.[37] Das Wissen zu diesen Abläufen ist *der* Grund, warum Hebammen für Zurückhaltung bei Eingriffen unter Geburten eintreten. Sie verteidigen mit dieser Zurückhaltung keine altmodische Geburtshilfe, sondern den heutigen Wissensstand[38] zu Vorgängen im weiblichen Körper. Regelkreise sorgen also auch bei Menschen vor – damit Mutter und Kind gesund durchkommen, sich aneinander binden und Frauen sich ohne erhöhtes Risiko mehrfach aufs Kinderbekommen einlassen können.

Möglichst wenig Stress für Mutter und Kind

INZWISCHEN WISSEN WIR UM DIE INTERESSANTE PARALLELE, dass das Gebären in ganz ähnlichen körperlichen Prozessen abläuft wie die Zeugung eines Kindes. Würden Paare während ihrer Sexualität befragt und untersucht, wäre Sexualität zu leben nicht möglich. Wir wissen, was dann passieren würde: Der Körper würde alles stoppen! Psychisch und körperlich ganz ähnlich verläuft alles Geschehen bei einer Geburt.[39] Alle Fachleute wissen, dass ein Kaiserschnitt manchmal notwendig ist. Jedoch weiß man heute auch, dass er besser nicht bei jeder dritten Geburt sein sollte. Die Welt-Gesundheits-Organisation (WHO) nennt 10 bis 15 Prozent als vertretbare Rate an Kaiserschnitten. Der lang erfahrene ärztliche Geburtshelfer Professor Rockenschaub hält lediglich 1 bis 2 Prozent Kaiserschnitte für nötig.[40]

Man ist lange davon ausgegangen, dass es für das Kind letztlich egal sei, auf welchem Weg und in welcher Weise es von seiner Mutter getrennt wird. Die Forschung zu prä- und perinatalem Erleben (vor und während der Geburt) zeigt heute auf, dass es in körperlicher und psychischer Hinsicht eine Rolle spielt, ob ein Kind den Weg aus seiner Mutter aus eigener Kraft und in Ruhe »geht« oder plötzlich und ohne eigene Aktivität aus der Mutter herausgeholt wird.[41] Nicht zuletzt an Gesichtsausdruck und Körperhaltung eines Babys zeigen sich sein Befinden und seine Gefühle bezüglich der Frage, ob es seinen Weg nach draußen ruhig oder angestrengt beginnt.

Die Erfahrung eines Kaiserschnitts oder sonstiger starker Eingriffe unter einer Geburt kann, das ist ebenfalls wichtig zu wissen, wieder ausheilen. Dennoch haben es Eltern und Kind leichter, wenn schon der Übergang der Geburt nicht zu anstrengend war und für das Baby zu größeren Irritationen führte.

Sollte Ihre Angst trotz Vertrauen zur Hebamme und trotz Geburtsvorbereitung bestehen bleiben, gibt es heute noch andere gute Hilfe. Manchmal sind es unsere Vorerfahrungen (schon unsere ganz frühen Erfahrungen, z. B. wie wir selbst auf die Welt kamen[42]), die im Körper gespeichert sind und die uns hemmen und zögern lassen, eine »Wanderung« wie die Geburt zu wagen. Unser Körper hat nämlich ein Körper-Gedächtnis.[43] Es kann Ihnen helfen und Sie entlasten, Ängste mit jemandem durchzugehen, damit diese Ängste an Gewicht verlieren und sich vielleicht ganz auflösen. So haben Sie bessere Chancen für eine normale Geburt und einen ruhigen Start ins Dasein mit Kind. Denn eine angstfreie Geburt macht den Übergang zum Alltag mit Kind leichter. Namen und Adressen von ausgebildeten Menschen, die Ihnen helfen können, finden Sie unter www.isppm.de, www.franz-renggli.ch und www.isppm.ch (für den gesamten deutschsprachigen Raum).

UM FRAUEN NORMALE GEBURTEN ZU ERMÖGLICHEN, wäre es hilfreich, wenn Frauen/Paare weniger betriebsame Orte, also z. B. eher Geburtshäuser, direkt neben einer Klinik, oder auch hebammengeleitete Kreissäle finden könnten. Das ermöglicht mehr Ruhe und zugleich bei irregulärem Verlauf ein sofortiges Hinzuziehen des klinischen Apparates. Es gibt nur wenige Kliniken, die diese Modelle anbieten. Dabei senken sie die Kaiserschnittrate nachweislich.[44] Ein weiterer Sicherheitsfaktor ist, wenn in einer Klinik der Betreuungsschlüssel Hebamme pro Frau günstig ist. Zusätzlich ist es für Sie unterstützend und beruhigend, wenn Sie eine Klinik finden, in die Sie Ihre vertraute Hebamme und Ärztin mitnehmen können (Belegsystem). All dies sind Kriterien, nach denen Sie suchen könnten.

Erkundigen Sie sich bei Klinikbesichtigungen danach, wie viele Gebärende von einer Hebamme gleichzeitig betreut werden. Je weniger Frauen eine Hebamme (auch in Stoßzeiten) gleichzeitig betreuen muss, umso mehr kann sie in Ruhe bei Ihnen sein und Sie anhaltend über besagtes unbekanntes Gelände begleiten, umso weniger geraten Sie in Anspannung und dadurch in Stress oder Angst, umso höher ist Ihre Sicherheit. Fragen Sie außerdem bei der Anmeldung in einer Klinik diensthabende Ärzte, ob während der Eröffnungswehen im Beisein einer Hebamme möglichst viel Ungestörtheit vorgesehen ist und Untersuchungen auf das Nötigste reduziert werden. Sie sind in der richtigen Klinik, wenn Ärzte solche Anliegen sensibel verstehen und beantworten. Dann haben Sie in ihnen jene Geburtshelfer, die an einer ruhigen Zusammenarbeit zwischen Hebammen und Ärzten interessiert sind. Eine gute Zusammenarbeit beider Berufsgruppen stärkt Frauen (Paare) für den normalen Geburtsverlauf, weil durch sie die geburtshilfliche Kunst gepflegt wird, die da lautet: »Größte Ruhe und Zurückhaltung bei schnellster Präsenz.« Das bedeutet: Es erfolgen nur dann medizinische Maßnahmen, wenn sie bei einer Geburt plötzlich notwendend werden – was bei einer physiologischen Geburt eigentlich die Ausnahme sein sollte und nicht die Regel. Denn das Gebären ist etwas, das Ihr Körper kann!

KAPITEL 3 | FRAGEN ZU BABYS VON NULL BIS VIER MONATEN

SO GEHT ES IHREM KIND IN DIESEN MONATEN

MENSCHENKINDER KOMMEN IM PRINZIP alle als Traglinge auf die Welt. Nachdem ein Baby neun Monate in dauernder Nähe zu seiner Mutter gelebt hat, bedeutet die Geburt eine große Umstellung, weil es nicht mehr ständig jemanden spürt und dauernde Nähe erlebt. Jetzt setzt das Baby seine Stimme ein und schreit, wenn diese Umgewöhnung von ihm als Überforderung erlebt wird.

Ein Baby an einen eigenen Platz zu legen, ist menschheitsgeschichtlich eine extrem junge Entwicklung. Viele Babys mögen diese Entwicklung nicht, reagieren wie seit Jahrtausenden und schreien danach, Nähe zu erleben. Weiterhin viel Nähe – das ist die kindliche Art, sich als Baby in langsamen Schritten an das Leben außerhalb der Mutter zu gewöhnen. Diese Umgewöhnung dauert je nach Kind unterschiedlich lange; manche Kinder bewältigen sie spielend, andere tun sich damit schwer.

Eine weitere große Umstellung ist, dass ein Baby im Bauch jederzeit alles bekam, was es brauchte, also eine geradezu paradiesische Zeit erlebt hat. Auch deshalb schreit es jetzt vehement. In den ersten Monaten können Babys noch nicht warten. Man hört am Schreien, wie quälend das Warten sich für ein ganz junges Kind noch anfühlt. Auch in puncto Wartenlernen ist ein Mensch langsam. Vom paradiesischen Zustand im Bauch bis zur Fähigkeit, irdische Not eine Weile ertragen zu können, vergehen einige Monate.

Manche Leute sagten uns, Baby-Bauchweh werde ausgelöst, weil durch zu häufiges Stillen neue auf alte Milch komme. Ich achte daher schon jetzt auf einen Rhythmus und stille das Baby frühestens alle zwei, besser alle drei bis vier Stunden. Oft schreit unser Kind zwischendurch, manchmal auch stark, bleibt unruhig, und dann laufen wir lange Strecken auf und ab, was uns sehr anstrengt. Was sollen wir tun? Soll man oft stillen oder doch besser früh im Leben des Babys einen Tagesrhythmus einüben?

DEN RAT, NICHT ZU OFT ZU STILLEN, hören Eltern immer noch. Er führt auf eine falsche Spur, denn das Warten überfordert noch ganz junge Babys. Die Folge ist, dass Babys sich in den ersten Wochen unnötig anstrengen. Das Baby schreit angesichts seiner Anstrengung, die Eltern laufen mit ihm umher und sind ebenfalls angestrengt. Anstrengung verursacht Schreien, Schreien verursacht Anstrengung – ein Teufelskreis.

In aller Regel kehrt schnell Ruhe ein, wenn man von jungen Säuglingen kein Warten verlangt, sondern sie zügig stillt. Säuglinge werden im Deutschen so genannt, weil man von jeher weiß, wie sehr Kinder sich in den ersten Wochen durch Saugen psychisch und körperlich nähren und sichern. Stillen nährt sie auf mehreren Ebenen gleichzeitig: Die Nähe zur Mutter, ihr Geruch, ihre Brust im Mund zu haben, an ihr saugen zu können, das stellt für das neugeborene Kind, ähnlich wie bei der Schwangerschaft, höchste Verbundenheit zur Mutter her.

Stillen – der Weg der Ruhe

IN MEINER ARBEIT MIT VERZWEIFELTEN ELTERN und ebenso verzweifelten Babys wurde aufgrund meiner Beobachtung, was beim Schreien mit allen Anwesenden passiert, das Stillen der »erste

Weg«, um Kindern zügig in die Ruhe zu helfen. Stillen hilft unruhigen Kindern, die nicht mehr können, die schnell in Aufregung geraten, ins Schreien fallen, die enorm angestrengt sind, die sich steif machen und immer wieder von Wellen des Bauchwehs geschüttelt werden. Beim Saugen finden die Kinder in ihre Stille. Bei der Mutter zu liegen und sie durch das Stillen auf den genannten Ebenen zu spüren, sichert Babys.

Dabei entlastet es, wenn Sie als Mutter es sich beim Stillen jedes Mal so richtig bequem machen, an einem gemütlichen Platz mit entspannter Körperposition. Unterstützende Kissen, damit Sie Ihr Gewicht an den Sessel oder das Sofa abgeben können, sind ebenfalls eine Hilfe. Lassen Sie sich fallen – in den Sessel oder auch in Ihr gemütliches Bett, was immer Ihnen als wohliger Ort für das Stillen entlastend guttut.

Machen Sie sich alle paar Minuten bewusst, dass Sie Ihr Körpergewicht in das Sofa oder das Bett abgeben können. Sich dies regelmäßig zu vergegenwärtigen, unterstützt Sie dabei, jegliche innere Anspannung wirklich loszulassen. Dieses Loslassen nimmt Ihr Kind wahr, und es hilft ihm, ebenfalls körperliche und psychische Anspannung loszulassen, um in die eigene Entspannung zu gehen. Sie merken es daran, dass der Körper Ihres Kindes weich wird und sein Gewicht deutlich schwerer in Ihrem Schoß liegt. Eine Hebamme drückte meine Anleitung einmal so aus: »Letztlich sagst du doch, die Frau soll beim Stillen reichlich chillen.« Genau.

Wenn noch jemand (an erster Stelle der Partner) anwesend ist und Zeit hat, dann ist es meist hilfreich, wenn diese Person sich dazusetzt und die stillende Frau sich anlehnen und etwas Gewicht an die Schulter des anderen abgeben kann. Die Person, die dabeisitzt, verhilft zusätzlich dem Baby in Halt und Geborgenheit, wenn sie seine Füße freundlich, aber bestimmt in den Händen hält.

»Freundlich« bedeutet, die Füße mit Gefühl für die Bewegung des Kindes zu halten, nicht einfach nur festzuhalten. Warum? Auch kleinste Menschen möchten mitbestimmen, wie sie gehalten werden. Bei etwas Mitbestimmung empfinden sie es als angenehm, ohne Mitbestimmung überlassen sie sich nicht, sondern sträuben sich und ziehen ihre Füße weg. Es ist immer dasselbe Phänomen: Gemeinsam geht es besser.

Noch etwas stärkt die gemeinsame Ruhe: Halten Sie als Mutter beim Stillen mit der freien Hand die Hand Ihres Babys fest – beruhigend und zugleich »habhaft«, damit Ihr Kind spürt, dass es seine kleine Hand Ihrer großen Hand überlassen kann, und den Halt gegenseitigen Händehaltens erlebt. Das merken Sie daran, dass Ihr Baby Ihre Hand ebenfalls willentlich hält. Durch diese Art zu stillen geht Ihr ruhiges Haltgeben in ein Gefühl von Halt und Geborgenheit beim Kind über.

Sollte diese gemeinsame Entspannung zu Tränen führen, lassen Sie sie laufen. Tränen schwemmen zusätzlich alle Anspannung aus Ihnen heraus. Wenn jemand bei Ihnen sitzt, sprechen Sie über das, was Ihnen in den Sinn kommt. Wieder hilft das Reden (wie unter der Geburt) und lässt manche Sorge hochkommen, die davor irgendwo in Ihnen verborgen war und für Sie eine Belastung bedeutete. Aber Sie müssen selbstverständlich keinesfalls nur Schweres empfinden und besprechen! Oft genug ist jetzt die Zeit, um sich Schönes, Vergnügtes, Humorvolles zu sagen. So gemütlich wird alles etwas leichter. Es spricht auch nichts dagegen, dass Sie über gutes Essen reden, mit dem Sie jetzt verwöhnt werden wollen, oder über feinen Tee oder baldige Besuche netter Menschen. Was immer Ihnen guttut – machen Sie es sich gemeinsam schön. Das Baby hat, was ihm in seine Ruhe und Geborgenheit geholfen hat; jetzt sind Sie als Eltern an der Reihe!

Ein Teufelskreis der Unruhe

HÄUFIG UND BEQUEM ZU STILLEN strengt die Mutter (und indirekt dann auch den Vater) mit Baby viel weniger an als das dauernde Umherlaufen oder Wiegen oder sonstiges Schaukeln oder Schuckeln jeglicher Art. Vermeiden Sie besser alle starken Schaukelbewegungen und auch das Auf- und Abhüpfen auf einem Pezzi-Ball. Es ist zwar verständlich, aber es nützt letztlich nicht, denn es führt nicht zu wirklich gutem Kontakt, starkem Halt und tiefer Beruhigung aller Beteiligten.

Warum ist das so? Wenn ein Kind stark schreit, strengt das alle ungemein an und löst in Erwachsenen sofort hohe Anspannung aus. Eltern haben dann zunächst den Impuls, gegen das starke Schreien auch starke Geschütze aufzufahren. Daher läuft man hin und her, bewegt sich übertrieben viel, schaukelt stark und versucht verzweifelt, den Schnuller im Mund des Kindes festzuhalten, aber das Kind schreit trotzdem immer weiter. Das Fatale ist: Die hohe Aktivität der Eltern erreicht das Baby nicht, sondern genau das Gegenteil geschieht – der Kontakt zueinander wird immer schlechter (der eine läuft – der andere schreit) und es entsteht ein Teufelskreis der Unruhe.

Diese Situation wirkt auf mich, als stürzten Eltern und Kind gemeinsam einen Abhang hinunter. Jeder verliert den Halt, alle Beteiligten fallen, keiner hat noch Boden unter sich, vielmehr geht es für jeden noch weiter abwärts. Das Baby schreit dabei, und irgendwann liegen Eltern und Kind unten und alle sind (psychisch) fertig.

Was kann helfen, wenn Menschen auf diese Weise immer weiter fallen, sich quasi im Absturz befinden? Abstürzende müssen gesichert werden, das Fallen aufgehalten, wieder fester Tritt und Halt sind nötig. Man muss eine Art Fixpunkt schaffen, also Haken und Seil anbringen, damit alle Beteiligten aus der Panik des Fallens in die Sicherheit und Ruhe zurückfinden können.

Ruhiges Gehaltenwerden löst Ruhe aus

DASS DIE MUTTER GANZ BEQUEM SITZT ODER LIEGT, so dass sie das Gewicht (mental und real) an den Sessel, das Sofa oder Bett abgeben kann; das Verlangen des Kindes nach Nähe; der Geruch der Brust und das Saugen daran; das An-der-Hand-Halten – das alles zusammen bewirkt einen Fixpunkt. Das Halten ist wie ein Seil der Verbundenheit, das bewirkt, dass Mutter und Kind wieder deutlich Kontakt zueinander spüren; es gibt dem Kind Orientierung. Schon über den deutlichen Kontakt der Hände spürt die Mutter, dass sie das Kind doch halten kann. Das Fallen hört auf, der Boden unter den Füßen ist zurück.[45]

Wenn die Mutter nicht stillt oder das Stillen jetzt gerade nicht mag, dann kann sie oder der Vater (oder eine andere Fürsorgeperson) genau so bequem sitzend oder liegend, in der beschriebenen Wohligkeit und Nähe dem Baby zur Beruhigung seines Saugbedürfnisses eine Flasche oder einen Schnuller geben. Halten Sie dabei den Schnuller/die Flasche immer nur fragend an die Unterlippe, anstatt ihn/sie dem Baby kurzerhand in den Mund zu stecken und festzuhalten. Wieder kann man deutlich beobachten, dass Menschen von Anfang an nicht einfach »behandelt« werden, sondern Subjekt sein wollen und bei allem, was mit ihnen geschieht, mitbestimmen wollen!

Eine Saugverwirrung durch den künstlichen Schnuller, vor der häufig gewarnt wird, habe ich in zwanzig Jahren mit diesem Weg, Ruhe anzuleiten, nicht einmal erlebt – wohl aber manchmal, dass Kinder neben der Brust nichts anderes saugen möchten. Manche

Kinder wollen nur das Echte. Das respektieren wir Erwachsenen selbstverständlich!

Weniger körperliche Anspannung – weniger Bauchweh

DASS DIESE ART DES GEHALTENSEINS dem Säugling Halt gibt, kann man deutlich daran sehen und spüren, wie das Kind weicher wird, sich mit der Zeit körperlich mehr anschmiegt und das Gesicht zum Körper der Mutter hindreht (oder zum Vater, wenn er Flasche oder Schnuller gibt). Das Baby hält die elterliche Hand eindeutig fest und lässt sie keinesfalls los, doch im Körper löst sich jegliche Anspannung. Die Gesichtszüge werden weich, die Wangen rund und rosig, die Augen werden müde und fallen zu, die Hände und Füße des Kindes werden warm. Alles Schreien und Zappeln hört auf, die Bauchwehattacken kommen seltener.

Zwischendurch können Schreien und Zappeln zwar zurückkommen, auch das Bauchweh kommt und geht in Wellen, ganz ähnlich den Wellen der Wehenschmerzen bei der Geburt, die auch kamen und gingen. Und so wie es eine Frau bei der Geburt durch das ruhige und unaufgeregte Gehaltenwerden von einer Hebamme erlebt, ist es für das Baby jetzt hilfreich, möglichst ruhig und ohne Aufregung durch Ihre Arme und Hände gehalten zu werden. Wenn Sie auf diese Art schließlich selbst zur Ruhe kommen, werden Sie sehen und spüren, wie Sie als Erwachsener für das Kind zum Fixpunkt werden und ein kleines Baby durch das Ruhigwerden und den Halt auch seine eigene Ruhe zulässt. Ein weiterer Ausdruck von Ruhe ist, dass das Saugen des Kindes nachlässt. Sorgen, ein Kind könnte zu viel saugen, sind unberechtigt. Ein Kind, das innerlich und äußerlich ruhiger wird, lässt die Brust (oder den Schnuller oder die Flasche) ganz leicht los. Wenn die psychische Verfassung stabiler wird, braucht die körperliche Verfassung weniger Nahrung.

Es ist nicht klar, ob Bauchweh an sich eine Ursache hat oder beim Baby nicht vielmehr die Teufelskreise aller Anspannungen ausdrückt. Aber die Erfahrung, die Ihnen Sicherheit geben kann, zeigt: Das Bauchweh wird weniger, nimmt in seiner Vehemenz deutlich ab und verschwindet schließlich ganz, wenn die zu starken Anspannungen bei Eltern und Baby durch das Sich-Spüren, ein Wieder-Kontakt-zueinander-Finden, also letztlich durch Halt und Gehaltenwerden weniger werden. Es ist, als ließe so auch alle Anspannung im Bauch des Babys nach, der sich daraufhin weniger mit Schmerzen meldet.

Gemeinsam zur Ruhe kommen

WENN DIE MUTTER STILLEN KANN, kommt wieder ein körperlicher Regelkreis ins Spiel: Stillen macht Mutter und Kind müde – beide finden damit leichter in den ersehnten, beruhigenden Schlaf. Die Müdigkeit des Stillens ermöglicht es der Mutter in den meisten Fällen schneller, Spannung loszulassen.

Wenn sich beim Stillen zunächst Nervosität und Anstrengung zeigen, dann machen Sie alles langsamer. Lassen Sie dem Kind Zeit, bis es Ihre Brust nehmen kann (auch wieder etwas Mitbestimmung); geben Sie der Ruhe, die Sie haben, Ausdruck, indem Sie das Baby getrost zuerst am Schnuller oder an einem Finger saugen lassen. Wenn das Saugen beim Stillen sonst gut klappt, kann der Schnuller oder der elterliche Finger fürs Saugen eine Art Zwischenschritt sein – nämlich dann, wenn der Stress zwischen Mutter und Kind noch spürbar hoch und anstrengend ist.

Auch dabei muss man keine Saugverwirrung fürchten. Solch ein Zwischenschritt entlastet, weil die Nähe des Stillens manchmal nur langsam zugelassen wird und das Kind dafür Zeit braucht. Nach ein, zwei Minuten, wenn zwischen Mutter und Kind mehr Ruhe eingekehrt ist, verliert der Schnuller oder Finger seine Bedeutung. Lassen Sie also erst Ruhe übers Saugen einkehren und bieten Sie dann im zweiten Schritt ganz behutsam wieder die Brust an. Das Kind bevorzugt sie.

Wenn Sie so durch »weniger machen« Ihrer Müdigkeit und Erschöpfung nachgeben, führt das in diesen ersten Wochen bereits zu einer zentralen Erfahrung. Diese wird in den kommenden Jahren beim Leben mit Kind immer wieder wohltuend sein und alle Beteiligten psychisch stärken: *Man kann gemeinsam zur Ruhe kommen und dabei in tiefem Kontakt zueinander und doch jeder in Ruhe für sich sein – jeder der Beteiligten schaltet ab und träumt vor sich hin.*

Menschen sind verschieden

WIE BEI ALLEM, WAS MAN BESCHREIBEN KANN und was vielen hilft, bleibt wichtig und richtig: Menschen sind von Anfang an verschieden. Deshalb gibt es eine große Bandbreite im Geschehen und immer Ausnahmen. Die oben beschriebene Verhaltensweise versetzt die meisten noch jungen Babys in die Tiefenberuhigung, verhilft ihnen zu Geborgenheit und Loslassen, aber es kann sein, dass Ihr Kind auf diese Art dennoch nicht ruhig werden will. Beobachten Sie individuell, mit welcher Körperhaltung *Ihr Kind weich wird und auf entspannte Art in sein Tagträumen findet.* Weicher Körper, warme Hände und Füße, dazu ein »verträumter«, müder Blick, immer wieder zufallende Augenlider – das sind die

Kriterien, an denen Sie erkennen, dass Ihr Kind beginnt, zu entspannen und wegzudösen.

In manchen Fällen kann man mit einem Baby zum Beispiel erleben, dass es zunächst gehalten werden will, dann aber doch bevorzugt, mehr für sich zu sein. Man legt es an einen wohligen Platz (also einen Platz mit einer gewissen Umrandung, damit er vom Kind als wohlig und nicht völlig grenzenlos wahrgenommen wird) – und plötzlich wird dasselbe Kind, das eben noch schrie, ganz ruhig und entspannt und ist von einem Moment zum andern gut bei sich.

Es ist wichtig, die Unterschiedlichkeit von Menschen, wie jeder seine eigene Art und Weise sucht, um zur Ruhe zu kommen, zu erspüren und von Anfang an gelten zu lassen. Denn in zahlreichen Momenten kann man früh beobachten: *Menschen haben Würde und wollen von klein an ein Mitspracherecht und Respekt erleben – dann überlassen sie sich eher der Hilfe einer anderen Person.*

Erfahrungsgemäß ist es gut, wenn Eltern das hier beschriebene Vorgehen und das Ernstnehmen ihrer elterlichen Erfahrung mit diesem Kind, wie es nun mal ist, gut miteinander verbinden. Das führt sie und ihr Kind eigentlich fast immer aus Unruhe und Anstrengung heraus.

Nach etwa drei bis vier Monaten bekommt der Tag mit Baby in den meisten Familien etwas Gleichmaß und Rhythmus, so dass sich die Zeiten des deutlichen Versorgtwerdens und Zeiten des mehr Für-sich-Seins abwechseln. Stillen Sie also jederzeit. Das starke Verlangen nach Nähe und Saugen wird sich sicher bei Ihrem Kind beruhigen, wenn es in den ersten Wochen »paradiesisch viel« davon bekommt. Erste, kleine Momente des Wartenkönnens fangen schließlich ganz allmählich, wie von selbst an – keine Sorge!

IST ES SCHLECHT, WENN UNSER KIND SICH DURCH GERÄUSCHE UND BEWEGUNGEN BERUHIGT?

Unser Baby beruhigt sich schlecht, aber wenn wir es auf den Wickeltisch legen und ein elektrisches Gerät anmachen, die Dunstabzugshaube anstellen oder ihm mit dem Fön über den Bauch blasen, wird es still. Ebenfalls hilft ihm, wenn wir es im Auto durch das Viertel fahren. Dann hört es auf zu schreien. Manche sagen, man solle das nicht anfangen, weil das immer so weitergehe. Dennoch hilft es – was tun?

GERÄTE MACHEN GERÄUSCHE, AUTOS SCHAUKELN ZUSÄTZLICH. Geräusche und Schaukeln erinnern ein wenig an die Zeit im Bauch, haben insofern etwas Beruhigendes. Geräusche sorgen auch noch für Monotonie – was zusätzlich einschläfert. Jedoch haben Geräte auch den Nachteil, dass sie das kindliche Bedürfnis nach Geborgenheit nicht befriedigen. Somit können sie zwar in Momenten großer Verzweiflung eine Entlastung in der akuten Not sein (das Baby-Schreien hört auf, was natürlich die Eltern zunächst enorm entlasten kann), sie helfen aber nicht aus der Ursache des vehementen Schreiens heraus. Besser wäre es daher, wenn Sie auf Dauer Ihr Kind entweder wie beschrieben durch Stillen oder durch Halten und Saugen an einem Schnuller beruhigen können. Nähe, Halt, Saugendürfen – mit diesen Erfahrungen beruhigen sich Babys tiefer und bleibender, weil ihr psychisches Bedürfnis nach Geborgenheit ebenfalls gestillt wird.

Manchmal jedoch findet man als Mutter oder Vater alleine nicht in diese Ruhe mit dem eigenen Kind, das ist menschlich und sehr verständlich. Wenn Sie durch die beschriebenen Wege von Nähe, Halt, Stillen (oder Saughilfe) mit Ihrem Baby doch nicht entspannt zur Ruhe kommen, dann genieren Sie sich keinesfalls und warten Sie nicht zu lange. Häufiges starkes Schreien eines Kindes ist immer wieder auch ein Hinweis auf schwierigere Umstände und bedeutet große Anstrengung und Stress für alle – für das Baby und ganz besonders für Sie als Eltern. Ihnen steht daher zügig Hilfe zu, und die bekommen Sie in sogenannten »Schrei«-Ambulanzen (Adressen finden Sie unter www.gaimh.de, www.franz-renggli.ch und www.trostreich.de). Lassen Sie sich lieber früher als später unterstützen, so dass Sie mit Ihrem Kind bald unangestrengt in die Ruhe finden. Sie haben so in aller Regel zügiger eine schöne, gemeinsame Zeit.

Ab und zu machen wir den Fernseher an, weil unser Kind dann ruhig wird und fasziniert schaut. Ist es nicht vertretbar, ein Baby zwischendurch in kleinen Zeiteinheiten fernsehen zu lassen, wenn es dabei doch ruhig wird und fasziniert ist?

DIE LAUFENDEN BILDER EINES FERNSEHAPPARATES bieten einem Baby zwar etwas Abwechslung und daher auch eine gewisse Faszination, aber das Fernsehen hat einen großen Nachteil: Außer sich bewegenden Bildern hat ein Fernsehapparat nichts, was ein Baby zu seiner Entwicklung braucht. Babys müssen auf allen Kanälen Sinneseindrücke bekommen, damit ihr Gehirn sich differenziert entwickelt. Das heißt, ein Baby braucht Gerüche, um Mitmenschen und die Umgebung deutlich zu spüren, braucht Körpergefühl und muss sich dadurch gehalten fühlen, braucht Nähe und den Blick in den Ausdruck eines Gesichts, muss zu aller Mimik die Unterhaltung hören, also die Sprache desjenigen, in dessen Gesicht es schaut, damit es verstehen und nachahmen kann. Das ist Voraussetzung, um später sprechen und Gefühle ausdrücken zu können. Solche vielschichtigen Ebenen des Erlebens bietet ein Fernsehapparat nicht. Insofern liefert er einem Baby zu wenig Anregung für seine Entwicklung.

Wenn Sie das Gefühl haben, zu umfangreich und ausschließlich für die Gespräche mit Ihrem Baby zuständig zu sein, weil Sie die meiste Zeit am Tag nur »allein zu zweit« sind, dann halten Sie Ausschau, wo in Ihrer Nähe Elterntreffs sind, wo Eltern mit Babys und Kleinkindern Zeit verbringen. Ihre Hebamme weiß es, oder Sie fragen in Ihrem Rathaus nach solchen Treffpunkten in Ihrem Stadtteil oder Ihrem Dorf. So haben Sie Gespräche mit Erwachsenen, Ihr Baby ist dabei und erlebt durch weitere Erwachsene und Kinder manche Unterhaltung und das Alltagsleben auf allen Sinneskanälen.

Das ist übrigens völlig ausreichend für die Förderung Ihres Babys. Geselligkeit mit anwesenden Menschen reicht, Sie brauchen keine besonderen Kurse für ein Baby. Und Sie selbst finden Freunde und können die kommende Zeit als Eltern mit Kindern gemeinsam gestalten, sich gegenseitig über Jahre unter die Arme greifen, durch häufiges Zusammensein mit anderen Eltern das sprichwörtliche »Dorf« entstehen lassen, das man braucht, um Kinder großzuziehen.

VERWÖHNEN WIR UNSER KIND DURCH DAS TRAGEN?

In den ersten Wochen haben wir unser Baby viel getragen. Jetzt ist es zehn Wochen alt und wir müssen es weiterhin immer tragen, es kann nicht alleine liegen. Haben wir es schon verwöhnt? Uns wurde von vielen gesagt, wir seien selbst schuld, weil wir es durch unser Herumtragen am Anfang für immer an ständiges Tragen gewöhnt hätten.

NEIN, GANZ SICHER HABEN SIE IHR BABY durch das Tragen nicht schon verwöhnt. Die Fähigkeit, für sich zu sein und alleine an einem Platz liegen zu können, kann man von einem Baby erst nach mehreren Monaten und dann auch zunächst nur in kürzeren Zeiteinheiten erwarten. Das Alleinsein ist erst möglich, wenn ein Kind körperlich und psychisch etwas robuster geworden ist, wenn Körper *und* Psyche Reserven, also gewissermaßen Babyspeck bekommen haben. Ein Kind muss also erst richtig in der Welt außerhalb des Bauches ankommen, ehe es die Kraft hat, eine kurze Zeitlang für sich zu sein. Dass manche Babys es von Anfang an können, ist eher Zufall. Durch die körperliche Erfahrung, getragen zu werden, macht ein Baby die psychische Erfahrung, dass das Leben generell, auch außerhalb seiner Mutter, es trägt, und mit dieser Erfahrung kommt eine innere Sicherheit. Wenn diese Erfahrung stabil im Kind verankert ist, beginnt es in kleinen Zeitabschnitten für sich zu sein und gerne – in der Nähe zu jemandem – allein zu spielen.

Weil Babys weltweit so ausgestattet sind, binden die Erwachsenen in nicht-industrialisierten Kulturen ihr Kind das erste Jahr über, manchmal auch die ersten zwei Jahre lang, fest an den Körper und machen mit dem Kind auf dem Rücken ihre Arbeit. Zusätzlich verbringen die Menschen in nicht-industrialisierten Gesellschaften ausgeprägter und anhaltender als in den industrialisierten Gesellschaften den Tag in Gemeinschaft mit anderen. Das bringt automatisch mit sich, dass ständig mehrere Erwachsene, aber auch größere Kinder da sind, die ein Baby tragen, wenn die Eltern es gerade nicht tragen können.

Allein mit Kind – was Sie gegen das Gefühl der Isolation tun können

DER MANGEL AN HILFE, DAS VIELE ALLEINSEIN eines Elternteils mit Baby in den hochindustrialisierten Kulturen bedeutet für Familien mit kleinen Kindern echte Nachteile. Denn obwohl wir in den Industrieländern sehr individualistisch zu leben gewohnt sind, sind unsere Babys die Schwangerschaft über, neun Monate lang das In-Beziehung-Sein gewohnt.

Alle Babys brauchen für ihre Entwicklung ausreichende Erfahrungen von Nähe – und ihre Eltern damit immer, überall auf der Welt, ausreichend Unterstützung, um diesem Verlangen ihrer Kinder gerecht zu werden. Aus dem Lebensgefühl eines Babys heraus betrachtet wäre es daher am besten, seine Eltern würden so in der Nähe zu anderen leben können, dass immer mehrere vertraute Menschen spürbar anwesend sein und den Eltern bei Versorgung und Tragen helfen können, wenn Eltern mit anderem beschäftigt sind oder eine Pause brauchen.

Man hört es von allen Eltern in unseren Breiten: Das Leben mit dem ersten Kind erleben sie in der Art, wie wir in Mitteleuropa wohnen, als Isolation. Sie leiden unter dem Alleinsein mit ihrem Baby. Wenn Eltern mit kleinen Kindern mit guten sozialen Kontakten um sich herum wohnen können, so dass sie möglichst schnell bei Nachbarn, Freunden oder der Familie sind, sobald ihnen im Leben mit ihren kleinen Kindern manches zu viel wird und sie Unterstützung durch helfende Hände brauchen, erleichtert das ihnen das Leben sehr.

Gestalten Sie, wann immer es möglich ist, Ihre Tage mit anderen Personen gemeinsam und tragen Sie das Baby abwechselnd. Sollten Sie neu in einer Region sein: Über Ihre Hebamme erfahren Sie in aller Regel, wo es Treffpunkte für Eltern mit kleinen Kindern gibt. Dann kann sich Ihr Gefühl, mit Baby isoliert zu leben, verlieren.

Der Schreck der Trennung

ES GIBT EINEN WEITEREN GRUND DAFÜR, dass ein Baby getragen werden will: Unter jenen Babys, die stark und ausgeprägt, quasi kompromisslos nach Körpernähe schreien, findet man häufig Kinder, die sehr schnelle, abrupte Trennungen von der Mutter erlebt haben – meist während der Geburt, ausgelöst dadurch, dass sie plötzlich geboren wurden (ein Kaiserschnitt, aber auch eine Geburtseinleitung kann von einem Baby so erlebt werden), oder zum Beispiel durch eine notwendige medizinische Behandlung sofort nach der Geburt. Solche Trennungen von der Mutter ganz früh nach der Geburt erhöhen das Risiko, dass ein Kind das Für-sich-Sein nicht ertragen, nicht aushalten kann. Der Schreck der abrupten Trennung von der Mutter steckt einem Baby dann sozusagen noch in den Knochen. Durch den dauernden Körperkontakt beim Getragenwerden kann das Baby diesen Schreck aushalten und verarbeiten.

In den ersten Wochen und Monaten (genauer: in den ersten drei Lebensjahren) entwickelt sich psychisch das Fundament eines Menschen. Man kann in der ersten Zeit deutlich erleben, dass

Getragenwerden Verletzungen in puncto Verbundenheit, frühe Risse im psychischen Fundament eines Kindes gut verheilen lässt. Es mag Sie verblüffen, aber die Erfahrung mit Babys lehrt, dass schon sehr kleine Menschen ihre zentralen Bedürfnisse deutlich zeigen: Ein Baby spürt, ja »weiß«, was ihm hilft, und fordert aus diesem Bedürfnis heraus das Getragenwerden ständig ein. Es ruft gewissermaßen nach dem Gegenmittel für das, was an Verletzungen in seinem noch zerbrechlichen, psychischen Fundament gegeben ist. Wenn also die Geburt und die erste Zeit danach von schwierigen Erfahrungen begleitet waren, tragen Sie Ihr Kind auf alle Fälle häufig und anhaltend.[46] Es wird ihm helfen.

WAS SOLLEN WIR TUN, WENN UNSER BABY SCHLECHT EINSCHLÄFT?

Unser Baby schläft immer schlecht ein und wacht schnell wieder auf, was tun?

SCHLAFEN IST EINE ART VON ALLEINSEIN. Man verliert das Bewusstsein, muss innerlich loslassen und für sich sein. Die Angst vor dem Alleinsein ist es, die kleine Kinder aufwachen lässt, sobald sie spüren, dass sie nicht mehr in der Nähe zu jemandem, sondern irgendwo an einem Platz liegen. Selbst wenn Sie Ihr Kind immer an den gleichen Platz legen (wie es in vielen Ratgebern empfohlen wird), es den Platz also kennt, hilft das in den ersten Wochen nicht und auch in den nächsten Monaten kaum. Denn es ist der *Mangel an Körperkontakt,* der Babys wachwerden lässt.

Auf dem Rücken immer mit dabei

DA DAS AUF-DEM-RÜCKEN-TRAGEN körperlich weniger anstrengend ist, als ein Baby vorne zu tragen, können Sie, wenn Sie mögen, mit einem guten Tragesystem üben,[47] Ihr Kind ab etwa vier Monaten auf dem Rücken zu tragen. Alle Kulturen, in denen Babys traditionell getragen werden, tragen ihre Babys hinten und eher nicht vor dem Körper. Das hat eindeutige Vorteile und Gründe: Wenn Sie das Kind auf dem Rücken tragen, haben Sie die Hände frei, generell mehr Bewegungsfreiheit und Ihr Baby hat dennoch den notwendigen Kontakt. Körperkontakt hilft der inneren Sicherheit und fördert genau dadurch den Tiefschlaf.

Wenn Sie ein Baby hinten tragen, stärkt das zusätzlich die Erfahrung, dass jeder von Ihnen beiden »bei sich und für sich« sein kann, selbst in wachen Zeiten. Denn wenn Ihr Kind auf Ihrem

Rücken liegt, kümmern Sie sich nicht ständig aktiv um das Kind. Sie haben es lediglich ganz sicher und selbstverständlich dabei – Sie sind sozusagen die »Hauptpflanze«, Ihr Baby der kleine »Ableger«. Ihr Kind erlebt auf Ihrem Rücken diese Gewissheit, aber weniger als aktives Aufeinander-Bezogensein, sondern mehr als passive, verträumte Zeit. Das hat einen entscheidenden Vorteil: *Solches Tagträumen ist die zentrale Vorerfahrung,* um sich im nächsten Schritt leichter dem Schlaf und den zugehörigen Schlafträumen überlassen zu können. Indem ein Kind durch Tagträumen vor sich hindöst, übt es bereits das Abschalten und Zu-sich-Kommen und fällt leichter in den Schlaf.

Sie können die Erfahrung machen: Auf diese Weise auf dem Rücken getragen, schläft Ihr Baby tiefer, fester und länger. Erwachsene brauchen Zeiten, in denen sie Dinge erledigen, und Kinder brauchen Zeiten, in denen sie ebenfalls für sich in Ruhe sind. So hilft das Auf-dem-Rücken-Tragen dabei, dass jeder zu sich kommt, dass das Kind ohne Aufwand einschläft und tiefer weiterschläft, sicher im Kontakt, was auch immer die tragende Person gerade macht. Ab und zu habe ich – meistens durch afrikanische Frauen – Gelegenheit, solch traditionelles Rückentragen mitzuerleben, und es verhält sich jedes Mal mit Mutter und Kind wie beschrieben. Das Alleinschlafen wird in diesen Kulturen von einem Baby in den ersten Monaten und meist weit darüber hinaus nicht verlangt.

Die psychische Sicherheit stärken

AN EINEM EIGENEN PLATZ ALLEINE TIEF UND FEST ZU SCHLAFEN, das können viele Kinder überall auf der Welt etwa mit acht, neun Monaten. Frühestens dann etwa wagen sie es. Manche Kinder brauchen dafür aber noch länger Zeit. Machen Sie sich keine

Sorgen: Die Erfahrung lehrt, dass viele Babys, die am Anfang bedingungslos am Körper getragen wurden, den nächsten Schritt, das Am-eigenen-Platz-Schlafen eher wagen. Das Getragen-worden-Sein in den ersten Monaten stärkt die psychische Sicherheit, und plötzlich lassen Babys das Für-sich-Sein, auch das Schlafen am eigenen Platz zu. Es bleibt individuell verschieden und kann letztlich – so meine Erfahrung – nur durch Tragen des Babys in der Zeit davor bestärkt werden.

Jetzt schon, in den ersten Monaten (wenn ein Kind in diesem Alter es nicht von sich aus mag und macht) mit einem Kind zu üben, alleine in seinem Bett zu schlafen, nützt nichts. Denn jetzt bedeutet es für sehr viele kleine Kinder noch eine Überforderung.

Damit erleben Sie schon in den ersten Wochen mit Ihrem Kind ein wesentliches Prinzip, dem Sie in den kommenden Jahren im Leben mit Kindern immer wieder begegnen werden: *Es führt nicht weiter, mit Kindern etwas zu üben, wofür sie noch nicht die psychische Reife und Stabilität haben.* Es strengt lediglich an und führt für alle Beteiligten zu Stress und Unruhe.

Eine Überforderung des Babys ist anstrengend für alle Beteiligten

SOBALD EIN KIND DURCH ZU FRÜHES ÜBEN innerlich zu sehr anspannt, verzichtet es meist lieber auf den nächsten Schritt des Großwerdens, oder es wird verstärkt quengelig und innerlich unsicher. Diese Reaktionen kann man bei Kindern in allen Jahren ihres Aufwachsens beobachten, wenn die Anforderungen zu hoch sind. Um es mit einem Sprichwort aus den Traditionen Afrikas zu beschreiben: »Das Gras wächst nicht schneller, wenn man daran zieht.« Entsprechend tun Sie sich selbst und dem Kind einen Gefallen, wenn

Sie frühe Überforderung überhaupt und besonders in puncto Schlaf vermeiden. Denn das überforderte Baby schläft kaum oder nur kurz und vermeidet so durchs Wachsein das Alleinsein. Nach einem kurzen Schläfchen quengelt das Kind schon bald wieder, da es nicht ausgeschlafen und nicht tief erholt ist. Mit der beschriebenen Überforderung beginnt ein fataler Teufelskreis. Eltern bieten ihrem Baby dauernde Beschäftigung und Anregung an, damit es bei guter Laune bleibt – eine Anstrengung, in die beide Seiten hineingeraten, die beide Seiten unentwegt beschäftigt und gleichzeitig erschöpfter macht, so dass das Kind noch weniger abschalten kann. Wenn Ihr Baby also zu jenen Kindern gehört, die wieder aufwachen, kaum dass sie alleine liegen, *tragen Sie es keinesfalls weniger, sondern besser mehr,* unterstützt durch ein gutes Tragesystem.

Wie Sie mit Ihrem Kind gemeinsam Entspannung lernen

WENN ES IHR ERSTES KIND IST (Sie also kein weiteres Kind versorgen müssen) und Sie selbst unter Schlafmangel leiden, nutzen Sie diese Tatsache und legen Sie sich oft genug neben Ihr Kind. Dann finden Sie selbst Ruhe und Entspannung, und das verhilft Ihrem Baby (und Ihnen) unwillkürlich zu mehr und ausreichendem Tiefschlaf. Kinder nehmen uns intensiv wahr und imitieren uns. So übernimmt das Baby den Körper-Modus seiner Mutter bzw. seines Vaters und schläft. Vermeiden Sie auf diese Weise mangelnde Ruhe und Mangel an Schlaf – beides führt nur zu Nervosität bei Ihnen und dem Kind.

Wundern Sie sich besser erst gar nicht, denn es ist, wie es ist: Sie leben mit Ihrem Baby in anderen Zeiträumen und in passiveren

Welten – aber das kann schön werden. Lassen Sie zu hohe Ansprüche sausen (den Volkshochschulkurs zur Tiefenentspannung ebenfalls) und die meiste Arbeit liegen. Kinder nötigen uns, Neues zu lernen, und zwar ohne irgendwelchen Unterricht. Wenn wir Kinder nicht ausschließlich nach unserer Vorstellung formen, sondern uns auch ihren Bedürfnissen anpassen, lernen wir ganz nebenbei neue Formen des Alltags und des Loslassens, lernen das Leben von neuen Seiten kennen. Vielleicht können Sie dann auch irgendwann einen Bestseller scheiben – nicht über das geheime Leben von Bäumen oder Tieren, sondern über das geheime Leben der Babys!

UNSER KIND SCHLÄFT IN DER WOHNUNG SO SCHLECHT – WORAN LIEGT DAS?

Unser Baby schläft gut und fest, solange wir draußen sind und mit ihm spazieren gehen. Kaum zurück in der Wohnung, wacht es auf. Wieso? Und wie kann man das ändern?

WIEDER ERLEBEN SIE EINE LOGISCHE REAKTION eines kleinen Menschen. Menschen können tiefer und fester schlafen, wenn sie ausreichend unter offenem Himmel, am Tageslicht, also draußen waren. Wir sollten alle mehr draußen sein. Die weit verbreiteten Schlafstörungen würden gemildert, viele verschwänden wahrscheinlich ganz. Tageslicht bringt in unseren Körpern Hormonprozesse in Gang, die den Tiefschlaf stärken.[48] Somit verlangt ein Baby nicht nur beim Getragenwerden-Wollen, sondern auch mit seinem Bedürfnis nach Draußensein genau nach der Lebensart, die es ihm ermöglicht, tiefer ausruhen und schlafen zu können. Wenn Sie können, gehen Sie also viel mit Ihrem Baby nach draußen – es stärkt sein (und auch Ihr) Schlafvermögen und infolgedessen Ihrer beider Gesundheit.

Wenn Sie nur kurz draußen waren und doch möchten, dass Ihr Baby drinnen weiterschläft, tragen Sie Ihr Kind weiter am Körper. Wenn Ihr Kind dadurch spürt, dass mit dem Nachhausekommen *nicht* das Weggelegtwerden verbunden ist, erhöhen Sie die Chance entscheidend, dass Ihr Kind auch drinnen noch gerne schläft.

Ihr Baby spürt, wie Sie sich fühlen

NOCH ETWAS IST EINE WEITERE, WESENTLICHE URSACHE für das Aufwachen des Kindes: Kinder generell, aber ganz besonders junge Babys haben unzählige Antennen dafür, wie es ihren Eltern geht.

Sie nehmen das Befinden ihrer Eltern seismographisch wahr. Das ist einerseits anstrengend, gibt uns aber andererseits Hinweise, woran wir etwas ändern müssten, damit wir uns im Leben wohler fühlen können. Es soll Ihnen als Eltern ja wirklich gut gehen, und ein Kind ist immer wieder eine Art Spiegel, der uns zeigt, wo wir zu sehr unter Anspannung, auch Stress, vielleicht auch Freudlosigkeit stehen. Wenn Sie bisher sehr viel mit Ihrem Baby allein waren und sich oft einsam fühlen, dann kann das Aufwachen beim Nachhausekommen auch bedeuten, dass Ihr Kind genau das spürt und darauf reagiert. Das heißt, es merkt, dass mit dem Ankommen in der Wohnung Ihr anstrengendes Gefühl des »Zu zweit, aber einsam«-Seins wieder losgeht. Ein Baby fühlt den damit verbundenen inneren Stress seines Elternteils und – wacht auf. Wenn Ihnen also das Alleinsein mit Ihrem Kind verstärkt zu einsam wird, ermuntere ich Sie: Suchen Sie so häufig wie möglich die Nähe zu anderen; das tut Ihnen gut und Ihr Baby lässt los und – schläft.

Hier ein weiterer Hinweis, wie Sie andere Eltern in ähnlicher Lage finden können: Machen Sie einen Anschlag am Schwarzen Brett Ihres Supermarktes, dass Sie Kontakt zu Eltern mit Baby oder Kleinkind in Ihrer Wohngegend suchen. Die Erfahrung zeigt, dass sich andere dort ebenfalls umschauen, die sich wie Sie nach mehr Geselligkeit und nach Auswegen aus dem Alleinsein sehnen. Haben Sie Mut, denn man schließt untereinander in diesen frühen, in allem Erleben auch sensibleren Zeiten oft starke Freundschaften.

SOLLEN WIR UNSER KIND SCHREIEN LASSEN, DAMIT ES SCHLAFEN LERNT?

Immer wieder wird geraten, man solle sein Kind durchaus mal schreien lassen, um es nicht zu verwöhnen. Außerdem lerne es so, sich auch selbst zu helfen. – Ich kann das nicht ertragen. Soll man ein Baby schreien lassen oder nicht? Lernt ein Kind das Schlafen durch konsequentes Verhalten nicht vielleicht doch früher? Bei unseren Nachbarn hat es geklappt – wir sind unsicher.

SCHREIENLASSEN IST GENERELL NICHT GUT und führt bei kleinen Kindern dazu, dass sie meist völlig außer sich geraten. Genau das spürt man, und das ist es auch, was man als Elternteil nicht erträgt. Denn man fühlt mit seinem Kind natürlich mit, und das ist gut so. Ein noch junges Baby lernt durch bloßes Schreienlassen das Schlafen nicht auf gute Weise. Manche Babys schlafen zwar doch ein, aber aus Resignation und Erschöpfung. Schreienlassen kann traumatisch erlebt werden, nämlich dann, wenn ein Baby während seines Schreiens niemanden mehr spürt, der es hält und mitfühlt. Daher kann man nicht dazu raten, Kinder schreien zu lassen.

Manchmal kommt es vor, dass ein Baby zunächst vor dem Einschlafen etwas schreit, weil es sich unwohl fühlt. Denn Müdigkeit und Nicht-Einschlafen-Können verursachen körperliches Unwohlsein (nicht zuletzt kann Müdigkeit, wie wir aus eigener Erfahrung wissen, regelrecht körperlich schmerzen). Wenn man dieses »Alles-tut-mir-weh«-Schreien beobachtet und dabei das Gefühl hat, das Baby schreit bei Müdigkeit und vor dem Einschlafen jedes Mal auf diese Weise, um sich so auszudrücken und mitzuteilen, dann sollte jemand da sein, der das Kind hält. Jeglicher Schmerz, auch Müdigkeitsschmerz ist besser auszuhalten, wenn jemand bei einem ist. Aufgabe des Erwachsenen bleibt es, ein Baby zu halten, es durch leises Summen oder Singen in tiefer Stimmlage in die Ruhe zu begleiten, dabei aber selbst ebenfalls zuallererst in die eigene Ruhe zu kommen.

So finden Sie selbst in die innere Ruhe

WIESO IST ES SO HILFREICH, SELBST ZUERST RUHE ZU FINDEN? In aller Regel gilt: Am besten macht man einem Kind, auch wenn es noch klein ist, vor, wie etwas geht. Vorleben und Vormachen leitet Kinder am unmittelbarsten an und hilft ihnen leichter in etwas hinein, das wir uns für sie wünschen. Kinder lernen letztlich immer durch Beobachten und Nachmachen. Das gilt auch beim Schlafen. Wenn wir Erwachsenen die Anspannung loslassen, lässt ein Kind ebenfalls die Anspannung los. Das werden Sie immer wieder beobachten.

Um in die eigene, innere Ruhe zu kommen, hilft es Erwachsenen, wenn sie sich einen Ort vorstellen, der für sie Entspannung bedeutet. Das kann zum Beispiel der Gedanke an die frühere Küche der Großmutter sein oder das innere Bild vom Lieblingsstrand irgendwo am Meer oder die Vorstellung von einem Berg, auf dessen Gipfel man besonders gerne sitzt und in die Umgebung schaut. Solche imaginierten Bilder wohltuender Orte helfen Erwachsenen nachweislich, um aus Anspannung und Stress heraus in innere Ruhe zu kommen.[49]

Um heftiges Schreien eines Kindes zu beenden und die Ruhe aller schneller zu stärken, ist und bleibt bei noch jungen Babys das *Stillen der Weg der ersten Wahl.* Stillen ist die den Müttern mitgegebene Rundumhilfe, es hilft allen in die Müdigkeit und ein Baby fühlt sich psychisch sicher und körperlich genährt. Wenn Sie nicht stillen, hilft es, das Baby liebevoll zu halten und ihm den

Schnuller oder die Flasche für sein Saugbedürfnis anzubieten. Oder Sie fangen mit Stillen an und geben Ihrem Kind dann den Schnuller, damit es weiter saugen kann, aber nicht immer weiter Nahrung aufnimmt. Intuitiv wird alles ruhiger.

Ab wann ein Schreien beim Einschlafen nicht immer ganz zu vermeiden ist, werden wir sehen, wenn wir den Fragen für das Babyalter von acht, neun Monaten nachgehen.

UNSER KIND MAG DEN KINDERWAGEN NICHT – KANN MAN DAS ÜBEN?

Unser Baby schreit, sobald wir es in den Kinderwagen legen. Es sieht uns ja und weiß, dass wir da sind. Können wir das Liegen im schaukelnden Kinderwagen üben, so dass es sich zügiger dran gewöhnt?

EIN KINDERWAGEN IST AUS SICHT EINES BABYS auch nur ein Platz, an dem es alleine liegen soll. Wenn es das aber nicht erträgt, nützt es nichts, es zu üben. Babys, die mit Schreien reagieren, brauchen aus den beschriebenen Gründen das Tragen. Wenn Sie ein solches Kind haben, motten Sie Ihren Kinderwagen zunächst ein – vielleicht geht das Gefahrenwerden in einigen Monaten (oder vielleicht erst bei einem nächsten Kind). Geben Sie daher nie zu viel Geld für einen Kinderwagen aus, weil es gute, gebrauchte Modelle für weniger Geld gibt und es Sie weniger reut, wenn Ihr Kind den Kinderwagen gar nicht in Anspruch nimmt, sondern ausschließlich an Ihrem Körper sein will.

Da Menschen von klein an verschieden sind, gibt es selbstverständlich auch bezüglich des Kinderwagens das andere Phänomen: Es gibt Kinder, die liegen sehr gerne darin, genießen es, gefahren und geschaukelt zu werden und dabei besonders wohlig und tief zu schlafen. Manche Kinder lieben den klar begrenzten Bereich eines Kinderwagens sehr und schlafen zunächst als kleine Babys bevorzugt darin. Wenn das auf Ihr Kind zutrifft, nutzen Sie den Wagen, machen Sie weite Spaziergänge und lassen Sie Ihr Kind im Wagen auch in der Wohnung weiterschlafen, wenn es möglich ist. Es ist immer gut, den eigenen Beobachtungen zu folgen und dem Kind und seinen Bedürfnissen entgegenzukommen. Schlaf ist kostbar und darf sich getrost individuell abspielen. Wie auch immer Sie und Ihr Baby zu viel Schlaf kommen – alles, was zu tiefer Beruhigung und Erholung führt, ist gut.

Unser Baby schreit und steigert sich hinein, sobald es in den Auto-Kindersitz gesetzt wird. Wir müssen es aber anschnallen. Was sollen wir tun?

DAS IST HEUTE, AUS BABYSICHT, EIN NOTWENDIGES ÜBEL: Man muss Babys im Auto anschnallen. Aber auch der Kindersitz des Autos zwingt kleine Babys, die es noch nicht ertragen können, alleine an einem Platz zu liegen. Für manche von ihnen ist das unerträglich. Damit man ein Kind so wenig wie möglich dieser Situation aussetzt, hilft zumindest ein kleiner Kompromiss: Tragen Sie Ihr Kind bis zum Auto im Arm und legen Sie es erst in den Sitz, wenn die Fahrt *sofort* losgehen kann. Häufig helfen dann das Motorgeräusch und das Schuckeln des Fahrens, damit das Kind doch weniger schreit. Eine Person, die sich daneben setzen und die Hände des Babys halten kann, ist ebenfalls hilfreich und beruhigt zwar nicht alle, aber viele Babys ein wenig.

Wenn Ihr Kind zu jenen gehört, die auf Autofahrten mit starkem Schreien reagieren, können Sie es nicht ändern, sondern nur versuchen, diese Fahrten so weit wie möglich zu reduzieren. In meiner Kindheit in den 1960er-Jahren war den Erwachsenen meist bewusst, wie anstrengend und schwierig das Autofahren für Kinder ist. Bei schaukelnd-fahrender Umgebung lange still sitzen zu müssen, das vertrugen damals viele Kinder nicht. Erwachsene wussten das und die Spucktüten oder -eimer reisten von vornherein im Auto mit. Entsprechend häufig wurden vorsorglich auch Pausen gemacht oder man hat Autofahrten mit Kind(ern) möglichst vermieden.

Kinder erleben anders als Erwachsene

AUCH HEUTE GILT: Kindliche Körper sind, was Stillhaltevermögen und Gleichgewichtssinn betrifft, anders in der Welt als erwachsene Körper. Wir Erwachsenen müssen diesbezüglich verständnisvoll sein, denn was uns leichtfällt, kann für das eine oder andere Kind eine ernsthafte Anstrengung sein. Durch folgendes (Gedanken-) Experiment können wir ein Gefühl für das unterschiedliche Erleben von Erwachsenen und Kindern bekommen: Wenn Kinder uns Erwachsene in Schaukeln oder Karusselle setzen würden, mit deren schaukelnder Höhe oder schnellem Drehen unsere erwachsenen Körper nicht mehr zurechtkommen (Sie wissen, wie schlecht einem als Erwachsenem auf einem Karussell werden kann), dann würden wir uns genauso dagegen wehren. Kinder versuchen also, sich gegen unangenehme Autofahrten zu wehren. Babys und Kleinkinder können uns das aber nicht sagen, also schreien sie. Aus Sicherheitsgründen haben wir keine andere Wahl, wir müssen Kindern den Kindersitz abverlangen – wir können aber, wann immer möglich, die Zahl an Fahrten reduzieren.

Bei nicht zu vermeidenden Fahrten, bei denen sich manche Babys langfristig nicht beruhigen, ist der einzige Ausweg, häufig anzuhalten und das Kind im Arm haltend zu beruhigen, ehe man eine weitere Reise-Etappe wagt. Oder Sie überlegen, in welchen Fällen Sie auf öffentliche Verkehrsmittel umsteigen können.

Neue Welten entdecken

DA IST ES WIEDER, EIN WEITERES MAL: Kleine Kinder führen uns in neue Welten. Wagen Sie neue Erfahrungen, zum Beispiel Reisen per Zug, und erleben Sie Seiten des Lebens, die gemütlich sein können. Einmal mehr geschieht da auch Erfreuliches, denn wenn

Sie mit kleinen Kindern unterwegs sind, besonders mit Babys, werden Sie oft von Mitreisenden wohlwollend angesprochen und bekommen Hilfe. Wenn Sie Lust haben, lesen Sie doch einmal nach, wie es bei *Lotta aus der Krachmacherstraße* beim Zugreisen zugeht. Reisen wird dann gemütlich, wenn es auch gepaart ist mit Überraschungen (und solche Überraschungen durch Kinder werden hier noch öfter Thema sein). Wenn Sie jetzt etwas Neues wagen, sind Sie längst geübt, wenn Sie später mit größeren Kindern reisen; mit Kindern wie Jonas oder Mia oder Lotta, die, statt still sitzen zu bleiben, umherstreifen und ihre Mutter in Aufregung versetzen, als sie mit ihr gemeinsam im Zug zu den Großeltern unterwegs sind.[50] Probieren Sie es aus, denn jetzt liegt Ihr Baby noch da, macht keinerlei Unfug, stattdessen ernten Sie bei Ihren Mitreisenden häufiges Lächeln und manches freundliche Kompliment.

KAPITEL 4 | FRAGEN ZU BABYS VON FÜNF BIS ACHT MONATEN

SO GEHT ES IHREM KIND IN DIESEN MONATEN

IHR BABY KENNT SEINE WELT außerhalb des Bauches schon gut und hat sich auf vieles, was es täglich erlebt, eingestellt. Es hat auch erste Strategien, wie es sich jetzt in kleinen Momenten durch Saugen an den eigenen Händen oder an seinem Schnuller über das Wartenmüssen selbst hinweghelfen kann. Es stärkt Ihr Kind und hilft ihm jetzt durchaus, wenn es ab und zu, in kleinen Zeiteinheiten, seine eigenen Strategien entdecken muss und dabei die Sicherheit entwickelt, dass es sich tatsächlich schon selbst helfen kann. Ihr Baby entdeckt, dass es in kleinen Schritten schon ein wenig für sich sorgen kann – und das ist ein gutes Gefühl!

WIE KANN UNSER KIND ZUFRIEDENER WERDEN?

Unser Baby ist jetzt viereinhalb Monate alt, es hat am Anfang viel geschrieen, was inzwischen jedoch nachgelassen hat. Aber weiterhin ist es nie richtig zufrieden, quengelt immer schnell und braucht ständig unsere Aufmerksamkeit und will beschäftigt werden. Ich kann so nicht mehr! Wie kann unser Kind zufriedener werden?

WENN EIN BABY IN DIESEM ALTER ENTDECKT, dass es doch schön sein kann, ab und zu ein wenig für sich zu sein, dann wird es zufriedener. Es gibt zwei Wege, wie es das entdecken kann: Entweder, Sie tragen es wie beschrieben auf Ihrem Rücken, dann braucht Ihr Kind nicht immer durch Sie beschäftigt werden, sondern entdeckt seine Hände, saugt daran und beruhigt sich so.

Oder Sie setzen sich auf ein Sofa und legen Ihr Kind neben sich und zwar so, dass seine Beine auf Ihrem Oberschenkel platziert sind, sein Kopf und Oberkörper aber schon für sich auf dem Sofa liegen. Ihr Kind liegt also im Neunzig-Grad-Winkel zu Ihnen. Sie sitzen und haben die Hände frei; Ihr Kind spürt Sie deutlich durch den Kontakt der Beine, es sieht Sie dauernd, babbelt zwischendurch mit Ihnen, entdeckt aber gleichzeitig die eigenen Hände und spielt mit ihnen oder beruhigt sich, indem es an den Händen saugt.

Handarbeit statt Kopfarbeit

AB UND ZU KÖNNEN SIE IHREM KIND einen kleinen Gegenstand aus dem täglichen Leben geben, mit dem es sich dann neugierig beschäftigt. Sie werden merken, dass Sie selbst etwas anderes tun können, vorausgesetzt, Sie bleiben für Ihr Baby ansprechbar. Sobald Sie sich durch konzentrierte »Kopfarbeit« wie Lesen oder

Am-Handy-Sein gedanklich zu weit entfernen, wird Ihr Baby doch quengeln, weil es Sie zu wenig als emotional erreichbar erlebt. Aber so lange Sie etwas tun, bei dem ein kleines Zwiegespräch mit Ihrem Baby möglich ist, wird es selbst spielen oder vor sich hin plappern. Es ist jetzt *die* zentrale Erfahrung, dass in der Nähe zueinander jeder in sein eigenes Tun vertieft sein kann. Diese Erfahrung wird Ihnen und Ihrem Kind in der gesamten kommenden Zeit helfen.

Jeder von Ihnen beiden hat zu tun, beschäftigt sich, ist bei sich, in seiner eigenen Welt, ganz ruhig, und doch zwischendurch im Kontakt mit dem anderen. Dies zu erleben, führt Kinder ab diesem Alter mit Konzentration und Versonnenheit ins Spiel. Sie werden beobachten, dass Ihr Kind bei diesem Liegen, bei dem es die Eltern noch spürt, aber doch schon für sich ist, immer die Hände in den Mund nimmt und sich selbst beruhigt, zwischendurch von Ihnen weg mehr in die Weite schaut und beginnt, vor sich hin zu träumen. Dabei wird es ruhiger und mit sich zufriedener.

Dieses Tagträumen ist eine stärkende Erfahrung, und manchmal passiert es ganz nebenbei, dass Ihr Kind in den Schlaf fällt. Zugleich ist es eine Vorbereitung dafür, dass Ihr Kind bald eigene Strategien entdeckt, wie es in seine tiefe Ruhe finden kann.

UNSER BABY IST SO ZAPPELIG –
WAS KÖNNEN WIR GEGEN DIESE UNRUHE TUN?

Unser Baby ist oft in Unruhe – es zappelt und bewegt sich dauernd, und ich bin mit dieser Bewegung beschäftigt. Was kann ich tun, dass die viele Unruhe und das Zappeln aufhören?

SIE KÖNNEN ES TRAGEN wie im letzten Abschnitt beschrieben. Oder Sie legen das Kind neben sich, halten es, indem Sie Ihre Hand auf seinen Bauch legen und es so am häufigen Zappeln hindern. Folgendes hilft auch, weil Ihr Kind eine Begrenzung spürt: Sie setzen sich selbst ganz bequem aufs Sofa oder in einen Sessel und nehmen Ihr Kind auf den Schoß, so dass sein Rücken Ihren Bauch berührt. Begrenzen Sie Ihr Kind mit Ihren Armen und halten Sie seine Füße mit den Händen gut fest, so dass die Beine des Kindes nicht gestreckt sind, sondern angewinkelt. Nehmen Sie diese Haltung bestimmt, aber liebevoll ein. So gestatten Sie Ihrem Kind ein wenig »Mitsprache«, indem es sich auf Ihrem Schoß auch hin- und herbewegen darf (jedoch keinesfalls aufstehen!). Durch diese Mitsprache lässt Ihr Kind das Begrenzt- und Gehaltenwerden durch Ihre Hände und Arme eher zu.

Mitbestimmung ist wichtig

ETWAS MITBESTIMMUNG DES KINDES ist immer wieder wichtig. Dadurch spürt es, dass wir es nicht nötigen und nur »behandeln«, sondern es ernst nehmen und ihm feinfühlig behilflich sind, damit es in mehr Ruhe findet und nebenbei ein besseres Körpergefühl bekommt. Sagen Sie zu Ihrem Kind etwas wie z. B.: »Jetzt komm mal her, wir machen es uns etwas gemütlicher und auch ruhiger. Schau mal, so ...« Mit freundlichem, aber bestimmend sanftem

Halten seiner Füße und damit klarer Begrenzung durch Ihren Körper hindern Sie Ihr Baby daran, sich ständig zu bewegen, zu zappeln, zu winden oder aufzustehen.

Sie werden dabei bald erleben, dass Ihr Kind die eigenen Hände zum Mund führt, deutlich ruhiger wird, sich schließlich auf Ihrem Schoß mehr und mehr fallen lässt und endlich ruhig sitzen bleibt. Wenn Babys/Kleinkinder ihre Hände zum Mund (oder zu den Füßen) führen, ist das ein deutlicher Hinweis, dass sie sich mehr spüren und beginnen, in ihre eigene Strategie der Selbstberuhigung zu finden.

Ihr Kind wird ruhiger, wenn es Sie spürt

ZAPPELNDE KINDER HABEN ALS AUSDRUCK ihres Nervösseins häufig kühle Hände und Füße. Wenn Sie sich auf die beschriebene Weise mit Ihrem Kind setzen, werden Sie zusätzlich beobachten, dass die Hände und Füße Ihres Kindes warm werden. Warme Hände und Füße sind ein Zeichen dafür, dass Ihr Kind sich selbst besser spürt, stärker bei sich ist und infolgedessen ruhiger wird.

Machen Sie dieses beruhigend haltende Auf-den-Schoß-Setzen mit Ihrem unruhigen Kind in regelmäßigen Abständen, mehrmals am Tag; spätestens immer dann, wenn das Zappeln und Winden Ihres Babys von Neuem beginnt. Sie werden beobachten, dass Ihr Kind immer zügiger in ruhiges Tagträumen findet, die latente, zu starke Körperanspannung generell zurückgeht und alle Wachzeiten Ihres Kindes weniger zappelig, sondern deutlich ruhiger werden.

Nach etwa zehn Minuten, in denen Sie beide tagträumend dasitzen, wird Ihr Kind anschließend mehr in eigenes Spielen finden, während es an einem eigenen Platz liegt. Es wird entweder nur mit seinen Händen oder Füßen spielen oder auch mit einem kleinen Gegenstand (in diesen Momenten besser nichts, was ständig klappert und rasselt, denn wenn alles ruhiger werden soll, ist ein Gegenstand ohne dauernde Geräusche natürlich beruhigender). Zusätzlich hilft, an Folgendes zu denken: Ein Kind, das noch schnell zappelig und unruhig wird, legen Sie in seinen Wachzeiten keinesfalls weiter weg, sondern immer spürbar nah genug zu Ihnen; oder aber, Sie bleiben konstant dabei, Ihr Kind auf dem Rücken zu tragen. Kinder, die vermehrt zu Zappeligkeit neigen, brauchen steten Körperkontakt; er ist für sie *der* hilfreiche Weg aus ihrer Unruhe.

Was die Unruhe eher fördert

AUCH WENN LATENTES QUENGELN UND ZAPPELNDE UNRUHE Sie nervös machen, widerstehen Sie der Versuchung, Ihr Kind mit dem Gesicht nach vorne zu tragen, so dass es (bequem auf dem Arm des Elternteils sitzend) immer in die Welt schaut. Erstens müssen Sie dabei stehen und dem Kind seine Umgebung zeigen, um es auf diese Weise bei guter Laune zu halten. Zweitens scheint es zwar zunächst zu helfen, macht das Kind aber nicht wirklich zufrieden, sondern lediglich oberflächlich ruhig – und zwar so lange, wie es genau auf diese Weise umhergetragen wird. Das Kind braucht dabei einen haltenden, stehenden Erwachsenen, der am besten auch noch ein wenig umhergeht, und findet doch nicht wirklich in seine Zufriedenheit und verspielte Versonnenheit. Wenn Sie sich diesen »Service« für Ihr Kind angewöhnt haben, gehen Sie dazu über, es neben sich zu legen oder wie beschrieben auf dem Schoß zu halten, das hilft Ihnen beiden in mehr Ruhe.

Es ist in diesem Alter nicht überfordernd, sondern hilfreich, wenn Ihr Kind Strategien der Selbstberuhigung und Selbstbeschäftigung kennen und lieben lernt und – parallel zu wohligem Zusammensein – in diesen Fähigkeiten ein kleiner Meister wird. Noch eins: Seien Sie Ihrem Kind jetzt noch nicht beim Stehen behilflich. Viele unruhige, eher zappelige Babys fordern Ihre Eltern auf, sie stehend zu halten, sie möchten auf dem Schoß ihrer Eltern auf und ab hüpfen; ein Verhalten, das dem Kind gefällt, das aber zur Zeit seine Unruhe verstärkt. Ihrem Baby früh beim Stehen behilflich zu sein, beschäftigt Sie beide zwar, macht aber ebenfalls keinen von Ihnen beiden zufrieden, sondern strengt Sie und Ihr Kind in diesen Monaten unnötig an. Legen, halten oder tragen Sie Ihr Kind wie beschrieben.

Beruhigende Erfahrungen helfen beim nächsten Schritt

WENN EIN KIND ERFAHREN HAT, dass es sich beruhigen und infolge auch selbst mehr beschäftigen kann, macht es den nächsten Schritt leichter. Das heißt, Ihr Kind lässt sich nach einigen Wochen besser ohne Ihr unmittelbares, körperliches Dabeisein auf den Boden legen und spielt dort ruhig und konzentriert vor sich hin. Mit der vorausgegangenen beruhigenden Erfahrung von Nähe bewältigt es die nächste Herausforderung des Größerwerdens gut, nämlich ohne dauernden Körperkontakt zu sein. Jetzt wird es am Boden selbst entdecken, wie es sich drehen und wenden kann, es wird aus eigenem Antrieb lernen, zu robben oder zu krabbeln, und wird sich dann schließlich aus eigener Kraft zum Stehen auf die eigenen Beine hochziehen. Es ist für Ihr Kind äußerst zufriedenstellend und zugleich beruhigend – und es stärkt sein Ich-Gefühl, wenn es seine Körperbalance und schließlich das Aufrichten und Aufstehen aus eigener Kraft entdeckt und sich aus eigener Kraft auf den Beinen halten kann.

JEDES EINSCHLAFEN IST EIN KAMPF – WAS KÖNNEN WIR TUN?

Wir halten uns gut an einen Tagesrhythmus und bringen unser Kind (sechs Monate), wie in Ratgebern beschrieben, immer zur selben Zeit und am selben Ort in der Wohnung zum Schlafen. Aber meistens schreit unser Kind schon, wenn wir nur beginnen, zu seinem Bett und Kinderzimmer zu gehen. Jedes Einschlafen ist ein großer Kampf. Was nun?

VIELFACH WIRD EMPFOHLEN, ein kleines Kind zur möglichst selben Zeit am immer selben Ort zum Schlafen zu bringen. Das kann hilfreich sein, wenn ein Kind das gerne mag und auf diese Weise gut einschläft. Wenn Kinder aber mit dem Alleinsein im eigenen Bett oder gar allein in einem Zimmer noch überfordert sind, dann schreien sie, sobald es nur in diese Richtung von Zimmer und Bett geht.

Die Situation wird sich entspannen, wenn Sie Ihrem Kind diese Überforderung in seinem jetzigen Alter noch ersparen. Wichtiger als der immer selbe Zeitpunkt oder der immer selbe Platz fürs Schlafen ist in diesem Alter die immer selbe Sicherheit, dass Ihr Kind jetzt noch jemanden spürt und als anwesend erlebt, Sie also körperlich noch nah genug empfindet.

Vermeiden Sie also für Ihr Kind noch die Überforderung des Für-sich-Seins, lassen Sie es also in dem Zimmer schlafen, in dem Sie etwas tun. Legen Sie es so neben sich, dass Ihr Kind Sie beim Einschlafen zunächst noch spüren kann, also weiß, dass Sie da sind. Lassen Sie es auch vor dem Einschlafen immer wieder noch etwas vor sich hin spielen, das nimmt Anstrengung und Anspannung weg und beruhigt. Einschlafen und damit verbundene Anstrengung passen nicht zusammen. Die detailliert genaue Beschreibung, wie es in einzelnen Schritten gehen kann, finden Sie im nächsten Altersabschnitt. Im Alter von fünf bis acht Monaten ist noch entscheidend, dass Sie spürbar anwesend sind, dabei sitzen oder liegen, in Ihre Ruhe gehen oder etwas anderes nebenbei tun (etwas, das Ihnen selbst ebenfalls Ruhe gibt, also keine Kommunikation mit Dritten über das Handy). Ihr Kind darf mit einer Kleinigkeit in den Händen nesteln und vor sich hin träumen. Es meckert nach gewisser Zeit vielleicht etwas (wie gesagt, Müdigkeit tut weh, auch deshalb meckert ein müdes Kind), Ihr Kind spürt Sie jedoch und schläft ein – irgendwann an irgendeinem Platz in Ihrer Wohnung, aber noch immer mit körperlicher, konkret spürbarer Geborgenheit in Ihrer Nähe.

Wenn Sie möchten, dass Ihr Kind in den Schlaf findet, schauen Sie nicht mehr zu ihm hin, denn jegliches Anschauen nimmt wieder einen Dialog auf, zwar ohne Worte, doch in der Wirkung so, als würden Sie miteinander reden:

Mama, mit dem Blick:»Und? Schläfst du schon, mein Kind? Schlaf doch ...«

Das Kind schaut zurück und sagt mit seinem Blick:»Nein. Findest du, ich sollte? Im Moment tu ich es noch nicht, und so recht will ich es auch nicht ...« Dabei meckert es Sie etwas an, um die Aussage seines Blicks durch die Töne zu unterstreichen.

Sie schauen wieder weg, aber angesichts des Meckerns wandert Ihr Blick doch wieder zurück und fragt:»Was ist denn, schläfst du doch nicht ein oder was? Jetzt schlaf doch einfach ...«

Ihr Baby schaut flehend und antwortet wieder mit seinem Blick:»Nein, ich mag noch nicht, und du?«

Sie schauen es an, etwas besorgt, aber liebevoll bestärkend:»Doch, schlaf ruhig ...«

So geht es immer weiter hin und her, und obwohl Sie da sitzen, um Ihrem Kind beim Einschlafen behilflich zu sein, sind Sie beide doch weiterhin in einer Art Dialog.

Solange man, und sei es über Blicke, miteinander im Gespräch ist, wird ein Baby nicht ins Tagträumen kommen und auch nicht in den Schlaf. Besser ist es, sich als Mutter oder Vater mit dem Blick wirklich zu verabschieden, in die eigenen Gedanken nach innen oder nach draußen in die Weite zu gehen und damit dem Kind klar zu signalisieren:»Ich bin schon weg und gehe ins Land der Träume ... Hier triffst du mich im Moment nur noch körperlich an, mit unseren Blicken reden wir jetzt nicht mehr miteinander.« Auf diese Weise sieht und spürt Ihr Baby, dass Sie es ernst meinen, dass das Einschlafen wirklich ein kleiner Abschied ist und Sie ihn bereits vollziehen.

Dieses»Sich-Verabschieden« empfiehlt sich für alle kommenden Monate, die Sie noch dabeisitzen, um Ihrem Kind im Übergang zum Schlaf durch Ihre Anwesenheit behilflich zu sein.

SCHLAFPROGRAMM – JA ODER NEIN?

Soll man mit seinem Kind jetzt ein Schlafprogramm machen, so dass es lernt, bald durchzuschlafen? Bei Freunden von uns hat es mit konsequenten Schritten geklappt. Wir sind aber unsicher, ob wir mit dem Stufenprogramm von Jedes Kind kann schlafen lernen einen Erfolg hinbekommen. Bei manchen klappt es offenbar, bei manchen nicht. Wie soll man sich entscheiden?

ALLE MENSCHEN SCHLAFEN IN SOGENANNTEN SCHLAFBÖGEN. Wir tauchen ein in den Schlaf, haben eine Phase des Tiefschlafs und tauchen wieder auf in leichteren Schlaf, um schnell wieder in eine Phase des Tiefschlafs abzutauchen. Man kann es sich bildlich wie die Bewegung von Delfinen im Wasser vorstellen – eintauchen, auftauchen, wieder eintauchen – so geht menschliche Schlafbewegung. Alle Menschen schlafen auf diese Weise, erwachsene Menschen wachen beim Auftauchen in aller Regel nicht wirklich auf. Kleine Menschen schlafen zum einen noch in kurzen Schlafbögen (das bedeutet: Phasen des Tiefschlafs und des Leichtschlafs wechseln sich in kürzeren Zeiteinheiten ab). Sie können zum anderen meist noch nicht beim Wieder-Abtauchen in die Phase des Tiefschlafs einfach weiterschlafen. Bei kleinen Kindern besteht die Gefahr, dass sie nach einem Schlafbogen (auch Schlafzyklus genannt) kurz oder lang aufwachen. Die meisten kleinen Menschen müssen erst lernen, dass man weiterschläft. Daher erlebt man mit kleinen Kindern dieses häufige nächtliche Aufwachen. Es dauert meist seine Zeit, bis Kinder gelernt haben, wie man (nachts) am besten tief und lange schläft, ohne nach einem Bogen aufzuwachen.

Der Schlaf ist ein komplexes Gebilde

WIE BEI ALLEM SIND MENSCHEN auch beim Schlafen von Geburt an verschieden und lernen das Weiterschlafen unterschiedlich schnell. Manche Menschen kommen als begnadete Schläfer auf die Welt. Das sind jene, die als kleine Kinder schon früh tief und lange schlafen und nach den ersten Wochen bereits durchschlafen. Mit solchen Kindern haben Eltern einfach Glück. Andere Menschen schlafen von Geburt an und unter Umständen ihr Leben lang eher schlecht und nie sehr lange am Stück oder nur kurze Zeit wirklich tief. Das sind die, die schon als kleine Kinder eher häufig, vielleicht auch ganz oft nachts aufwachen. Diese Menschen sind als Babys für ihre Eltern eher anstrengend. Schlaf, so kann man beobachten, ist ein Stück weit eine angeborene Gabe.

Zwischen den zwei Extremen gibt es eine Menge unterschiedlichster Menschen, also jene, die als kleine Kinder mal eine Zeitlang gut schlafen, dann wieder eher schlechter, dann mal wieder besser, bis sie dann irgendwann zwischen dem zweiten und vierten Lebensjahr stabil den Bogen raus haben. Sie haben also gelernt, wie das Wieder-Abtauchen geht, so dass viel erholsames Schlafen möglich wird, ohne ständig wach zu werden.

Weiterschlafen will gelernt sein

DA DIE MEISTEN MENSCHEN KINDER HABEN, die in dieses Mittelfeld gehören, geht es darum, zu fragen, was man tun kann, damit ein Kind allmählich das Weiterschlafen lernt. Wieder gilt: Für die meisten kleinen Kinder geht das Lernen langsam. Manche brauchen in den ersten Wochen ständigen Körperkontakt, um überhaupt schlafen zu können; andere schlafen ganz gut schon mit etwas Für-sich-Sein. Man kann aber sagen, dass alle kleinen Kinder, sobald sie wach werden, noch jemand Vertrauten brauchen, den sie spüren.

Etwas Wesentliches kommt noch hinzu, und hier begegnen wir der Komplexität von Schlaf: Das Schlafen wird, auch bei kleinen Menschen, von der Frage mitbestimmt, ob eher seelische *An*spannung oder eher seelische *Ent*spannung gelebt werden kann. Bitter, denn es bedeutet: Wenn es am Tag oder in bestimmten Lebensbereichen (manchmal sind es nicht nur Alltagsdinge, sondern tiefer liegende Sorgen) für Erwachsene wie Kinder anstrengend war, dann wird es auch nachts anstrengend, so dass man schlechter schläft. Also gerade dann, wenn man dringend erholsamen Schlaf gebrauchen könnte, kann man nicht gut schlafen. Das ist auch bei Babys so.

Nicht ein Weg für alle

Nach nahezu zwanzig Jahren Schlafberatung für Eltern kleiner Kinder hier mein erster Rat: Misstrauen Sie allen, die Ihnen den *einen* Weg anpreisen und sagen: So lernt jedes Kind schlafen. Ich habe gelernt, mich in Sachen Schlafenlernen kleiner Kinder von allen Dogmen zu verabschieden.

Wenn ich Eltern etwas raten kann, dann folgende Schritte: Als Erstes können Sie schauen, ob es Sorgen oder Anspannungen gibt, die sich vielleicht lösen oder entschärfen lassen. Sollten Sie die Tage vielleicht ruhiger einrichten, nicht zu vieles gleichzeitig machen? Das ist etwas, was man ernst nehmen sollte und was heute oft Thema ist, wenn Babys schlechter schlafen. Aber auch tiefer liegende Sorgen können eine Ursache sein, deren Bearbeitung und Lösung dabei hilft, besser in innere Entspannung und dann in tieferen Schlaf zu kommen – als Eltern und als Baby.

Vielleicht können Sie versuchen, weniger zu arbeiten, Stress mit Familienmitgliedern zu bereinigen, Grübeleien auszuräumen oder älteren Kummer loszuwerden – was immer Ihnen derzeit auf der Seele liegt. Wenn Sie hierbei Hilfe brauchen, holen Sie sich welche in einer der Beratungsstellen in Ihrer Nähe (Adressen unter www.dajeb.de).

Wenn die Situation sich diesbezüglich gebessert hat, lautet mein nächster Rat: Werden Sie sehr pragmatisch und tasten Sie sich mit dem Kind, das Sie bekommen haben, so voran, dass es für Sie alle nachts möglichst wenig anstrengend ist. Das heißt, legen Sie Ihr Kind so in Ihre Nähe, dass Sie es, wenn es aufwacht, spüren können, ohne dass Sie dafür aufstehen müssen. So können Sie ihm durch Körperkontakt schnell und ohne Anstrengung vermitteln: »Wir (ich) sind da. Alles ist gut. Schlaf gleich wieder ein.« Es empfiehlt sich, mit kleinen Kindern (besonders mit mehreren) vollkommen pragmatisch zu sein und im Zweifelsfall das Bett zu verbreitern, so dass jeder genug Platz zum Schlafen hat und alle so nebeneinander schlafen können, dass keiner aufstehen muss.

Sie selbst können am besten beurteilen, was funktioniert

TRAUEN SIE IHREM ERLEBEN, welche Sorte Schlafmensch jeder von Ihnen ist. Manche wollen immer nebeneinander schlafen, manche schlafen die erste Zeit der Nacht an einzelnen Plätzen, ab dem ersten Aufwachen dann nur noch in der Nähe zueinander weiter. Andere schlafen in der ersten Hälfte der Nacht alle nebeneinander und nehmen im Laufe der Nacht mehr Distanz zueinander ein. Beobachten Sie, wie es sich für Sie, Ihr Kind und für Sie als Paar verhält, und machen Sie es so, dass es Ihnen dabei am ehesten gut geht. Trauen Sie niemandem außer Ihrer eigenen Beobachtung, in welcher Weise Sie am ehesten zur tiefen Ruhe kommen. Es gibt ganz sicher nicht den einen Königsweg, der für alle gleichermaßen richtig ist und garantiert zu gutem Schlaf führt – genau dieses Versprechen stimmt nicht.

Sie richten es für sich so ein, wie es für Sie am besten geht. Sie können sich also gleich getrost von dem Gedanken verabschieden, Sie hätten ein durchschlafendes Kind, wenn Sie es genau so oder so oder so gemacht hätten. Sicher nicht, denn das Schlafenlernen ist so verschieden, wie Menschen verschieden sind. Nur eins sollten Sie beachten: Machen Sie in der Nacht nichts, was Sie besonders anstrengt, sondern richten Sie es möglichst so ein, dass Sie weiterdösen können und mit wenig Aufwand Ihrem Kind Nähe und das sichere Gefühl vermitteln, dass es ohne Angst weiterschlafen lernen kann.

Veränderungen am besten langsam

BIS ZU DIESEM ALTER BRAUCHEN DIE MEISTEN KINDER beim Lernprozess »Weiterschlafen« noch Hilfe durch etwas Nähe, manche auch noch durch Stillen. Ab dem nächsten Altersabschnitt lernen manche (manche, nie alle!) Kinder dann schon, dass sie durch mehr eigene Ruhe- und Einschlafstrategien am Tag das Schlafen auch nachts besser können und bei eventuellem Aufwachen leichter wieder ein- und weiterschlafen, weil sie schon ein wenig wissen, wie es geht. Aber: Auch das lernen Kinder wieder in unterschiedlich großen oder kleinen Schritten.

Ein weiterer, pragmatischer Rat: Geben Sie Ihrem Kind gerade so viel, wie notwendig ist, von dem, was es braucht, um sich schnell zu beruhigen, wenn es aufwacht (also Nähe oder Saugen oder beides: Nähe und Saugen an Brust, Schnuller, Nuckel). Machen Sie nur so viel wie nötig, so dass Ihr Kind sich nicht aufregt und schnell wieder einschläft.

Alle Schlafhilfe sollte mit der Zeit weniger werden. Am besten ist es, wenn Veränderungen und das Abgewöhnen von Bisherigem (wie nächtliches Trinken) in schleichenden, kleinen Schritten vor sich gehen, so dass sich niemand nachts aufregt. Sollte Ihr Kind z. B. nachts eine Flasche bekommen, dann fangen Sie ab etwa sechs Monaten an, ganz langsam die Menge weniger werden zu lassen, auch immer verdünntere Milch zu nehmen, bis Ihr Kind sich psychisch und körperlich ohne Aufregung daran gewöhnt hat, dass es nachts nichts mehr braucht. Wenn Veränderungen in langsamen Schritten möglich werden, machen Sie es immer weiter auf diese schläfrig-schleichende Art: etwas Schlafhilfe ja, aber mit abnehmender Tendenz, so dass Ihr Kind immer besser bei weniger Hilfe das Weiterschlafen lernt.

Es gibt natürlich auch hier wieder andere Wege: Manchen Menschen (Eltern wie Kindern) hilft es eher, bisherige Gepflogenheiten und Angewohnheiten durch schnelle, stärkere Einschnitte zu verändern – dass man beispielsweise eine Schlafstrategie verändern will, weil sich *jetzt* etwas ändern muss, weil es so wie bisher einfach nicht mehr weitergeht, weil keine Ruhe eintritt und niemand mehr schläft. Das Schlafenlernen eines Kindes, ohne es noch zu stillen, ist oftmals solch ein Einschnitt – im nächsten Altersabschnitt komme ich darauf zurück. Solche etwas stärkeren Eingriffe in bisherige Gewohnheiten können manchmal dringend und als Entwicklungsschritt und Herausforderung richtig sein.

Wenn man Veränderungen auf diese Weise vornehmen will, gilt es eines zu bedenken: Der neue Weg sollte so gegangen werden, dass ein kleines Kind das Neue nicht alleine und ohne einen gewissen Beistand von Mama oder Papa angehen muss, womöglich noch alleine schreiend. So lange warmherziger Beistand da ist, führt auch schnelle Veränderung zu besserem Tiefschlaf, manchmal kommt man nicht darum herum. Nur eines stimmt immer: Wer tief und besser schläft, ist auf einem guten Pfad – und der kann sehr verschieden aussehen.

Machen Sie es sich auf Ihre Weise gemütlich mit Ihrem Kind, in der Art, wie es für dieses Kind und für Sie am besten geht, und schlafen Sie dabei gut.

KAPITEL 5 | FRAGEN ZU BABYS VON ACHT BIS ZWÖLF MONATEN

SO GEHT ES IHREM KIND IN DIESEN MONATEN

IN DIESEM ALTER WIRD DAS BABY MOBIL und entdeckt, dass es sich immer mehr selbst wegbewegen kann. Damit wird die Welt jenseits des elterlichen Körpers höchst interessant. Ein Kind startet erste »Reisen«, hat eigene Ideen, wo es hingelangen und was es mit seinen Händen anfassen will; und es verlangt danach.

WIE KANN UNSER KIND ORDENTLICH ESSEN LERNEN?

Beim Füttern will unser Baby immer auch den Löffel halten – aber ich will es füttern, weil sonst alles ein einziges Matschen wird. Ohne Löffel in der Hand schreit unser Kind jedoch und dreht sich weg. – Soll ich nachgeben? Außerdem will es mit den Händen ins Essen greifen und spielen statt essen. Wir meinen aber, es sollte früh lernen, dass bei uns mit Essen nicht gespielt wird. Was sollen wir machen?

ES IST VERSTÄNDLICH, WENN SIE IHR KIND zu einem wertschätzenden Umgang mit Nahrung erziehen wollen. Aber in diesen Monaten sind Sie mit diesen Absichten noch zu früh dran, überfordern also Ihr Kind noch. Ersparen Sie sich beiden diesen Stress.

Es ist richtig, dass Kinder gute Sitten in Sachen Essen lernen sollten, um sie als größere Menschen zu beherrschen. Doch dieses Lernen kommt später. Jetzt muss ein Kind noch spüren, was es isst, um seine Entdeckungsfreude an der festen Nahrung zu behalten. Es »begreift« feste Nahrung. Das ist spannender, als sie nur zu essen. Das Kind muss nicht dauernd die Hände im Essen haben, aber es muss in diesem Alter immer wieder auch mit den Händen spüren, was auf dem Teller ist – das stärkt seine Lust und seinen Appetit.

Außerdem will ihr Kind Ihnen alles nachmachen – so lernt es, wie man in der Welt der Großen mit Dingen umgeht. Das heißt, wenn Sie einen Löffel halten, will Ihr Kind auch einen Löffel halten. Am besten, Sie lassen ihm diese Freude, lassen es auch »mithelfen« und einen Löffel halten, dann sperrt es aus lauter Vergnügen den Mund eher auf und Sie können es füttern.

Dieses »Helfen« beim Essen ist jetzt wichtig, denn es stärkt die Erfahrung: Gemeinsam macht es mehr Spaß. Dass Kinder beim

Essen die Tischsitten lernen, findet am besten statt, wenn Kinder den Sinn für Regeln entwickeln, und das ist mit etwa drei, vier Jahren der Fall. Plötzlich wird dieses Lernen ganz leicht. Somit haben Sie jetzt keine unnötige Anstrengung, sondern im entsprechenden Alter viel Freude daran, denn mit seiner Begeisterung für Regeln, die dann plötzlich wichtig ist, lernt Ihr Kind mit drei, vier Jahren gute Sitten geradezu in Windeseile.

Sie werden staunen, wie genau Ihr Kind bis dahin alles beobachtet hat – so genau, dass es Sie dann häufig daran erinnert, wie alles sein soll und wozu alle angehalten wurden. »Papa, man darf erst anfangen, wenn alle etwas auf dem Teller haben ...«»Man darf aber nicht sprechen, wenn man den Mund voll hat ...« So oder ähnlich werden Sie viele Sätze aus dem Mund Ihres größeren Kindes hören und schmunzeln. Sie werden dann schon damit vertraut sein, dass ein kleines Kind durch sehr genaues Beobachten und Zuhören lernt und uns verändert!

UNSER KIND WILL IMMER MIT UNSEREN SCHLÜSSELN ODER HANDYS SPIELEN

Unser Baby ist beim Spielen nur zufrieden, wenn es unsere Sachen bekommt, also das Handy, den Geldbeutel, den Schlüsselbund. Wie bringe ich es dazu, dass es mit seinen Spielsachen spielt?

KINDER, UND AUCH SCHON BABYS, wollen genau mit den Dingen die Feinmotorik ihrer Hände üben, mit denen sie uns hantieren sehen. Das ist logisch und gut zu verstehen, da Kinder das Bestreben haben, groß zu werden und alles zu lernen, was in der »richtigen« Welt wichtig ist. Daher sind sie ohne Wenn und Aber auf die Sachen aus, mit denen sie uns beobachten.

Vieles (z. B. Gegenstände aus der Küche, die nicht gefährlich sind) kann man Babys geben. Aber um manche Dinge macht man sich berechtigte Sorgen, wenn ein Kind mit ihnen hantiert, weil sie kaputtgehen können oder man sie ständig suchen muss. Sie helfen sich durch einen Kompromiss, indem Sie Ihrem Kind auch einen Schlüsselbund (am besten dem Ihren ganz ähnlich!) machen, auch einen Geldbeutel (wieder verhilft Ähnlichkeit Ihrem Kind zur Zufriedenheit) und vielleicht auch die eine oder andere Tasche so herrichten, dass Ihr Kind sie ausräumen kann. Mit solchen Zweitsachen, die den Ihren täuschend ähnlich sind, wird Ihr Kind lange spielen. Sie haben dann Zeit, in der Nähe Ihres Kindes Ihren alltäglichen Arbeiten etwas konzentrierter nachzugehen. Denn mit Sachen aus der »richtigen« Welt spielen Babys ausgiebig und hochkonzentriert.

Immer noch, wie in den ersten Wochen, ist mit unserem Kind jedes An- und Ausziehen ein Drama – wie kommen wir mit weniger Geschrei aus?

BEI KLEINEN KINDERN HILFT IMMER, auch in den folgenden Jahren: Ziehen Sie Ihr Kind nur dann aus und an, wenn es unbedingt sein muss, denn Babys lieben körperliche Ungestörtheit.[51] Wählen Sie generell eher weite Kleidung, bevorzugt solche, die nicht über den Kopf, sondern über die Körperseiten des Kindes anzuziehen ist. Prüfen Sie getrost immer, ob An- und Ausziehen wirklich nötig sind, denn kleine Kinder haben es zuallererst gern »eingepackt«. Sie genießen es, in einer Art Kokon zu leben.

Wenn das An- und Ausziehen dann doch sein muss: Lassen Sie sich mit einem Kind in diesem Alter entweder nette Spielchen und Neckereien einfallen – plötzlich wird eine Hand oder ein Fuß zum Lebewesen und »spricht«, schon ist ein kleines Kind fasziniert, lacht und babbelt mit dem Gegenüber und vergisst sein Schreien. Oder machen Sie wirklich schnell, wenn Sie im Moment nicht spielen können oder wollen: Krempeln Sie die Ärmel einer Jacke oder die Beine einer Hose auf und stecken Sie ruckzuck Hand oder Fuß des Kindes hindurch. Schon wird alles wieder gut.

WIE KÖNNEN WIR UNSER KIND DAZU BRINGEN, DASS ES SICH SCHLAFEN LEGT, WENN ES MÜDE IST?

Unser Baby wirkt müde, windet sich hin und her, krabbelt aber sofort weg, wenn wir uns mit ihm hinlegen. Es wehrt sich heftig, wenn wir möchten, dass es sich zum Schlafen hinlegt. Sollen wir es zwingen, sich hinzulegen und zu schlafen, obwohl es weint?

ALS ELTERN MACHEN SIE HIER WIEDER EINMAL die Erfahrung, dass es wirklich nicht immer einfach ist, wenn man dem Kind feinfühlig ein Mitspracherecht einräumen will, gleichzeitig jedoch ziemlich sicher ist, dass das Baby jetzt etwas anderes braucht als das, was es selbst will. Wenn man im Moment deutlich spürt, dass ein kleines Kind jetzt so nicht mehr kann, auch wenn es dem Vorschlag der Eltern für mehr Ruhe nicht folgt, liegt eine solche Situation vor. Angesichts des Wehrens und Schreiens werden Sie natürlich unsicher: Soll das Kind jetzt schlafen oder soll es doch nicht?

So erkennen Sie, ob Ihr Kind müde ist

HIER SIND EINIGE ANHALTSPUNKTE, wie Sie bei diesen Konflikten und dem widersprüchlichen Verhalten des Kindes Auswege finden. Zunächst stellt sich die Frage, woran Sie merken, ob Ihr zappelndes Baby wirklich müde ist.

Wenn Ihr Kind eher kurz geschlafen hat (unter einer Stunde) und es seit dem Aufwachen ein bis zwei Stunden wach ist oder es tief geschlafen hat (länger als eine Stunde), aber jetzt seit zwei bis drei Stunden wach ist, und/oder wenn Ihr Kind gefüttert, also definitiv nicht hungrig ist, aber immer weiterquengelt, dann können Sie davon ausgehen, dass Ihr Kind müde ist!

Sicher können Sie auch sein, wenn Ihr Kind ohne Hunger für

keinerlei Spiel mit interessanten Gegenständen mehr Konzentration aufbringt, und ein ganz sicheres Zeichen für Müdigkeit bei kleinen Kindern ist immer, wenn das Kind sich am Kopf oder im Gesicht, also an Augen und Ohren reibt.

Elterlicher Halt tut Ihrem müden Kind gut

KLEINE KINDER SIND HÄUFIG VIEL SCHNELLER WIEDER MÜDE, als wir vermuten; nehmen Sie die genannten Anzeichen daher zu jedem Zeitpunkt als Signal für Müdigkeit ernst. Auch nach kurzen Zeiten des Wachseins ist es gut und richtig, Müdigkeit bei einem kleinen Kind mit Zur-Ruhe-Kommen und am allerbesten mit Schlaf zu beantworten. Müde Kinder verlieren jegliche Orientierung. Sie werden wie ein Halm im Wind durchgepustet und zerzaust durch ihre unbändige Neugierde, wegen der sie unbedingt wachbleiben wollen. Der Sturm kindlicher Neugierde ist stark und lässt viele Kinder daher nie abschalten und zur Ruhe kommen. Müde kleine Kinder sind daher weiter an allem interessiert, können sich aber nicht mehr halten, winden sich, zappeln, bewegen sich dauernd. Sie sind desorientiert, legen sich jedoch wegen ihrer anhaltend großen Neugierde und ihrer größer werdenden Bewegungsfreude nicht hin.

In dieser Situation helfen Sie Ihrem Kind, indem Sie Ihre Weitsicht nutzen und ihm Orientierung geben. Durch körperlichen Halt hindern Sie Ihr Kind am Winden und Zappeln, Wegdrehen und Wegkrabbeln oder auch am Aufstehen. Vermitteln Sie durch Ihren elterlichen Halt über den Körper Ihrem Baby die Erfahrung: Menschen, die müde sind, werden ruhig und fangen an zu dösen; und ab einem gewissen Alter, wenn Menschen größer und schwerer werden, bedeutet Ruhe, dass Menschen sich hinlegen. Babys verstehen das in diesem Alter besser und zügiger, als wir annehmen. Am besten ist es, Sie legen sich neben Ihr Baby (machen Sie vor, wie man döst und schließlich schläft) oder Sie sitzen so am Schlafplatz des Kindes, dass Sie Ihr Kind eindeutig halten und am Zappeln und Aufstehen hindern können: freundlich, nicht hart, aber eindeutig und mit innerlich klarer Entschiedenheit (ein Kind spürt solche Entschiedenheit). Sie können dabei gleichzeitig selbst abschalten. Auch Ihre Worte sind unterstützend: »Bleib jetzt einfach mal liegen. Wenn wir müde sind, dann legen wir Menschen uns hin, und deine Mama/dein Papa weiß das jetzt besser als du. Es passiert nichts Schlimmes mit dir – nur, dass wir hier zur Ruhe kommen.« Auch solch einen Satz hört und versteht Ihr Kind, und er hilft ihm, sich Ihrer Orientierung zu überlassen. Worte erreichen Babys deutlicher als wir annehmen, das können Sie häufig beobachten.

Hilfreich für alle, weil zusätzlich beruhigend kann sein, wenn Sie sich in eine Hängematte legen und beim Liegen gemeinsam sanft schaukeln. (Kräftige, gut eingedübelte Haken, über Eck angebracht – schon findet eine Hängematte in jedem Zimmer einen festen, sicheren Platz).

Wenn Sie sich jedoch nicht dazulegen wollen, sondern lieber neben dem Kind sitzen und es durch Ihre Hände deutlich halten wollen, dann ist Ihre klare Eindeutigkeit besonders wichtig, denn Ihr Kind spürt und weiß dadurch: Jetzt geht es für mich Richtung Ruhe, und zwar im Liegen! Es ist, als hielten Sie die Segel im starken Wind der kindlichen Neugierde. Trotz erstem Wehren nimmt ein Kind allmählich wahr, dass es besser wird, wenn Mama oder Papa klar bleibt und sagt, wo es jetzt langgeht. Das hilft ihm mehr, als wenn es sich ständig wegbewegt oder sich immer wieder hinstellt oder zappelt, bei alledem aber von der Müdigkeit regelrecht zerzaust und auch körperlich und psychisch geplagt wird.

Ihr Baby reagiert auf hilfreiche Orientierung

DASS RICHTIG IST, WAS SIE TUN, merken Sie daran, dass Ihr Kind zwar jammert, vielleicht auch zunächst lauter schreit, sich angesichts Ihrer klaren, von freundlichen Worten begleiteten, aber deutlich Halt gebenden Anwesenheit schließlich doch ergibt und liegenbleibt. Es sucht und findet so *seine Wege des Einschlafens*.

Dass Ihr Kind den nächsten Schritt wagt und seinen Weg findet, können Sie an folgenden Verhaltensweisen erkennen: Es liegt und dreht immer öfter den Kopf zur Seite, es nestelt auch ein wenig an irgendetwas herum, am Zipfel eines Kissens, an einem Bändel seiner Kleidung, an seinem Schnuffeltuch oder an sonst etwas, das neben ihm liegt. Es fängt an, die Hände in die Mitte und zusammen zu nehmen, auf irgendeine Weise die Finger hin und her zu bewegen. Durch dieses Nesteln findet das Kind in sein Dösen, schaltet also immer mehr herunter und schließlich ab. Viele Kinder beruhigen sich, indem sie ihre Hände in den Mund nehmen (besonders jene Kinder, die keinen Schnuller mögen), andere nesteln am Schnuller und saugen schließlich daran und drehen den Kopf immer häufiger und länger zur Seite.

Die Erfahrung zeigt, dass viele Babys auf diese Weise ab einem Alter von neun, zehn Monaten bestens verstehen, wie das Einschlafen vor sich gehen kann. Ich bin daher sicher, dass dieses klare Orientierung-Geben durch Sie als Eltern, durch freundliches aber bestimmtes In-der-Nähe-Sein den meisten Kindern beim Weg aus ihrer Unruhe und hinein ins Dösen und Einschlafen wirklich hilft.

Seien Sie zuversichtlich, entschieden und mutig. Ihr Kind hat jetzt die Reife, den Schritt zu wagen, eigene Strategien des Einschlafens im Liegen zu lernen. Es ist gut, das *jetzt* zu lernen, bevor zum Widerstand des Kindes gegen das Schlafen auch noch die Freude am Laufenkönnen dazukommt. Gegen diese Freude später auch noch anzukämpfen, wenn es ums Schlafen geht, ist für Eltern wie Kind besonders hart. Es hilft Ihrem Kind zusätzlich, wenn Sie es etwas mehr aus seiner körperlich starken Verbundenheit abnabeln und etwas mehr Alleinsein und Tiefschlaf zulassen.

Nehmen Sie Ihr eigenes Gefühl ernst!

WENN ETWAS, WAS ZUM KLEINSEIN DES KINDES GEHÖRTE, ihm nicht mehr weiterhilft und das bisherige Verhalten den Erwachsenen und das Kind nur noch anstrengt und nervös macht, ist in der Regel ein nächster Schritt dran, um Neues zu lernen, das in Richtung Größerwerden geht.

Dies ist ein Kriterium für die Babyzeit, aber es gilt *für Kinder in allen Jahren ihres Aufwachsens. Wenn Ihr Gefühl sagt:»So geht es jetzt eher nicht mehr, mein Mitgefühl schwindet und es macht mich nervös, was mein Kind macht«, dann nehmen Sie dieses Gefühl ernst und verstehen Sie es als klaren Hinweis. In aller Regel ist dann der richtige Zeitpunkt gekommen, dass Sie als Eltern Ihrem Kind mehr Großwerden vorschlagen.*

Und doch gibt es wieder nicht nur den einzig richtigen Weg, sondern natürlich auch kurze »Umwege«.

Ausnahmen bestätigen die Regel

WIE IMMER GIBT ES AUCH AUSNAHMEN: Manche Kinder steigern sich bei dem beschriebenen Weg in ihren Widerstand vehement hinein, fangen sehr heftig an zu schreien, wehren sich stark, sind empört, manche wirken auch gestresst.

Manchmal hat das mit Vorerfahrungen der Kinder zu tun: Manche Kinder mussten bei medizinischen Behandlungen festgehalten werden, fürchten also das Gehaltenwerden aufgrund dieser einstigen Erfahrung. Andere verbinden mit dem Hingelegtwerden Erfahrungen, die etwas wiederbeleben, was in ihrer ganz frühen Lebenszeit schwierig war, weil sie ohne Eltern irgendwo liegen sollten, als sie es noch nicht konnten. Manche Kinder kommen schwer in ihre Ruhe, weil ihre Ruhe in der Schwangerschaft zu abrupt durch Geburtsmaßnahmen beendet wurde. Vielleicht gibt es noch einen anderen Grund. Der menschliche Körper erinnert sich eben, und die kindliche Psyche drückt das unmittelbar durch Schreien aus.

Klarheit ja, Machtkämpfe nein

MANCHMAL HAT EIN KIND aber auch einen starken Widerspruchs- und Mitbestimmungsgeist und will nicht machen, was ihm so deutlich vorgeschlagen oder auch abverlangt wird. Wenn die beschriebene Vorgehensweise nur zu Kampf und dann zu Anspannung und Krampf führen würde, brechen Sie das Einschlafen zunächst ab, auch wenn es Sie nervt. Geben Sie nach, lassen Sie Ihr Kind noch einmal etwas spielen, so dass es sich durch waches Trödeln mit kleinen Momenten eigenen Spiels beruhigt. Wenn sich alle Aufregung wieder gelegt hat, versuchen Sie es nach etwa zwanzig bis dreißig Minuten noch einmal.

Jetzt ist »Elternkunst« angesagt, denn einerseits ist es immer richtig und gut, dem Kind bei Müdigkeit durch erwachsene Klarheit und Weitsicht Orientierung zu geben, andererseits muss man starken Kampf, damit einhergehende Anspannung und Verkrampfung meiden, denn beides widerspricht der Wohligkeit und somit dem Schlafenkönnen. Sie brauchen in dieser Situation zwei Dinge: die Sicherheit, dass Ihr Kind müde ist, und Ihr Gespür, wie Sie es am ehesten Richtung Schlaf verführen, und dazu gehört unter Umständen, nicht zu energisch zu sein und ein sehr gestresstes Wehren des Kindes nicht zu übergehen. Spannen Sie sich selbst zu sehr an, sind Sie schon im Stress und können Ihrem Kind nicht mehr mit Ruhe Orientierung geben und ihm Ruhe vormachen. Machtkampf und Schlaf widersprechen sich, und mit Ersterem wird man Menschen nicht gerecht. Auch bei einem neuen Weg zum Einschlafen will ein Kind noch irgendwie das Gefühl haben, in seiner Person respektiert zu werden. Es bleibt immer weiter faszinierend und anrührend, dass schon die Kleinen ihre Freiheit und Würde hochhalten. Wenn man durch Feinfühligkeit darauf eingeht und dennoch den erwachsenen Weitblick und die damit einhergehende Orientierung nicht ganz aufgibt, erlebt man, dass man mit seinem Kind liebenswürdige Kompromisse findet.

Der Schlaf kommt auf leisen Sohlen

SAGEN SIE SCHLIESSLICH WIEDER WARMHERZIG, freundlich, wie beim ersten Versuch, zu Ihrem Kind: »Mach dir keine Sorgen, es passiert wirklich nichts mit dir. Ich helfe dir nur, dass du neue Wege des Einschlafens findest. Du kannst das, du bist kein ganz kleines Baby mehr. Ich bin einfach nur da, um dir zu helfen, weil du jetzt müde bist und das Schlafen dir gut tut.«

Halten Sie Ihr Kind, damit es weder zappelt noch aufsteht, aber verabschieden Sie sich innerlich, werden Sie selbst ruhig, schließen Sie die Augen und dösen Sie. Oder Sie behalten die Augen offen, blicken aber keinesfalls wieder zu Ihrem Kind, sondern in die Weite, am besten nach draußen, und lassen dabei Ihre Gedanken laufen. Wie schon in den Monaten zuvor hilft es Ihrem

Kind, wenn Sie sich innerlich verabschieden, so dass es zu sich selbst, zur Ruhe und in den Schlaf kommt.

Ein zentrales Phänomen dürfen wir bei jeglicher Hilfe in Sachen Schlaf nicht vergessen: Man kann nie jemanden zum Schlafen *bringen* – jeder Mensch kann sich nur *in den Schlaf fallen lassen*. Bei Müdigkeit braucht es Eindeutigkeit, aber gleichzeitig auch Wohligkeit, Gemütlichkeit und gemeinsame Ruhe, so dass Ihr Kind sich fallen lassen kann. Das Schlafen bleibt etwas Passives, wir können es nicht machen, sondern nur über uns kommen lassen.

Wir kennen es von uns selbst: Wenn wir nachts aufwachen und uns anstrengen, um wieder einzuschlafen, dann haben wir schon verloren. Wir müssen auf für uns passende Weise entspannt werden und individuell herausfinden, was uns in die Wohligkeit bringt. Nur dann haben wir eine Chance, dass wir uns fallen lassen können und der Schlaf über uns kommen kann. Der Schlaf ist scheu und meidet zu heftigen Zwang – er kommt immer auf leisen Sohlen. Aber er kommt bei Müdigkeit eigentlich gerne, auch bei Babys.

DAS BABY WILL DIE BRUST, KOMMT ABER TROTZDEM NICHT ZUR RUHE

Unser Baby verlangt nach der Brust, um ruhig zu werden. Nach kurzer Zeit dreht es den Kopf weg und will nicht mehr trinken, schaut umher, kommt aber nicht zur Ruhe. Manchmal beißt es auch in meine Brust, dann saugt es wieder, dreht aber doch gleich wieder den Kopf weg. Mich macht das nervös, aber ganz ohne Stillen schläft es nicht ein. Wie kommen wir zur Ruhe?

WENN EIN KIND DIE BRUST nicht mehr wirklich zum Einschlafen nutzt, dann ist der Zeitpunkt gekommen, an dem es die Reife hat, ohne Brust einschlafen zu lernen. Jetzt ist es in einem Alter, in dem es den nächsten Schritt lernen kann. Größer und schwerer werdende Menschen schlafen im Liegen und das immer mehr mit eigener Einschlafstrategie und weniger mit Hilfe von anderen.

Beenden Sie das Hin und Her durch Orientierung

BEZÜGLICH DER IN DIESEM ALTER SO TYPISCHEN UNRUHE beim Stillen des Babys hilft: Geben Sie die Orientierung vor, legen Sie Ihr Kind bei seinem zu beobachtenden »Hin an die Brust – weg von der Brust« schließlich weg von der Brust, hin an einen gemütlichen Platz zum Dösen und Schlafen und hindern Sie es, wie im letzten Abschnitt beschrieben, durch liebevolles, eindeutiges Halten am Wegdrehen und Aufstehen.

Sollte Ihr Baby sich spontan zu sehr aufregen, dann seien Sie wieder etwas kompromissbereit. Wie gesagt: Etwas Mitsprache des Kindes ist und bleibt hilfreich. Legen Sie Ihr Kind noch einmal zurück an die Brust, aber sobald es beginnt, die Brust gleich wieder loszulassen, lassen Sie es wieder die Erfahrung machen, dass es –

ohne Brust – ab jetzt in der Lage ist, eigene Strategien des Einschlafens zu entdecken und für sich herauszufinden. Zeigen Sie Ihrem Kind und sagen Sie es ihm auch mit Worten, dass die Brust offensichtlich nicht mehr so wichtig ist, z. B.:»Du bist einfach kein Säugling mehr. Du bist nicht mehr so klein. Jetzt trau dich und lerne, was alle Menschen tun, wenn sie größer sind: Schlaf anders als an der Brust ein. Du wirst es schaffen – alle Menschen haben es geschafft, also du auch. Da kannst du sicher sein.«

Immer wieder hilft es, solche klärenden Sätze zu sagen. Kleine Kinder verstehen sie! Beobachten Sie es und Sie werden die Erfahrung teilen: Man kann verblüffend klare Blicke eines kleinen Kindes ernten, wenn Eltern wagen, das, was jetzt dran ist, umzusetzen, und es ihrem Kind mit klaren Sätzen kommunzieren.

Dann können Sie Ihr Kind wieder hinlegen: Fast jedes bislang gestillte Kind zeigt in diesem Alter – durch ein Kopf-zur-Seite-Drehen und die anderen Verhaltensweisen, die oben beschrieben wurden –, dass es sich beruhigen kann und neue Strategien findet. Die meisten Kinder lassen jetzt ein anderes Einschlafen zu, bei dem sie das Gestilltwerden nicht brauchen. Durch diesen Schritt werden Kinder etwas eigenständiger und unabhängiger von ihrer Mutter.

Mehr Unabhängigkeit von der Mutter

SIE KÖNNEN ÜBRIGENS TAGSÜBER, wenn es nicht ums Einschlafen geht, getrost Ihr Kind weiterhin stillen. Kleine Kinder verstehen schnell und genau, wann das eine, wann das andere dran ist. Wenn Babys tagsüber für ihr Schlafenkönnen die Brust loslassen, hilft ihnen das in den meisten Fällen auch bei ihrem nächtlichen Schlafen: Sie wachen weniger oft auf. Sollten sie nachts doch kurz aufwachen, dann kennen sie durch das Üben tagsüber ihre eigenen Strategien und wissen, wie sie wieder einschlafen können.

Dieses Mehr an Unabhängigkeit von der mütterlichen Brust entlastet in den allermeisten Fällen deutlich, da dadurch mehr Tiefschlaf für Mutter und Kind Einzug hält. Wenn Kinder am Tag neue, gewissermaßen eigene Einschlafstrategien üben, führt das dazu, dass sie auch nachts anhaltender schlafen, zu häufiges Aufwachen (verbunden bisher mit kurzem Nuckeln an der mütterlichen Brust) weniger wird, oft auch ganz verschwindet.

Wenn wir unser Kind halten, es so zum Schlafen nötigen und es dann doch weint und schreit, ist diese Situation nicht vielleicht doch in gewisser Weise traumatisch für ein Kind?

IM ALLGEMEINEN KANN MAN SAGEN: NEIN. Traumatisch können Situationen werden, in denen ein Mensch emotional von großen Ängsten stark überschwemmt wird und niemand da ist, der hilft und mitfühlt. Wenn Sie Ihrem Kind beistehen, während es etwas Neues probieren und wagen soll, wozu es in seinem Alter jetzt die Reife hat, dann werden die meisten Kinder in diesem Alter nicht von großen Ängsten überschwemmt. Da Sie Ihr Kind ja bei der neuen Erfahrung bestärkend, freundlich und auch kompromissbereit begleiten, ist es mit einer neuen, leicht ängstigenden Situation nicht alleine. Es hat freundlichen, ermutigenden Beistand für einen kleinen, nächsten Schritt seines Großwerdens und kann eine neue Erfahrung machen. Das Liegen wird Ihrem Kind jetzt zwar abverlangt, aber die notwendige Nähe bekommt es doch, der freundliche Beistand wird ihm nicht genommen.

Selbst wenn die Vorerfahrung schwierig war, kann diese neue Erfahrung jetzt, mit Ihnen, Schwieriges verheilen lassen. Denn jetzt erlebt Ihr Kind: Man kann liegen und schlafen, nichts Schlimmes passiert – das ist gut so, denn bisher Schweres verändert sich, und dadurch kann es heilen. Eine häufige Rückmeldung ist, dass Eltern erzählen, wie ihr Kind es schließlich gelernt hat und dann besser, fester, tiefer und länger schlafen konnte und infolgedessen auch in seinen Wachzeiten ausgeglichener und ruhiger wurde.

Aus therapeutischen Prozessen weiß man: Auf freundliche Weise, mit jemandem an seiner Seite, Neues zu entdecken und neue Erfahrungen zuzulassen, macht Menschen sicherer. Es führt dazu, dass man alte Erfahrungen loslassen kann, sie also verheilen können. Mehr Ruhe entsteht, weil psychische »Risse« sich schließen. Es stimmt, was man auch aus der Hilfe für traumatisierte Menschen kennt: Man muss nicht immer oder ausschließlich in Therapie, es sind ebenfalls die guten Erfahrungen im Alltag, im freundlichen Beisein anderer, die vieles ausheilen, wieder gut werden lassen können.

KAPITEL 6 | FRAGEN ZU KLEINKINDERN ZWISCHEN EINEM UND DREI JAHREN

SO GEHT ES IHREM KIND IN DIESEN JAHREN

DAS KLEINKIND STELLT SICH MEHR UND MEHR auf die Füße, läuft schließlich und geht so auf eigenen Beinen durch die Welt. Gleichzeitig entwickelt sich psychisch seine Persönlichkeit, auch sie »steht auf«. Ein Kind sagt bald »Ich« und entdeckt, dass es seinen eigenen Willen hat. Der damit einhergehende Eigensinn ist anstrengend für die Eltern, aber wichtig für das Kind, damit es kein Schoßkind bleibt.

Um zu spüren, dass es eine eigenständige Person mit eigenen Absichten ist, will ein Kind mitentscheiden und selbst etwas tun. »Ich will auch« und »Selber« sind Worte, die ständig fallen. Es macht das Zusammenleben ruhiger und für alle zufriedener, wenn Erwachsene dem Kind ermöglichen, etwas »Richtiges« zu tun, und zugleich seinen Willen respektieren, indem sie Konflikte zulassen und gemeinsame Auswege durch Kompromisse finden. Wenn wir die Würde des kindlichen Ich-Gefühls respektieren, sind Kleinkinder kompromissfähig und sehr kooperativ.

UNSER KIND TRÖDELT BEI ALLEM, SCHREIT ABER, WENN ES ETWAS NICHT SELBER TUN DARF

Unser Kind will alles selber machen, trödelt dann aber ausgiebig herum, so dass ich schnell alleine tue, was zu tun ist. Dann ernte ich aber anschließend vom Kind großes Geschrei. So oder so ist es anstrengend. Wie kann ich das ändern?

KINDLICHE LANGSAMKEIT KÖNNEN WIR NICHT ÄNDERN. Daher bleibt nur, wenn irgend machbar, genug Zeit für die täglichen Abläufe mit Kleinkind einzuplanen. Zuallererst brauchen wir genug Zeit für das kindliche Verlangen, mit den Händen die eigene Geschicklichkeit beim Arbeiten zu üben, genau wie es das bei Ihnen als Eltern beobachtet. Dieses Verlangen ist jetzt unendlich groß und aus kindlicher Sicht genauso wichtig wie unsere erwachsene Arbeit.

Das Kleinkindalter ist *die* Zeit für alles Üben mit den Händen. *Wenn Sie das ernst nehmen, erleben Sie täglich, dass bereits kleine Kinder uns unglaublich aufmerksam und genau beobachten. Diese Tatsache können wir für eine gute Zusammenarbeit nutzen.* Wir zeigen Kleinkindern, aufmerksam und wie ein echter Handwerksmeister, wie sie ihre Hände geschickter einsetzen *können*, und geben damit dem kleinkindlichen Enthusiasmus die entscheidende Nahrung, nämlich alles – wirklich alles! – wie die größeren Menschen zu können. Sie als Eltern bekommen bei diesem Einbeziehen Ihres Kindes jetzt ein hoch konzentriertes und auf Dauer ein feinmotorisch äußerst geschicktes Kind. Das werden Sie immer dann genießen, wenn Sie sich später wünschen, dass Ihr Kind da und dort mit anpackt. Ihr Kind wird das mit größerer Begeisterung tun, weil es bereits vieles kann, es sich also nicht mehr als ungeschickt erlebt.

Kinder sind begeisterte Lehrlinge

KINDLICHER SELBSTWERT WIRD JETZT UND SPÄTER entscheidend gestärkt, wenn Kinder etwas »Richtiges« können und ausführen
dürfen (also nicht nur die langweiligen Hilfsdienste, wie etwas
nur herbringen oder wegtragen ...). Sobald ein Kind sich als
mit seinen Händen handwerklich geschickt erlebt, ist das Ich-
stärkend (und außerdem nicht defizit-orientiert.

So kann sich
täglich ein gutes Gefühl einstellen, und das ist besser, als wenn
man stattdessen mit den Eltern später in Therapiestunden gehen
muss). Diese Ich-Stärkung sieht man deutlich am Eifer, den rot
werdenden Bäckchen und den strahlenden Augen des Kindes,
wenn es so üben darf.

Auch wenn es Sie im Moment etwas aufhält, zeigen Sie Ihrem
genau beobachtenden Kleinkind jetzt schon (ab zwei Jahren ist es
auf alle Fälle so weit), wie Dinge geschickter angefasst werden: wie
man zum Beispiel den Deckel beim Öffnen und dann wieder
Schließen der Zahnpastatube besser halten kann, damit er aufs
Gewinde passt; wie genau man beide Hände benutzen muss, um
einen Reißverschluss auf- und zuzumachen; wie man es macht,
dass ein Knopf durch das Knopfloch passt; und natürlich auch, wie
etwa die Leiter auf dem Spielzeug-Feuerwehrauto ausgefahren
wird, ohne dass sie kaputt geht; wie der Auto-Anhänger vom
Spielzeugauto wieder abgemacht wird, ohne dass der Haken
kaputtgeht; wie man die Decke so um eine Puppe legt, dass sie
nicht friert usw. Sie sind die Meisterin/der Meister, Ihr Kind ist der
begeisterte Lehrling – jetzt und bei genährter Begeisterung auch
in Zukunft.

Genügend Zeit für Tagträumereien

BEI ALLEM MITHELFENWOLLEN bei unseren alltäglichen Arbeiten passiert es, dass ein Kind zwischendrin ins Tagträumen gerät – ein Phänomen, das Kinder langsam sein lässt, das sie aber, wie eingangs erwähnt, unbedingt brauchen, damit ihr Gehirn stabile Strukturen ausbilden kann.[52]

Einmal habe ich eine kleine Begebenheit beobachtet: Die Mutter goss die Blumen in Wohnung und Haus – das ist natürlich eine Tätigkeit, bei der ein Kleinkind mit Begeisterung und vehement nach Mithilfe verlangt. Das zweieinhalbjährige Kind bekam auch eine kleine Gießkanne. Etwa beim dritten Gang zum Wasserholen aber geschah etwas, was wir Erwachsenen nicht mehr kennen: Die Gießkanne wurde zum Lebewesen und das Kind begann, sich mit sich selbst und der Gießkanne in Gespräche zu vertiefen. Eine Geschichte spielte sich zwischen Kind und Gießkanne ab, die eine ganze Weile dauerte; so lange goss die Mutter alleine weiter. Zum Glück hatte sie genug Zeit, um das Kind vor sich hinträumen und spielen zu lassen. Das Kind war vergnügt in sein Spiel vertieft, die Mutter tat, was sie vorhatte, und beide blieben ausgeglichen und zufrieden. Als ich die Mutter fragte, ob sie sich auch gewundert habe, wie lange ihr Kind so ins Spiel vertieft war, bejahte sie die Frage und stellte fest, dass an den meisten Tagen im Alltag dazu keine Zeit sei, da müsse es schnell gehen, weil man losmüsse, was dann häufig zu Geschrei bei ihr und dem Kind führe.

Wenn man Kinder zu schnell aus ihren Fantasien und Tagträumereien herausholen muss, wird es anstrengend für alle und überfordernd fürs Kind, denn ein Kind *muss* seinen Fantasien und Einfällen nachhängen. Wir Erwachsenen können das nachfühlen, wenn wir wissen, dass dieses fantasievolle Spielen unserem erwachsenen Bedürfnis nach konzentriertem Arbeitenkönnen entspricht. Ausreichend Zeit hierfür erspart viel Geschrei und hilft Kindern dauerhaft in ihr Konzentrationsvermögen. Genau dafür brauchen wir dieses Mehr an Zeit mit Kindern. Wenn Sie wählen können und die Möglichkeit haben, treiben Sie sich und Ihr Kind nicht zu sehr an, sondern planen Sie auch mit Kleinkind Ihre Tage so, dass Sie nicht täglich Termine haben und beide Elternteile schnell losmüssen. »Schnell los« ist für viele Kleinkinder oft noch eine ernsthafte Überforderung, was dann bei allen Beteiligten mit Geschrei endet.

UNSER KIND IST BEIM AUFWACHEN SOFORT SCHLECHT GELAUNT UND NICHTS HILFT!

Wenn unser Kind (drei Jahre) aufwacht, dann ist es oft gleich schlecht gelaunt. Wir versuchen dann, möglichst zügig ein Bilderbuch anzuschauen oder freundlich zu besprechen, was wir gleich miteinander machen können, aber es lässt uns gar nicht an sich heran. Es wehrt sich nur und ist unwirsch. Man darf auch nicht mit ihm kuscheln – man erntet nur Geschrei. Was tun?

AUCH BEI KLEINEN KINDERN KOMMT ES SCHON VOR, dass sie muffelig sind, wenn sie aufwachen, ob morgens oder nach dem Mittagsschlaf. Es hilft meist gar nicht, wenn man zu aktiv mit ihnen in Kontakt tritt, sie wollen irgendwie in Ruhe gelassen werden – und doch auch wieder nicht. Dann ist nichts recht ... Man soll nicht weggehen, dann schreien sie:»Nein, du sollst dableiben!«, aber man soll auch nicht zu sehr auf sie zugehen, dann schreien sie oftmals noch mehr.»Ich will nicht, dass du kommst!«

Je mehr man jetzt redet, umso schwieriger wird es meistens, weil das Kind in dieser Zwischenwelt zwischen Schlafen und Wachwerden auf eigenartige Weise durcheinander ist und auch selbst nicht so recht weiß, was es will und was nicht. Es gibt Menschen, die stehen immer mit dem falschen Fuß auf, wie man sagt – leider gehören manche Kinder dazu. Und da hilft zugewandtes und freundliches Reden eher nicht.

Holen Sie sich fantasievolle Unterstützung!

IN DEN ALLERMEISTEN FÄLLEN HILFT ES, etwas Drittes ins Spiel zu bringen, indem man jemand anderes, also eine Puppe oder ein Kuscheltier, sprechen lässt. Sie wählen danach aus, ob ein Kind mehr Beziehung zu einer Puppe oder zu einem Kuscheltier hat. Am besten geht das, wenn Sie die Puppe (oder den Teddy, den Hasen oder wen auch immer Sie zur Hand haben) ganz langsam hinter einem Kissen oder einer Stuhllehne hervor oder über eine Tischkante schauen lassen. Puppe oder Tier tauchen dadurch irgendwie aus einem Versteck auf, wenn man sie etwas sagen lässt. Es muss ein wenig geheimnisvoll sein, wo die Puppe (das Tier) herkommt, damit das Kind wirklich verblüfft und überrascht ist. Kinder in diesem Alter sehen zwar, dass es unsere Hand ist, die die Puppe oder das Tier hält, nehmen beide aber dennoch als eigenständiges Wesen wahr, sobald sie anfangen zu sprechen.

Fangen Sie an, mit verstellter Stimme die Spielfigur ein paar Worte sagen zu lassen. Am Anfang lassen Sie sie vielleicht nur ein wenig winken und »Hallo, Maja« sagen, oder auch: »Hallo, darf ich ein bisschen zu dir?« Wenn das Spielzeug wirklich vorsichtig auftaucht, ist ein Kind zusätzlich überrascht, dass es spricht und es von ihm obendrein vorsichtig etwas gefragt wird. Manchmal hilft es zudem, wenn man dem Ganzen eine Prise mehr Sehnsucht verleiht und die Puppe/das Tier sagen lässt: »Oh, ich hab so Sehnsucht, darf ich doch ein kleines bisschen zu dir?« Die Tatsache, dass hier ein – aus Perspektive des Kindes – unterlegenes Wesen fragt, freut das Kind. Es darf jetzt bestimmen und erbarmt sich. Ziemlich sicher wird mit so einem kleinen Spiel die Stimmung gut und das Gemüt des gerade noch kratzbürstigen Kindes weich. Dann nimmt es mit der Puppe Kontakt auf und antwortet auf dieses »Darf ich kommen?« und lässt das vorsichtig fragende Wesen wohlwollend in seine Nähe.

Sie machen einfach weiter mit den Sätzen, die Ihnen in den Sinn kommen. Sie könnten sagen: »Darf ich auf deinen Schoß?« Oder die Puppe/das Tier streichelt das Kind und sagt: »Ich hab dich so lieb!« Oder Sie lassen Puppe oder Tier etwas herbringen, ein Taschentuch für die Tränen des Kindes oder etwas zum Naschen zum Beispiel. Je lebendiger die Figur wirkt, je echter sie dies oder das sagt oder diese oder jene kleine Geste macht, desto besser. Die Widerborstigkeit des Kindes schmilzt, die Freude am plötzlichen Spielfreund ist größer als alle schlechte Laune, die meistens ziemlich schnell weggeblasen ist.

Das Ganze klappt umso besser, je weniger Sie aus der Rolle fallen und je mehr Sie sich ausreichend freundlich fragende oder witzige oder auch verblüffende Sätze und Gesten einfallen lassen. Denn auf diese Weise nimmt das Kind alles ganz echt und lebend wahr, und genau davon ist es jetzt unwillkürlich fasziniert.

Gefühle statt Argumente – dann wird Schwieriges kinderleicht

WIEDER IST ES FÜR EIN KIND DIESES ALTERS EINFACHER, weniger zu argumentieren oder zu besprechen, sondern mehr über die Gefühle und das kindliche Erleben zu gehen – ein lebendiges Wesen erreicht ein Kind auf einer anderen Ebene als wir Erwachsenen. Alles, was vorher kompliziert war, wird für ein Kind kinderleicht. Viel Vergnügen bei allen Einfällen und allem, was kommt!

Wenn es Ihnen bisher etwas *zu* verspielt und fantastisch vorkommt oder Sie sich nicht recht trauen, dann mögen Sie vielleicht die Geschichte »Die Puppe Mirabell« lesen. Ich vermute, Sie werden wie einst als Kind in ihren Bann gezogen. Wahrscheinlich macht sich das Gefühl breit, dass es schön ist, plötzlich jemanden in der Nähe auftauchen zu sehen, der alles und jeden, auch Erwachsene, einfach verblüfft. Und wenn Sie denken, nur kleine

Kinder wären von solchen Lebewesen verblüfft, dann täuschen Sie sich – das geht für Kinder noch sehr lange so. Auch wenn sie größer sind, erleben sie immer noch jede Menge mit ihrer Puppe oder ihrem Lieblingskuscheltier, etwa so:

Nach einer Weile kam sie an mein Bett, legte den Kopf schief und sagte:»Darf ich raufkommen und mich zu Dir legen? Du bist doch jetzt meine Mutti!«

Ich hob sie zu mir ins Bett, und da lag sie dann und erzählte. Es war lustig, ihr zuzuhören. Ich war so froh über Mirabell, so froh war ich noch nie in meinem Leben gewesen. Schließlich hörte sie aber auf zu erzählen. Sie gähnte ein paar Mal – wie sah das süß aus! – und kuschelte sich in meinem Arm zusammen und schlief ein. (…)

Nun habe ich Mirabell schon seit zwei Jahren. Ich glaube nicht, dass es irgendwo auf der Welt ein Mädchen gibt, das eine so wunderbare Puppe hat wie ich. Gewiss, sie ist ziemlich wild, das ist wahr. Aber mir gefällt sie trotzdem. Niemand weiß, dass sie sprechen und lachen und essen kann wie ein richtiger Mensch. Wenn meine Eltern in der Nähe sind, dann starrt sie geradeaus in die Luft und sieht nicht ein bisschen lebendig aus. Aber wenn wir alleine sind – oh, oh, oh, was haben wir dann für einen Spaß! Waffeln mag sie besonders gern. Ich habe ein kleines Waffeleisen, und jeden Tag backe ich jetzt Waffeln für Mirabell. Mama glaubt, ich tue nur so, als ob Mirabell essen kann. Aber sie isst wirklich. Einmal hat sie mich sogar in den Finger gebissen, natürlich nur zum Spaß. Papa hat für sie ein Bett gezimmert. Nun braucht sie nicht mehr im Nähmaschinendeckel zu schlafen. Mama hat Laken und Bettbezüge für sie genäht. Und ich habe auch etwas genäht, ein feines Nachthemd und ein paar Schürzen und ein

Kleid für täglich. Mirabell freut sich immer, wenn sie etwas Neues bekommt (…)

Wollt ihr einmal meine Puppe sehen, meine schöne, feine Mirabell? Kommt und besucht mich. Dann will ich sie euch zeigen. Geht nur immer den kleinen, schmalen Weg entlang, der führt zu unserem Haus. Ich werde mit Mirabell am Zaun stehen, ich verspreche es euch.[53]

Unser Kind (zwei Jahre) spielt nicht mit den Spielsachen im Kinderzimmer, sondern ist mir ständig auf den Fersen, will noch – wie als Einjähriges – jedes Mal ganz genau die Sachen machen, mit denen ich gerade beschäftigt bin. Es lässt mich zum Beispiel am PC nichts konzentriert machen. Genau das macht mich aber total nervös! Was kann ich da tun?

AUCH KLEINKINDER WOLLEN UND KÖNNEN noch nirgends allein sein und suchen daher immer den Raum auf, in dem wir uns aufhalten. Das ist menschlich und kann man Kindern nicht abgewöhnen.

Wenn Sie ungestört, hochkonzentriert etwas arbeiten müssen, bleibt Ihnen nur, es dann zu tun, wenn eine weitere Person (Elternteil, Großeltern, Freunde oder Erwachsene in der KiTa) in dieser Zeit der Ansprechpartner für Ihr Kleinkind sein kann. Weil Kleinkinder noch spürbar in Beziehung sein wollen, funktioniert es nicht, dass sie den einzigen anwesenden Erwachsenen gedanklich abwesend, hochkonzentriert arbeiten lassen. Und dann ist da noch das beschriebene Bedürfnis des Kindes, alles zu lernen, was die Großen können. Da wir wollen, dass Kinder etwas lernen, müssen wir akzeptieren, dass das nur durch Zuschauen und Nachmachen passiert.[54] Kinder bleiben uns also genau deshalb noch eine Weile auf den Fersen und klagen sich in gewisser Weise noch eine ganze Zeitlang ständig als »Lehrling« bei uns ein.

Kompromisse liegen darin, dass Sie, so lange ein Kind in der Nähe ist, all das erledigen, wobei ein Kind helfen kann (wenn Sie zum Beispiel putzen wollen, lassen Sie ein Kind das Wasser oder Putzmittel aus einer Flasche auf eine Fläche spritzen – Sie werden schon dabei miterleben, mit wie viel Freude Ihr Kind Ihnen hilft). Falls Ihr Kind bei einer Arbeit nicht mitmachen darf, bekommt es gleichzeitig etwas Eigenes zu tun, das es ausgesprochen fasziniert. In diesem Alter hilft im Zweifelsfall immer das Kneten mit einer weichen Masse (gekaufte Knete oder selbst gemachter Teig) oder das Schütten, also das Spielen mit Wasser oder geeigneten, trockenen Lebensmitteln (zum Beispiel größeren Nudeln). Solches Spiel ist ein hilfreicher Ersatz, wenn Kinder gerade nicht für ähnliche Spiele nach draußen können.

Das Schütten hilft Kleinkindern nahezu jedes Mal in Faszination und Ruhe. Am Spülbecken können Sie es Ihrem Kind mit Wasser erlauben und dabei seine Kooperationsbereitschaft einbinden, indem Sie ausmachen, dass es das Wasser nicht über das Becken hinaus woanders verteilen darf. Es darf also mit Wasser spielen, solange es sich an diese Vorgabe hält. Weil das Spiel mit Wasser Kindern so sehr gefällt und beruhigend guttut, wird Ihr Kind Ihre Vorgaben respektieren und durch seine Kooperation mithelfen, dass für Sie beide Konzentration möglich wird – für Sie bei Ihrer Arbeit, für Ihr Kind bei seiner »Arbeit«, in einer Nähe zueinander, die ab und zu noch ein wenig Geplauder zulässt.

Wir sagen unserem Kind, welche Dinge es nicht anfassen darf, aber genau dort geht es ständig hin. Wenn wir streng werden, hat es einen Trotzanfall nach dem anderen, was uns anstrengt. Wie lernt unser Kind zu gehorchen?

WENN SIE BEOBACHTEN, was Ihr Kind anfassen will, werden Sie merken, dass Ihr Kind logisch ist, also genau dorthin und an die Sachen will, die für Sie Bedeutung haben, mit denen Sie hantieren. Ganz kostbare Dinge (ein teures Handy, kostbares Geschirr usw.) räumen Sie im Raum am besten in die obere Etage. Anderes können Sie nicht wegräumen, aber Sie können Kompromisse zulassen, damit Ihr Kind sich trotzdem als »tüchtig« erlebt.

Dass es lohnt, jetzt nicht ausschließlich auf Strenge, sondern auf Absprachen und Kooperationsbereitschaft mit Ihrem Kind zu setzen, zeigt eine kleine Begebenheit, die ich in ähnlicher Weise oft erlebe: Ein kleines Mädchen lief, während die Erwachsenen sich unterhielten, im Zimmer herum, machte den Lichtschalter immer wieder an und aus, fingerte an der Tastatur des PCs herum – ebenso an dem CD-Player, dem Regler der Heizung und dem Kugelschreiber, mit dem es die Erwachsenen hatte schreiben sehen. Die Eltern, um gute Erziehung bemüht, reagierten mit strengstem Nein. Ich schlug einen Kompromiss vor, der half und uns alle vor Trotz und Geschrei bewahrte: Das Kind durfte alles, was im Raum so interessant war, noch drei Mal machen, dann sollte eine Pause folgen. Ich erklärte dem Kind, dass ich seine Neugierde zwar verstand, elektrische Sachen aber kaputtgehen können und sie deshalb immer wieder etwas »Schlaf« brauchen.

Bilder aus der kindlichen Vorstellungswelt helfen

ES IST FÜR KLEINE KINDER IMMER HILFREICHER, wenn wir Anforderungen in Bildern ihrer kindlichen Vorstellungswelten erklären, die sie ihrem Alter gemäß kennen und nachfühlen können. Es ist nicht albern, mit einem Kind auf diese Weise zu sprechen, vielmehr können Sie an seinem Gesichtsausdruck sehen, dass es so in seiner kindlichen Art zu denken bleibt und trotz »erwachsener« Regeln dennoch weiterträumt. Dass diese Herangehensweise für ein jüngeres Kind besser ist, erkennt man auch daran, dass es nicht versucht, quengelnd und nörgelnd zu argumentieren, und dadurch anstrengend wird, sondern auf kindliche Weise mitfühlt und tatsächlich plötzlich mitmacht, was man vorschlägt. In diesem Alter (und auch darüber hinaus) fühlen sich Kinder wirklich in alles ein, weil noch alles in ihrer Umgebung beseelt ist, also »lebt«.

Die Dinge »schlafen«, heißt also, dass wir sie in Ruhe lassen müssen, damit wir sie dann – wenn sie schließlich »ausgeschlafen« haben – wieder benutzen können. Es bedeutete also auch, dass das Kind zum Schluss unseres Zusammenseins jeden Schalter, jedes Gerät noch ein paarmal bedienen durfte. Für den Kuli gab ich ihm ein Blatt Papier und schlug vor, es könne doch aufschreiben, dass es mit uns allen zusammen hier war – und dabei aufpassen, dass es nur auf dem Papier schrieb und nicht auf dem hellen Holz daneben. Mit großem Eifer »schrieb« das Kind auf dem Papier. Was die Geräte und Schalter betraf, bestanden wir Erwachsenen konsequent auf der Schlafpause. Ich teilte dem Kind meine Freude mit, dass es meiner Bitte nachkam und wirklich nur aufs Papier schrieb, auch, dass ich jetzt diese Notiz hätte und also unser Zusammensein nicht vergessen könnte. Danach hopste das Mädchen etwas auf dem Sofa, lebte also seine kindliche Bewegungsfreude aus, hielt sich dabei aber an die genannte Regel, dass jedes Kind auf dem Sofa herumturnen darf, wenn es zuvor seine Schuhe auszieht.

Als die gemeinsame Zeit vorbei war, erinnerte ich sie an mein Versprechen und jeder Schalter durfte noch einige Male gedreht oder gedrückt werden und an den Geräten zeigte ich dem Kind, wie es seine Hände einsetzt, so dass etwas Bestimmtes am Gerät auch wirklich passiert. Es beobachtete aufmerksam und übte ganz genau wie gezeigt. Zum Ende der Zeit half das Kind uns Erwachsenen *von sich aus,* die herumliegenden Spielsachen wieder an ihren Platz zu räumen. Während der ganzen Dauer unseres Gesprächs war das Kind nicht mehr nervös, sondern fragte mit Blicken, ob es dies oder jenes jetzt machen könne.

Kooperation entsteht, wenn man beide Seiten sieht

SOLCHE LÖSUNGEN KOMMEN EINEM IN DEN SINN, wenn wir eine Situation aus der Perspektive des Kindes erleben: seine Langeweile, wenn Erwachsene reden (erinnern Sie sich daran, dass man als Kind das Gefühl hatte, Erwachsene seien wie angewurzelt auf ihren Stühlen und könnten nichts als stundenlang reden?), die Sehnsucht eines Kindes, sich zu bewegen, aber auch, alles zu erforschen und dabei zu üben, um wie die Großen zu werden. Aber auch das andere ist wichtig: Erwachsene wollen, dass Dinge nicht kaputtgehen und dass ein Kind nicht ständig nervös umherläuft.

Sobald man beide Seiten sieht, also auch die Anliegen des Kindes, erlebt man, dass Kooperation entsteht. Wenn wir kindliche Bewegungsfreude verstehen, akzeptieren Kinder die genannten Voraussetzungen (Schuhe ausziehen), wenn sie unsere Dinge zwischendurch auch mal haben dürfen, helfen sie mit, dass sie nicht kaputtgehen, lassen also besagte »Pausen« zu. Wenn wir Kinder ebenfalls ernst nehmen, ihnen bei Gesprächen in gewissen Abständen etwas zeigen, sind sie hochkonzentriert, fühlen sich als Teil des Ganzen, mit einbezogen und üben dementsprechend mit großem Eifer. Als Ergebnis bekommt man Wertschätzung zurück: Kinder, im »Ich will auch«-Alter helfen dann mit ihrer großen, altersgemäßen Leidenschaft bei allem mit, was noch zu tun ist und worum wir sie bitten. So gelingt viel mehr, die Stimmung bleibt gut, Quengelei und dauerndes Mahnen hören auf.

Von klein an sind Kinder emotional intelligent und lieben wie Erwachsene gute Lösungen für alle. Daher muss man ihnen nicht nur starre Grenzen setzen, sondern kann mit ihnen nach Lösungen für Gemeinsames suchen. Wieder sehen Sie an den lachenden Augen des Kindes, dass ihm solche konstruktiven Lösungen genau wie uns Freude machen und dass es stolz ist, wenn es in seiner Weise dazu beitragen kann.

**UNSER KIND LACHT NUR ÜBER
UNSERE VERBOTE – WAS KÖNNEN WIR TUN,
DAMIT ES UNS ERNST NIMMT?**

Wenn wir unserem Kind etwas verbieten, lacht es jedes Mal frech darüber hinweg. Wir schicken es dann in sein Zimmer. Aber es kommt sofort wieder heraus. Manchmal haben wir die Tür kurz abgeschlossen, damit klar wurde, dass wir konsequent meinen, was wir sagen. Aber das endete in noch schlimmerem Schreien. Was können wir machen, dass unser Kind lernt, uns ernst zu nehmen und nicht etwa noch frech zu uns zu sein?

MANCHMAL LACHEN KINDER ÜBER ETWAS HINWEG, weil sie einfach Freude daran haben, ihre Eltern zu necken. Das ist ein frecher Wesenszug der meisten Kinder, auf den man am besten auch etwas spitzbübisch, also mit Necken und kleinen Späßen reagiert. Man fängt zum Beispiel ein Kind mit lauten, leicht drohenden, aber lachenden Geräuschen ein und zeigt ihm dabei, dass man stärker ist als es selbst. Sie können dann das vergnügte Glucksen hören und machen trotzdem spielerisch, aber eindeutig klar, dass es Ihnen ernst ist, Sie also bei Ihrem Nein bleiben. Humor hilft und stärkt die gute Laune.

Aber es gibt einen weiteren Beweggrund, warum ein Kind lacht: Wenn ein Kleinkind sich mit Anforderungen überfordert fühlt, schreit es entweder, um seinen Willen zu zeigen, oder es lacht, um seine Beschämung in der Situation zu vermeiden. Die Persönlichkeit des Kindes ist in diesem Alter dabei, sich auf die eigenen Beine zu stellen, und will sich entwickeln. Diese Kraft ist jetzt so stark, dass kleine Kinder nicht anders können, als ihr Raum zu verschaffen. Es ist weniger Frechheit als vielmehr die Rettung vor zu starker Beschämung der eigenen, noch unsicheren Persönlichkeit, wenn ein Kleinkind bei Maßregelung nur lacht.

Kompromisse durch aktive Alternativen

WAS KÖNNEN SIE IN DIESEN SITUATIONEN TUN? Versuchen Sie, weniger scharf zu verbieten und stattdessen Kompromisslösungen zu finden. Wenn Kinder sich mit ihrem Anliegen nicht blamiert, sondern akzeptiert fühlen, machen sie plötzlich mit. Überlegen Sie, ob aus Sicht des Kindes eine Absicht oder ein Wunsch berechtigt ist und irgendwie umgesetzt werden kann und wo dann die Zwischenlösungen liegen, die das erwachsene Anliegen und das des Kindes (in diesem Alter ist das noch zuallererst das Anliegen, *mit* den Händen üben zu dürfen) gleichermaßen ernst nehmen. Mit Alleinsein bestraft zu werden, ist für ein Kind die Höchststrafe. Daher ist es besser, Kinder *nicht* durch Wegschicken in ein Zimmer zu bestrafen, weil sie sich dann ausgestoßen fühlen aus der Gemeinschaft, und das ist etwas, das Menschen als soziale Wesen im Allgemeinen und Kinder im Besonderen überhaupt nicht ertragen. Wenn Kinder frecher, auffälliger und unerträglicher werden, ist das eine psychische Überlebensstrategie. Sie treten bei Beschämung häufig die Flucht nach vorne an, Aggressionen nehmen dann nachweislich zu[55]. Die Eltern haben dann nichts gewonnen, sondern es wird lediglich für alle anstrengender.

Suchen Sie also, um Wegschicken und Beschämung zu vermeiden, Kompromisse. Überlegen Sie zum Beispiel in Fällen, in denen ein Kind etwas wirklich nicht machen kann oder soll, was es stattdessen machen könnte – etwas, das auch interessant ist und seinem Bedürfnis, Geschicklichkeit zu üben, entgegenkommt. Auch wenn Sie Ihre Nerven schonen wollen, was man gut verstehen kann, stellen Sie Ihr Kind dennoch lieber nicht mit einem Handy ruhig. Es ist für alle beruhigender, wenn Sie Ihr Kind mit etwas anderem hantieren lassen; wenn es mit unterschiedlichen Gefäßen umgehen darf, Verschlüsse und Deckel öffnen und schließen kann, Dinge von A nach B räumen darf oder mit einem Fahrzeug dieses und jenes hin und her fährt. Das alles sind typische Tätigkeiten, die jüngere Kinder lange Zeit beschäftigen.

Wenn mal was daneben geht

NATÜRLICH ZEIGT DIE TÄGLICHE ERFAHRUNG: Kleinkinder sind noch nicht in allem geschickt. So wird es passieren, dass zum Beispiel die großen Nudeln, die Ihr Kind für sein konzentriertes Spiel von einer Dose in die andere füllen durfte, zwischendurch danebenfallen und womöglich Ihre Geduld herausfordern. Schimpfen und mahnen Sie auch dann eher nicht. Zum einen ist Ihr Kind wie wir alle als »Lehrling« bei neuen Tätigkeiten ab und zu ungeschickt; zum anderen bleibt die Laune aller Beteiligten besser, wenn Sie sich einmal mehr auf die Gefühlswelt eines Kindes einstellen. Wieder hilft, die Erfahrungswelt des Kindes einzubeziehen, alles wie »echt« und lebendig zu behandeln, also etwa zu sagen: »Oh, was passiert denn da gerade? Komm, wir tun alle Nudeln in die Dose zurück, die wohnen nämlich da drin. Dann machen wir noch den Deckel zu, dann haben sie es schön dunkel und schlafen dort ein – schau, so …« Sie werden erleben, dass Ihr Kind anfängt, mit den Nudeln zu sprechen, und sie mit genau dieser Begründung bereitwilliger in die Dose zurücktut. Oder Sie nehmen eine Prise mehr Humor dazu und sagen: »Was sind das denn für freche Nudeln? Die reißen ja einfach aus! Komm, wir fangen sie wieder ein, diese Frechen, und bringen sie nach Hause (sprich in die Dose) – da wohnen sie nämlich …« Sie werden erleben, dass der Spaß Ihres Kindes an solchen kleinen Geschichten hilft und es motiviert mit Ihnen zusammen jede Nudel sucht und wieder einsammelt. Gleichzeitig spüren Kinder, dass das Ganze auch witzig ist, denn sie haben sehr früh viel Humor und einen Sinn für etwas verrückte Späße.

»ICH, ICH, ICH!« –
WIRD UNSER KIND EIN EGOIST?

»Ich!«, »Selber!«, »Ich, ich, ich!« Warum schreien kleine Kinder ständig danach, noch mehr zu bekommen oder bei allem die Ersten zu sein? Wird unser Kind ein Egoist?

BESONDERS KLEINE KINDER SIND DARAUF AUS, von allem viel zu wollen. Die Fähigkeit zu verzichten lernen Menschen erst im Laufe der Jahre. Wir alle bleiben ein Leben lang trotzdem manchmal maßlos, wollen mehr, sind ausgelassen, zum Beispiel bei Festen und besonderen Anlässen.

Wenn Kleinkinder darauf aus sind, immer noch mal und noch mehr zu wollen, hat das mit den Etappen ihrer psychischen Entwicklung zu tun. Das kleinkindliche Ich-Gefühl ist noch so neu, dass Kinder dauernd dieses »Ich auch«, »Ich will selber« oder »Ich will mehr« sagen. Mit diesem starken und dauernden Für-sich-Einfordern sorgen sie dafür, dass ihr Ich, ihre »Wurzeln«, genug Nahrung bekommt, es sich also gewissermaßen in der »Erde« ihrer gerade erst keimenden Persönlichkeit gut verankert. Gleichzeitig ist für Kleinkinder wichtig zu erleben, dass noch andere da sind, mit denen man teilen muss, oder dass man von manchen Dingen wie zu viel Süßigkeiten essen oder Medien schauen eher krank wird, man davon also nicht immer mehr haben kann.

Aber wenn man dieses kleinkindliche Verhalten öfter mit dem Blick sieht, dass etwas Maßlosigkeit notwendig ist, um das »Ich« des Kleinkindes zu nähren, dann kann man das »Ich, Ich, Ich«-Geschrei gelassener hören und besser Kompromisse mit dem Kind finden. Kompromisse können bedeuten, dass man eine Regel ausmacht, die etwas Luft lässt, so dass man ab und zu etwas nachgibt. Das schadet jetzt nicht.

Wenn Kinder häufig genug unter Kindern sind, erleben sie von selbst, dass es gerecht zugehen soll. Alle Kinder müssen damit leben, dass das, was es gibt, für alle reichen muss. So lernen sie durch Erfahrung (und das ist immer besser als viel reden und ermahnen), dass Verzicht im Zusammensein mit anderen machbar ist. Auch bei Verzicht lernen Kinder durch Beobachten und Miterleben, und in der Regel entgeht ihnen nichts. Sie sind scharfe Beobachter. Unsere Kinder können also auch unsere eigenen Schwächen aufdecken …

WIE SOLLEN WIR REAGIEREN, WENN UNSER KLEINKIND STÄNDIG MIT DEM ESSEN SPIELT?

Wir wollen, dass jetzt nach der Babyzeit bei Tisch nicht so viel gematscht wird und alle Spielerei langsam weniger wird. Soll man seinem Kind (eineinhalb Jahre alt) das Essen wegnehmen, wenn es weiterhin spielt und zum Beispiel die Brotstückchen offensichtlich mit Absicht immer wieder runterfallen lässt und das Ganze noch lustig findet? Und wenn es wegen dieses Spielens nicht isst, kurz darauf aber doch Hunger hat, soll man dann füttern oder aus Konsequenz besser damit aufhören?

WAS BEIM BABY DAS LÖFFELHALTEN, ist bei den etwas größeren Kindern das Experimentieren, auch mit Essen. Seien Sie bei einem Kleinkind noch nicht zu streng; irgendwann kommt das Alter, in dem die Reife da ist und auch Essensregeln spielend gelernt werden. Jetzt gerade macht das Kind tatsächlich Experimente, um die Schwerkraft zu verstehen. Kleine Kinder werfen alles, wirklich alles auf den Boden, als wollte das Kind sich vergewissern: »Tatsächlich – alles fällt, auch das Essen!«

Füttern Sie dennoch weiter, dieses Verhalten eines Kleinkindes wächst sich aus, letztlich durch die Erfahrung, dass die Schwerkraft wirklich immer dasselbe bewirkt. Außerdem wird es auch dadurch besser, dass Sie gemeinsam essen, also wieder einmal etwas vormachen, nämlich, dass die anderen ganz normal bei Tisch sitzen und alles auf dem Teller liegen lassen. Ganz leicht wird es, wie gesagt, wenn der Sinn für Regeln bei kleinen Kindern zunimmt, Sie brauchen sich also bei diesem Verhalten keine Sorgen wegen der späteren Entwicklung zu machen.

Feste Essenszeiten und etwas Flexibilität – beides hilft

INSGESAMT IST ES GUT, wenn wir bei gemütlicher Atmosphäre zu klaren Essenszeiten zusammen Mahlzeiten zu uns nehmen. Es hilft uns, wenn unser Körper in einem Rhythmus lebt, was generell unserem Wohlbefinden dient. Aber kleine Kinder brauchen manchmal etwas länger Zeit, bis das Einhalten gemeinsamer Zeiten klappt. Sie sind nicht nur ihren Gefühlen, sondern auch immer noch ihrem Körperbefinden sehr stark ausgeliefert. Manchmal entspricht es nicht den Zeitvorgaben der Erwachsenen, dass der Magenpförtner aufschließt und kleine Kinder Hunger zeigen. So lange man nicht unendliche Faxen machen muss, damit ein Kind überhaupt etwas isst, sollte man bei den Kleinen noch nicht zu streng sein, nach dem Prinzip: »Jetzt wird gegessen, nachher gibt es nichts mehr.« Manchmal sträubt sich ein Kind zunächst, aber zehn Minuten später kommt der Appetit doch. Lassen Sie Flexibilität zu und füttern Sie ein Kind dann oder lassen Sie es etwas später als geplant selbst noch eine Kleinigkeit aus der Hand essen.

Helfen kann es Ihnen als Mutter, sich an Ihre Schwangerschaft zu erinnern, in der Sie auch unglaublich starken Appetitschwankungen ausgeliefert waren. Meinem Empfinden nach ist die Schwangerschaft eine Art Vorbereitung, weil man sich durch eigenes Erleben besser einfühlen kann, wie sehr ein kleines Kind noch seinem körperlichen Befinden ausgeliefert ist.

Kleinkinder brauchen unsere Mithilfe

FÜR DAS ALTER DER ZWEI- BIS DREIJÄHRIGEN KINDER berichtet man mir manchmal, Eltern oder KiTas hätten die Regel, was ein Kind sich auf den Teller getan habe, müsse es auch aufessen. Auch hier wären erwachsenes Mitsteuern und etwas Güte hilfreicher, da kleine Kinder noch nicht einschätzen können, wie viel in ihren Bauch passt. Sie sind auf Mithilfe der Erwachsenen angewiesen. Man kann entweder helfen, damit sie zunächst weniger nehmen, und ihnen dabei versichern, dass sie oft genug nachnehmen dürfen. Oder man teilt allen kleinen Kindern gleichermaßen wirklich kleine Portionen aus und schaut, wie viel sie bewältigen. Manchmal passt ein Nachschlag hinterher, manchmal ist selbst eine kleine Portion am heutigen Tag zu viel, um aufgegessen zu werden, und das darf dann übrig bleiben.

Essen und Appetit haben (ähnlich wie Schlafen) viel damit zu tun, ob Kinder sich insgesamt wohl und nicht angespannt fühlen. Und auch das kennen wir Erwachsenen genauso: Haben Sie nicht auch schon mal erlebt, dass Sie endlich wieder Hunger spürten, wenn eine Anstrengung nachließ, und Sie nach längerer Appetitlosigkeit plötzlich doch wieder essen konnten, als alle anderen schon fertig waren? Kleine Kinder und ihr Körper reagieren ständig auf diese Weise, je nachdem, was alles gerade los ist. Kinder können es aber in Worten noch nicht so eindeutig ausdrücken. Lassen wir also – bei ganz freundlicher Regelmäßigkeit der Mahlzeiten – in puncto »Essenmüssen« bei kleinen Kindern Gnade vor Recht ergehen.

Übrigens, mit einem freundlichen Augenzwinkern gegenüber unserer eigenen Unlogik hier noch ein weiterer Tipp für uns Erwachsene: Unser Anliegen, dass mit dem Essen nicht gespielt werden soll, dass Mahlzeiten etwas Wichtiges sind, kommt aus der Erfahrung, dass Lebensmittel knapp sein können und man sie dann als äußerst kostbar erlebt und sich nach ihnen sehnt. Beim berechtigten Erziehungsziel, Respekt gegenüber Nahrungsmitteln zu vermitteln, ist auch hier entscheidend, was wir vorleben, ob wir eine entsprechende Kultur pflegen und darauf achten, dass

Nahrungsmittel wie jede andere Kostbarkeit nicht in der Mülltonne landen. Kinder beobachten scharf, sind dabei logisch und denken für sich allein oder bei ihren Gesprächen mit uns konsequent nach. Manchmal ist das nicht bequem, ich weiß, aber unumgänglich, und nicht nur wir erziehen sie, sie auch uns!

UNSER GROSSES KIND SOLL NACH DEM ZWEITEN BABY NICHT ZU KURZ KOMMEN – ABER WO BLEIBEN WIR ALS PAAR?

Die Geburt unseres zweiten Kindes war schwer und wir brauchten am Anfang viel Zeit für das Baby. Unser größeres Kind (zweieinhalb Jahre) kam dauernd zu kurz. Jetzt machen wir uns Sorgen, nehmen uns alle Zeit für das große Kind und spielen mit ihm, so dass es auf keinen Fall zu kurz kommt. Aber wir kommen sonst zu nichts mehr, was uns als Paar gereizt macht – was tun?

ES IST EIN WEIT VERBREITETER IRRTUM, jedes Kind brauche die ungeteilte Aufmerksamkeit seiner Eltern. Auch Kleinkinder genießen es sehr (trotz aller Eifersucht, die zwischendurch mal aufflammen kann), dass sie großer Bruder oder große Schwester werden und ein Geschwisterkind in die Familie kommt. Geschwister zu bekommen, ist ein ganz zentraler Wunsch aller Kinder.[56]

Anstatt erst das Baby zu versorgen und sich anschließend nur um das große Kind zu kümmern, nehmen Sie wieder das Bedürfnis des großen Kindes, alles genau wie Sie zu tun, in die Pflege des kleinen Babys mit hinein. So wird das größere Kind stolz, dass es schon große Schwester oder großer Bruder ist und bei der Pflege eines Babys genau wie Mama und Papa richtig helfen kann. Lassen Sie zum Beispiel Ihr größeres Kind die Sachen holen und bereitlegen, die Sie zur Pflege des Babys brauchen. Anschließend kann es auch den Babypopo mit versorgen, waschen oder cremen, dem Baby den Schnuller geben usw.

Das Mithelfen bestärkt Ihr Kind in seiner Rolle

SIE WERDEN STAUNEN, zu welchen Hochformen von Tatkraft, Tüchtigkeit und Einfühlsamkeit Ihr größeres Kind in der Lage ist, wenn es sich ernst genommen fühlt in seiner Mithilfe, seinem Schon-groß-Sein, das sich jetzt spürbar darin zeigt, dass es etwas schon richtig kann. Nebenbei können Sie dem helfenden Kind versichern, dass mit jedem Kind, das Eltern bekommen, weitere »Plätze« im Herzen von Mama und Papa dazu wachsen, so dass jedes Kind ganz sicher sein eigenes, bleibendes kleines Zimmer im Herzen hat (wirklich anschauliche Bilder helfen besser, die Situation zu verstehen, als abstrakte Erklärungen). Sie werden erleben, dass Ihr größeres Kind sein Können genießt, bei allem hochkonzentriert aufpasst, mit der Zeit so gut wie Sie weiß, was beim Wickeln und Füttern eines Babys in welcher Reihenfolge zu tun ist, und dass alle Eifersucht verfliegt. Sie als Eltern finden dann mehr Ruhe und Muße, um den weiteren Aufgaben im und ums Haus nachzugehen.

NACH DER ARBEIT TEILEN WIR UNS DEN HAUSHALT UND DAS SPIELEN MIT DEN KINDERN AUF – ABER IMMER GIBT ES STREIT!

Wenn wir nach der Arbeit zu Hause sind, ist noch viel zu tun. Einer von uns spielt dann immer mit den Kindern (zwei, drei und fünf Jahre alt), der andere macht die Arbeit im Haushalt. Aber wir Eltern sind angestrengt und bekommen Streit darüber, wer wann was macht. Was können wir ändern? Das viele Geschrei, noch dazu abends mit den Kindern, belastet uns alle.

AUS DIESEM DILEMMA HILFT HERAUS, sich immer wieder die zentrale Logik im Alltag mit Kindern bewusst zu machen: Eltern müssen ihre Kinder versorgen und generell die alltäglichen Aufgaben Erwachsener erledigen, Kinder wollen versorgt werden, Zeit mit ihren Eltern haben und dabei groß werden, also herausgefordert werden.

Hier zeigt sich ein derzeit häufiges Missverständnis: Erwachsene heute meinen, die Versorgung von Kindern zeige sich vor allem dadurch, dass man oft mit ihnen spielt, und Arbeit sei nur eine erwachsene Angelegenheit. Das führt in vielen Familien dazu, dass der gerade nicht mit den Kindern spielende Elternteil alle anstehende Arbeit alleine erledigt oder man sie auf den späten Abend verschiebt – ein für alle anstrengender Irrtum.

Es wird leichter, wenn man die Freude der Kinder am Großwerden und ihre Lust auf Herausforderung ernstnimmt und dabei gleichzeitig ihr Bedürfnis befriedigt, sich durch Zeit mit den Eltern geliebt und versorgt zu wissen. Nehmen Sie beide Bedürfnisse von Kindern ernst und machen Sie die Alltagsdinge in Stoßzeiten lieber gemeinsam. Dabei fördert es die gute gemeinsame Laune, wenn Sie Kinder nicht nur mit den Hilfsdiensten beauftragen (etwas bringen oder holen), sondern die Kinder auch bei »echten« Aufgaben helfen dürfen, zum Beispiel die Gurke für das Abendessen aufschneiden, den Krug (halbvoll) mit Wasser füllen und auf den Tisch tragen, Wäsche mit aufhängen – wenn Kinderhände schon genug Kraft haben, auch die Wäscheklammern zu befestigen – usw. So können Kinder wieder ihrem Begehren nachgeben, »Echtes« zu üben und Große wie Kleine machen die Erfahrung, dass man bei alledem gemeinsame Zeit hat und etwas zusammen erledigen kann.

Elterliche Arbeit und kindliches Spiel lassen sich miteinander verbinden

SOLLTEN IHRE KINDER IM MOMENT WENIG LUST zur Mitarbeit haben, weil sie gerade zu müde sind, dann denken Sie daran: Wenn noch viel Arbeit von Erwachsenen erledigt werden muss und es den Eltern hilft, diese Arbeit gemeinsam zu tun, sind nur die Kinder im »Kindheitsmodus« und spielen mit den Kinderspielsachen. Wer als Kind lieber Zeit mit den Eltern verbringen möchte, ist bei deren Arbeit willkommen. (Nach aller erledigter Arbeit spricht natürlich nichts dagegen, dass Sie noch mit Ihren Kindern spielen, was immer Ihnen gemeinsam Spaß macht – sofern Sie es mit Leidenschaft und Vergnügen tun.)

Zusätzlich hilfreich: Ein größeres Kind kann kleineren Geschwistern bei dem einen oder anderen Handgriff bereits helfen – auch das macht gute Stimmung, weil es das größere Kind in seinem Status des Älteren und damit einhergehenden Mehr an Können bestätigt, während das kleinere Kind sich durch die Hilfe des Größeren eingebunden fühlt.

An zwei weitere Tatsachen zu denken, hilft allen beim Nach-Hause-Kommen ebenfalls deutlich aus Stress heraus: Kinder nörgeln oftmals, weil auch ihnen die Umtriebe oder der Lärmpegel außer Haus (gerade auch in der KiTa) zu viel waren, sie also zunächst zu sich kommen müssen. Dabei hilft ihnen ihr Abtauchen ins Spiel zu Hause sehr. Außerdem vergessen Kinder über allem, was unterwegs los ist, oft, etwas zu essen, so dass sie unterzuckert sind. Da das schlechte Laune macht, gestatten Sie den Kindern eine kleine Vorspeise, die manches kindliche Nörgeln reduziert, wenn das gemeinsame Essen noch dauert.

UNSER KIND WIRD PLÖTZLICH AGGRESSIV UND BEISST ODER KNEIFT – IST DAS NORMAL?

Schon oft haben wir unserem Kind verboten, dass es uns und andere Kinder beißt oder zwickt oder auf dem Spielplatz mit Sand wirft. Es tut das aber alles weiterhin. Wir gehen dann sofort nach Hause. Das Geschrei ist allerdings groß und nichts wird besser. Wie können wir darauf reagieren?

JÜNGERE KINDER LEBEN IHRE AGGRESSIONEN noch unwillkürlich aus und lernen erst im Laufe der nächsten Jahre, sie besser und selbst zu steuern. So ungestüm, wie Kinder im Kleinkindalter generell noch sind, bricht auch die Aggression aus ihnen heraus. Daher kommt es urplötzlich bei ihnen zu Handgreiflichkeiten und Bissen. Das ist meistens normal[57] und hat im Wesentlichen mit kindlichem Temperament und kindlichen Wesenszügen zu tun. In manchen Fällen kommt es auch vor, dass Kinder sehr viel Aggression zeigen, weil sie unter starker Belastung und Anspannung stehen und auf diese Weise die Flucht nach vorne antreten. Weil sie selbst zu sehr unter Belastungen leiden, sorgen sie dafür, dass auch die anderen leiden.

Als Eltern können Sie also einerseits daran denken, dass ein Kind sich noch nicht gut steuern kann, andererseits aber auch überlegen, ob die Anspannungen oder Belastungen unterschiedlicher Art für das eigene Kind derzeit zu hoch sind, es also mehr Ruhe oder Entlastung in dieser oder jener Hinsicht bräuchte. Das folgende Beispiel macht anschaulich deutlich, welche Logik der menschlichen Psyche hinter Aggression steckt.

Ein Elternpaar schildert das ständig aggressive Verhalten seines Kindes in der KiTa. Im Gespräch mit den beiden wird deutlich, dass derzeit sämtliche Belastungen der Familie hoch sind, sie zu wenig Zeit füreinander und für die Kinder haben, es zu wenig Ruhe für alles Alltägliche gibt und sich alles in Stress und Anspannung abspielt. Wenn Kindern in derartigen Familiensituationen alle Belastung und ihre damit verbundene Angst zu viel werden, versuchen sie sich durch Abgrenzung und »Verteidigung« nach außen zu schützen, werden also giftiger und frecher, hauen und beißen, anstatt wegen der Belastungen zu weinen. Warum ist das so?

Aggression schützt vor Angst

SO LANGE MENSCHEN AGGRESSIV SIND, können sie sich noch wehren. Wenn sie – aus Überforderung – weinen würden, dann käme zu der Belastung noch hinzu, dass sie die Angst aushalten müssten, angesichts gezeigter Blöße und ihres Weinens nicht ernst genommen oder gar ausgelacht zu werden. Sie haben somit Angst, mit ihrer Schwäche, lassen sie sie zu, mitmenschlich nicht gut versorgt zu sein. Ein Kind denkt das nicht, aber es fühlt so. Insofern werden viele Kinder, ehe sie die Angst vor Spott, Auslachen oder Nichtversorgt-Sein in sich spüren, ganz schnell aggressiv – nach dem Motto: »Ehe ich mich vor den anderen fürchte, sorge ich dafür, dass die anderen sich vor mir fürchten.« So haben sie die Angst weniger deutlich spürbar in sich.

Bei stark aggressiven Erwachsenen verhält es sich übrigens genauso. Denn Erwachsene werden ebenfalls, stärker als uns bewusst ist, von Gefühlen bestimmt. Wir kennen alle die Angst, den Menschen unserer Umgebung mit Gefühlen der Schwäche womöglich ausgeliefert zu sein.

Für alle, aber erst recht für ein Kind in solch einer Situation, ist es hilfreich, Belastungen zurückzunehmen. Im oben genannten Beispiel ging es darum, wieder mehr Zeit und Dasein füreinander zu ermöglichen, die Sorgen der Eltern ernstzunehmen und bei deren Entlastung behilflich zu sein – das Kind konnte dadurch entspannter und weniger aggressiv unter den anderen Kindern sein.

Einfühlungsvermögen wächst allmählich

IN DER REGEL HILFT ES ABER SCHON, an Folgendes zu denken: Die kindliche Fähigkeit zur Empathie entwickelt sich langsam. Das bedeutet: Sich *vor* einer Handlung vorzustellen, wie das Gegenüber sich fühlt, und das eigene Verhalten entsprechend zu dosieren, wird erst im Laufe von Jahren gelernt. Meist werden Kinder drei bis vier, manche auch fünf Jahre alt, ehe ihre Selbstkontrolle in puncto Aggression besser klappt. Kinder unter drei Jahren können ihre Aggressionen häufig noch nicht oder nur schlecht kontrollieren.

Am besten ist es, wenn Sie betonen, dass das Verhalten Ihres Kindes den anderen Kindern wehtut, Sie Ihrem Kind also *Empathie vorleben. Im Übrigen steuern Sie noch mit, haben Ihr Kind im Auge und passen auf seine Hände auf.* Das ist ein in diesem Alter notwendiger Kompromiss, denn die Anforderung, dass Ihr Kind sich jederzeit selbst steuert, ist beim Kleinkind definitiv noch zu hoch. Deshalb hilft die Strafe des sofortigen Heimgehens nicht, selbst wenn Ihr Kind weiß, warum Sie heimgehen. Es kann das von Ihnen gewünschte Verhalten noch nicht umsetzen, weil es dazu psychisch noch zu»unreif«, zu klein ist.

Leben Sie empathisches Verhalten vor

WENN IHR KIND HÄUFIGER BEISST, schubst oder andere mit Sand bewirft, hilft in diesem Alter nur, in der Nähe zu sein, damit Sie es möglichst schnell von seinem Tun abhalten können. War Ihr Kind schneller als Sie (was auch bei anderen Eltern vorkommt, seien Sie also gnädig mit sich!), machen Sie dem Kind immer vor, dass man das andere, betroffene Kind tröstet, indem man »Heile, heile Segen« macht, sich also in das weinende Kind einfühlt.

Den anderen anwesenden Eltern vermitteln Sie, dass Sie das Verhalten Ihres Kindes ernst nehmen, Sie es aber jetzt noch nicht immer ändern können. Da andere Eltern die ungestüme Seite an kleinen Kindern ebenfalls kennen, werden die freundlichen Menschen auch freundlich reagieren. Den weniger freundlichen können Sie trotzdem freundlich den Hinweis geben, dass Kinder wegen ihres langsamen Großwerdens auch Empathie nur langsam lernen können, Sie als Eltern aber mit Ihrem Kind Empathiefähigkeit immer wieder üben.

Damit Sie nicht zu verzweifelt sind, hilft auch eine Prise Humor. Überlegen Sie mal: Vielleicht ist Ihr Kind vom Temperament her eher ein kleines Raubtier, ein Löwe oder ein Krokodil und kein Gras mümmelndes, kuscheliges Kaninchen – ja, alles hat seine Vor- und Nachteile!

Spiel und Humor sind besser als Ermahnungen

WENN IHR KIND SIE ALS ELTERN HAUT UND ZWICKT, könnten Sie zu ihm sagen: »Dann halte ich deine Hände fest, bis du wieder auf sie aufpasst. Ich haue dich nicht und du mich nicht, einverstanden? Damit mir nichts wehtut, hüte ich mal deine Hände. Pass besser selbst auf deine Hände und Füße auf, dann bestimmst du auch selbst.« Vielleicht machen Sie es sogar spielerisch – werden Sie zu einem großen Löwen, der mit Raubtiergeräuschen gleich die Pfoten des kleinen Löwen auffrisst. Quietschvergnügtes, eventuell auch leicht ängstliches Geschrei Ihres Kindes wird Ihnen gewiss sein, das macht mehr Spaß und bringt insgesamt allen schnell wieder bessere Laune. Machen Sie so oft wie möglich auf ähnliche Weise spielerisch klar, was Sie ernsthaft meinen – das kommt bei kleinen Kindern viel besser und dauerhafter an, als sie ständig zu ermahnen.

Denken Sie daran: Da das ganze Verhalten ja noch »passiert«, also vom Kind nicht bewusst gesteuert wird, hilft auch das intellektuelle, die kindliche Vernunft ansprechende Reden nicht – Spiel und Humor, beides erlebt ein Kind hautnah. Es spürt sie körperlich. Auf diesen Ebenen erreichen Sie ein Kind in diesem Alter viel leichter und Sie greifen gleichzeitig weniger sein noch wackeliges Ich-Gefühl kritisierend an. Dass Ihr Kind haut, wird ab und zu weiterhin noch vorkommen, aber ganz sicher wird es besser, je mehr es allmählich die psychische Reife erlangt, sich in sein Gegenüber einzufühlen und das ganze Geschehen bewusster zu erleben und sein Handeln rechtzeitiger steuern zu können.

Auch wenn Kleinkinder sich noch nicht immer steuern können, bleiben Sie dennoch in jeder Situation eindeutig und klar. Vertreten Sie immer, dass es keine Alternative zur Haltung des Respekts füreinander gibt. Schon Kleinkinder verstehen, dass zwischen Eltern (Erwachsenen generell) und Kindern respektloses Handeln wie Hauen, Treten oder Anschreien tabu ist. Weil Erwachsene Kinder so nicht behandeln dürfen, brauchen die Erwachsenen von einem Kind ebenfalls nicht respektlos behandelt zu werden.

Viel Temperament braucht viel Raum

DEUTLICH WIDERSPRECHEN MÖCHTE ICH DER ANSICHT, dass man Kindern mit starkem Temperament (also den kleinen Krokodilen oder Löwen) ausschließlich enge Grenzen aufzeigen muss. Kinder mit starkem Temperament – vorausgesetzt, sie werden ausreichend liebevoll geschätzt und versorgt und stehen nicht zu sehr unter psychischen Spannungen – brauchen mehr Aktivität, mehr Raum und Platz, um anderes mit den Händen zu machen und viel mehr an ernsthaften Aufgaben »arbeiten« zu können. Wenn Kinder etwas Faszinierendes tun können, reduzieren sich ihre aggressiv-ungebändigten Ausbrüche schnell. Es wäre also wichtig, mehr Freiräume für sinnvolle Tätigkeiten von Kindern zuzulassen, bei denen sie etwas bauen dürfen, draußen mit entsprechenden Materialien graben und spielen oder im Haus hantieren und mitarbeiten können, anstatt ihnen bei Temperamentsausbrüchen nur Begrenzung und vielfaches Ermahnen zu bieten.

Es scheint uns inzwischen ganz normal, Kinder auf begrenzten Spielplätzen mit fertigem Gerät spielen zu lassen oder sie in Einrichtungen zu bringen, also in einen eher beengten Raum mit zahlreichen anderen Menschen. Kindern jedoch steht der Sinn nach Spiel und »Arbeit« in räumlicher Weite. Hilfreicher für temperamentvolle Kinder ist ein Mehr an Umfeld, in dem sie etwas tun können, das sie interessant finden, am besten draußen und zusätzlich mit größeren Kindern. Wenn Kinder in altersgemischten Gruppen mit etwas beschäftigt sind und dabei in fantasievolles Spiel finden, entspinnen sich meist gemeinsame Erlebnisse und damit verbundene Regeln. Kleinere lernen soziales Verhalten zügig und bereitwillig, damit sie dabeibleiben dürfen. Weil ein kleineres Kind die Größeren bewundert, ist dies der entscheidende Ansporn. So lernt man als jüngeres Kind leichter als durch die Ermahnungen von Erwachsenen, was sich unter Kindern gehört.[58]

Wenn es für Sie zur Zeit nicht möglich ist, einem temperamentvollen kleinen Kind mehr Raum und Weite draußen zu bieten, dann verschaffen ihm drinnen meistens auch folgende zwei

Spielanregungen mehr Ausgeglichenheit: Es darf drinnen Großes bauen, zum Beispiel Höhlen und Häuser mit Stühlen, Decken, größeren Polsterelementen usw. Für solches Bauen braucht man Kraft, und das tut einem Kind, das viel Kraft hat, gut. In so entstandenen Behausungen und Höhlen halten sich auch kleine Löwen oftmals gerne auf oder beschäftigen sich lange mit Erweiterungsbauten, mit dem Hinein- und Herausschleppen von Dingen usw.

Oder Sie können einem temperamentvollen Kind dabei behilflich sein, mit kleineren Spielsachen in eine Geschichte zu finden. Man kann anfangen, auf dem Fußboden eine Spielszene entstehen zu lassen, zum Beispiel eine Weide. Darauf stellt man alle Tiere, die man besitzt. Man kann einen Traktor herbeifahren lassen, der Futter (was auch immer man als »Ersatz« dafür in der eigenen Wohnung findet) zu jedem Tier hinfährt. Man kann ein Haus aus Holzklötzen bauen, das zum Stall für die Tiere wird, in den sie dann alle hineinwandern usw. (Es kann natürlich auch eine Autobahn samt Parkplatz und Raststätte sein oder eine große Burg mit Rittern und Räubern oder etwas anderes.)

Ungestümen, temperamentvollen Kindern muss man manchmal in ein Spielszenario hineinhelfen und eine kleine Weile mit ihnen mitspielen, damit sie in ihre Fähigkeit und Konzentration finden, auch mit kleineren Gegenständen spielen zu können. Wichtig ist dabei, dem Kind vorzumachen, wie man den Traktor ganz genau so lenken kann, dass er die Tiere auf der Weide nicht einfach umfährt; wie man den Hänger am Traktor so mitsteuert, dass das Futter genau dort landet, wo es hin soll, und wie man die Tiere so in einen Stall hineinstellt, dass sie nicht nur übereinander purzeln und ständig umfallen. Wenn man dabei mit allem spricht, also die Kühe muhen und die Pferde wiehern lässt vor Hunger, das Spielzeugmännchen mit den Tieren sprechen lässt usw., wird ein

Kind in diesem Alter schnell in die Geschichte hineingezogen und spielt immer mehr und in seiner Motorik immer feiner ganz von selbst auch alleine weiter. Solche Hilfe für den Spielanfang beruhigt viele stürmische Kinder weitaus bleibender als das viele Reden und Schimpfen. Es bringt sie durch das Vormachen und die dabei entstehende Geschichte in feinere, ruhigere Bewegungen im Umgang mit den Spielsachen und generell mit allen Sachen der nahen Umgebung. Stürmische Kinder werden dann genauer in der Wahrnehmung, und dadurch kehrt mehr Ruhe in einer Wohnung ein und das Zuviel an kindlichem Temperament ist für eine ganze Weile durch intensives Spielen wie weggeblasen.

Wenn wir zur Ruhe kommen und unser Kind (zwei Jahre) einschlafen soll, zieht es ständig an meinen Haaren oder zwickt mich, und das macht mich verrückt. Aber nur so kann unser Kind einschlafen! Soll ich es zulassen oder mich wehren?

EINE HILFREICHE DEVISE in den allermeisten Situationen ist: Allen sollte es die meiste Zeit gut gehen. Wie größere Babys brauchen auch viele Kleinkinder zum Einschlafen etwas, woran sie mit ihren Fingern nesteln. Trotz dieses noch existierenden Bedürfnisses ertragen Kinder in diesem Alter es schon, dass die Eltern – solange ein Kind noch Einzelkind ist, also noch kein Geschwisterkind da ist für das kindliche Bedürfnis nach Nähe – zwar beim Einschlafen nah im Körperkontakt bleiben, sich dabei aber auch entspannt fühlen wollen. Wenn ein Kind also an Ihnen zwickt oder zupft, dass es wehtut, dann sagen Sie Ihrem Kind, dass Sie nur dann weiter dableiben werden, wenn Sie keine Schmerzen haben. Das ist in dieser Entwicklungsphase keine Überforderung mehr. Bleiben Sie, aber halten Sie zunächst die Hände Ihres Kindes und geben Sie diese nur wieder frei, wenn das Kind aufhört, Ihnen wehzutun.

Kuscheltiere und Co. als Einschlafhilfe

KINDER SIND LOGISCH UND VERSTEHEN SOFORT, was Sie meinen: dass Sie nur dableiben können, wenn es Ihnen beiden gut geht. Nach anfänglichem Protest wird Ihr Kind das respektieren und lernen, mit den Fingern an etwas anderem zu nesteln. Auf mehreren

Ebenen hilfreich wäre, wenn Ihr Kind jetzt anfängt, einen Teddy oder eine Puppe mit ins Bett zu nehmen. Zum einen kann man da ein wenig an Fell oder Haaren herumnesteln, ohne dass es der Puppe oder dem Teddy wehtut. Zum anderen beginnt jetzt die Zeit, in der Kinder mit Puppen und Kuscheltieren reden, anfangen, sich in sie einzufühlen und sich dadurch weniger einsam an ihrem Schlafplatz zu fühlen. Ganz allmählich wird es vom Kind dann als ausreichend erlebt, wenn es nur in Gesellschaft der Puppe oder des Kuscheltiers im Bett liegt, Ihre körperliche Anwesenheit wird nach und nach weniger dringend gebraucht.

Manche Kinder babbeln im Bett lieber mit dem geliebten Bagger statt mit Puppe oder Teddy. Für kleine Kinder ist alles lebendig, auch Bagger, Traktor oder Auto – also, lassen Sie das, wovon Ihr Kind fasziniert ist, mit Ihrem Kind schlafen gehen. Sie können dann wahrscheinlich bald auf Ihr eigenes Danebenliegen verzichten. Haben Sie den Mut und sprechen Sie ebenfalls mit den Spielsachen, sagen Sie durchaus etwas, z. B.: »Jetzt geht ihr zusammen schlafen – ja? Teddy (oder Puppe oder Bagger oder Auto – wer immer beim Einschlafen mit im Bett liegt), du und Felix, ihr zwei kuschelt euch zueinander und habt es zusammen gemütlich, ja? Schlaft gut ein, alle zusammen!«

Kinder lieben es, wenn wir ihre Spielsachen als lebendig behandeln, weil sie es ja ebenfalls so empfinden: Bei einem Teddy oder einer Puppe sowieso, aber selbst ein Bagger in seinen Bewegungen wird von einem kleinen Kind jetzt fast noch wie ein Lebewesen erlebt. Keine Sorge, man schadet einem Kind mit solchen Verhaltensweisen nicht, denn dass das eine lebt und das andere unbelebt bleibt, das wird für ein Kind im Laufe seines Größerwerdens ganz von selbst deutlich.

Der Schnuller ist für unser Kind noch wichtig. Viele sagen, man muss ihn jetzt abgewöhnen, damit es keine Gebissverformungen gibt. Unser Kind verzichtet aber noch gar nicht auf den Schnuller. Was sollen wir tun?

ES IST GUT, WENN KINDER ALLMÄHLICH vom Schnuller Abschied nehmen, aber auch hier ist die kindliche Langsamkeit enorm verschieden. Es hilft, wenn Kleinkinder erleben, dass sie auf den Schnuller gut verzichten können, sobald sich das normal alltägliche Leben abspielt. Nach der Babyzeit als ausgesprochener »Saugzeit« braucht ein Kleinkind den Schnuller demnach nur dann, wenn es Momente des Kleinseins durchlebt, also nur, wenn es Trost benötigt, weil es um körperliche oder um psychische Schmerzen oder ums Einschlafen geht, also den Übergang vom Zusammensein zum Alleinsein des Schlafens.

Die Botschaft lautet: »Im normalen Alltag bist du kein Baby und brauchst deshalb keinen Schnuller mehr.« Das hilft einem Kind, größer zu werden und sich von seiner Babyzeit zu verabschieden. Wenn es dieses Großwerden nicht als angsterfüllt, sondern als Ich-stärkend erlebt, kommt meist zwischen dem zweiten und dritten Lebensjahr der Zeitpunkt, an dem ein Kind den Schnuller für Schlaf und Trost nicht mehr braucht.

Für das Alter von ein bis drei Jahren kann man als Richtschnur sagen: Es nimmt Stress und Anspannung für Ihr Kind heraus, wenn Sie es noch nicht mit einem Zuviel an kindlicher Autonomie überfordern, Sie also seinem Kleinkindsein und seiner Sehnsucht nach Ihnen ausreichend Zeit in Ihrer Nähe geben können. Aber ermuntern Sie es dazu, kein Baby mehr zu sein, also auf Babyutensilien zu verzichten.

Sollte ein Kind Schweres erleben (zum Beispiel viel Krankheit oder Stress durch schwierige Lebensumstände seiner Eltern oder in der gesamten Umgebung), kann es individuell länger dauern, bis es den Schnuller abgeben kann, weil es ihn noch braucht, um sich innerlich zurückzuziehen und die psychische Anspannung durch Saugen am Schnuller regulieren zu können. Auch wenn Zahnärzte anderer Meinung sein mögen: Es ist im Zweifelsfall leichter, ein Gebiss zu regulieren als später die psychischen Folgen schwerer Lebensereignisse auszuheilen. Das Saugen am Schnuller ist selbstverständlich bei Belastungen nur *eine* Art, wie ein Kind sich hilft. Es ist gut, wenn der Schnuller auch dann nicht der erste und vorrangige Halt ist, den ein Kind sich nehmen kann, sondern man ihm vor allem von Anfang an durch stabil haltende, psychische Versorgung zur Seite steht.

Wenn die Schnuller-Fee kommt

OHNE BESONDERE, SCHWERE LEBENSUMSTÄNDE ermuntern Sie Ihr Kind in diesem Alter jedoch freundlich, aber stetig, dass sein Großwerden möglich ist. Denn Sie mit Ihrem erwachsenen Weitblick wissen: Ihr Kind hat im Alter von zweieinhalb, drei die Reife, die Reste seiner Säuglingszeit aufzugeben.

Versprechen Sie jedoch lieber keine großen Geschenke – es reicht, dem Osterhasen, dem Nikolaus, der Schnuller-Fee oder sonst einer Sagengestalt den Schnuller mitzugeben. Denn Kinder lassen sich von ihren Wünschen dazu verleiten, für ein großes Geschenk den Schnuller herzugeben, schaffen den Verzicht aber dann doch nicht und sind schwer enttäuscht. Sie stellen abends im Bett plötzlich erschrocken fest, dass ein Fahrrad oder ein großes Spielauto ihnen beim Einschlafen oder Trösten nicht hilft.

Ob ein Kind den nächsten Schritt bewältigt, sollten Sie als Eltern mit ihrem Gespür für Reife und innere Stabilität Ihres Kindes abschätzen und dann Ihr Kind darin bestärken, dass es einem der geheimnisvollen Wesen seinen Schnuller anvertraut. Der Osterhase legt einfach anstelle des Schnullers ein paar besondere Eier ins Nest, der Nikolaus für den Verzicht einen großen Lebkuchen in die Schuhe, oder die Schnuller-Fee hinterlässt morgens eine Kleinigkeit unter dem Kopfkissen. Die Überraschung, dass etwas daliegt, reicht völlig als faszinierender Anreiz für Ihr Kind.

UNSERE BEIDEN KINDER STREITEN SICH BEIM ZUBETTGEHEN UM UNSERE ZUWENDUNG – WAS TUN?

Wenn einer von uns beiden Eltern unsere zwei Kinder (zwei und vier Jahre alt) alleine ins Bett bringen möchte, klappt das nicht, denn ständig streiten sie, wer neben der Mama liegen darf. Jetzt machen wir es so, dass Mama oder Papa das eine, und der Papa das andere Kind zu Bett bringt, wir einzeln vorlesen und kuscheln. Es dauert aber oft lange und unsere gemeinsame Zeit als Paar abends ist dahin. Das nervt!

WIEDER HILFT ES, Gegenseitigkeit und ein »Gemeinsam geht es besser« zu leben. Machen Sie deutlich, dass Sie nur anwesend bleiben, wenn Kinder Kompromisse akzeptieren. Kinder lieben es, dass wir abends noch da sind, vorlesen und sie auf diese Weise Nähe bekommen. Also wird Ihre Aufforderung: »Ich kann das nur, wenn ihr jetzt mithelft«, auch gehört. Jedes Kind kann sich mit einer Seite bei Mama oder Papa begnügen. Sollten Sie mehr als zwei Kinder haben, wechseln Sie klar ab, wer an welchen Wochentagen abends an welcher Seite beim vorlesenden Elternteil sitzen darf. Dann können Ihre Kinder still werden, sonst ist keine Gemütlichkeit möglich (und Sie lesen nicht weiter!).

Mit wenigen klaren Worten werden Sie sehen, dass Kinder Ruhe zulassen. Ein Elternteil bringt die Kinder mit Ritual ins Bett (lesen Sie nur vor, wenn Sie mögen, und es muss nicht jeden Tag sein, auch ein Gute-Nacht-Lied reicht), und danach finden die Kinder *gemeinsam in einem Zimmer* in den Schlaf. Mama oder Papa verlässt nach dem Ritual den Raum, lässt die Tür etwas auf, damit die Kinder die Erwachsenen noch hören, widmet den Abend dann aber der elterlichen Beziehung oder eigenen Vorhaben.

Wie oft und wie lange dürfen Kleinkinder in den heutigen Medienzeiten das Handy haben, am PC spielen oder Filme schauen?

MIT MODERNEN MEDIEN ÜBEN KINDER keine wirkliche menschliche Kommunikation, denn die beinhaltet zum Beispiel, Gefühle des anderen durch Mimik zu erkennen und zu verstehen. Die Medien bieten außerdem keine Sinneseindrücke und damit keine körperlichen Erfahrungen. Sie sind daher zu eindimensional darin, wie sie das Leben wiedergeben, und damit für Kinder nur selten geeignet. Kinder brauchen für die Entwicklung ihres Gehirns vielfältige, reale Erfahrungen, echtes Handeln, Spiele mit allen Sinnen, echte Dialoge und Begegnungen.

Da wir in einer Zeit voller Medien leben, können wir Kinder nicht immer von diesen fernhalten. Täten wir das, würden sie uns als zu »weltabgewandt« erleben, was Kinder nicht gut ertragen, da sie selbst Teil der Zeit sind, in der sie geboren wurden. Machen Sie also Kompromisse, lassen Sie Medien zu verlässlichen Zeitpunkten, aber dann nur kurz zu (zehn bis 15 Minuten), und bestehen Sie darauf, dass Sie als Eltern die Autorität des Abschaltens behalten. Sobald Kinder Möglichkeiten haben, untereinander und ausreichend lang und anregend zu spielen, sind Medien weniger wichtig – »echtes« Erleben ist und bleibt für Kinder aufregender. Deshalb tun wir Erwachsenen alles, um Kindern echtes Spiel zu ermöglichen.

Medien bringen keine echte Ruhe

EINIGE ÜBERLEGUNGEN WERDEN FÜR SIE ALS ELTERN wichtiger Ansporn sein, damit Sie nicht der Versuchung erliegen, Ihr(e) Kind(er) bei

Quengeln oder Unruhe durch Medien ruhigzustellen. Langfristig wird Sie der Streit um Medien sehr anstrengen, und später, wenn Ihre Kinder größer sind, werden Sie wollen, dass sie anders als durch Medien zur Ruhe kommen und an Gesprächen und am Zusammenleben Ihrer Familie teilnehmen. Also ist es wichtig, kleinen Kindern nicht anzugewöhnen, dass Medien in Ruhe und Entspannung führen.

Auch hier gilt wieder: Kinder brauchen Beziehung, um ruhig zu werden. Je mehr sie in der frühen Kindheit Bezogenheit zueinander und eigenes und auch gemeinsames Tun erfahren, umso weniger haben Sie später Streit. Denn dann sind »echte« Ruhe und ein unterhaltsames Zusammensein selbstverständlich, und beides wird auch langfristig nicht zu viel durch PC-Spiele oder Smartphone-Kommunikation ersetzt.

Wie ist Ihr eigener Umgang mit den Medien?

BLEIBEN SIE IM ZUSAMMENLEBEN MIT KINDERN aufmerksam. Das heißt, tauchen Sie selbst auch nicht bei jeder Gelegenheit in Ihr Smartphone ab – das ist inzwischen vielen Erwachsenen zur Gewohnheit geworden, weil sie über Chats und Nachrichten kommunizieren. Für Kinder, die mit unserer Anwesenheit rechnen und für ihre innere Stabilität darauf angewiesen sind, ist aber genau das anstrengend. Ihr Gegenüber ist auf diese Weise immer wieder gedanklich weg, und das fördert keine Konzentration im Zusammensein, sondern macht alle nervös (Erwachsene, die ihr Gegenüber regelmäßig kurz abwesend erleben, übrigens auch).

Auch wenn man Kinder sehr häufig per Film oder Foto aufnimmt, wird das von ihnen gelegentlich als anstrengend erlebt. Dadurch werden sie im Zusammensein immer wieder schnell zum

Objekt der Beobachtung und fallen auf diese Weise aus dem Subjektsein des gemeinsamen Lebens heraus. Ich habe Kleinkinder erlebt, die das auf ihre Weise auszudrücken versuchten und immer Faxen machten, sobald das Smartphone als Fotoapparat gezückt wurde. Wenn man fragte, warum sie das tun, lautete die Antwort: »Ich will nicht, dass du mich fotografierst.« Kinder beobachten genau und nehmen wahr, was geschieht. Das ist normal.

Hören Sie auf die Experten!

JE MEHR UND VIELFÄLTIGER MENSCHEN beruflich mit den modernen Medien zu tun haben, umso mehr kennen und fürchten sie deren Nachteile und umso klarer sind die Regeln, die Medien-Profis für ihre eigenen Kinder aufstellen und auf deren Einhaltung sie strikt bestehen. Das ist in dem SPIEGEL-Artikel »Legt doch mal das Ding weg – wie man sein Smartphone beherrscht und Ruhe findet« äußerst anschaulich beschrieben.[59] Die ernüchternden Erfahrungen dieser Experten nehmen Sie besser ernst, denn sie wissen, wovon sie reden.

Kinder- und Jugendpsychiater, die mit den Folgen des heutigen Medienkonsums bei Kindern und Jugendlichen therapeutisch zu tun haben, machen dieselben Aussagen und empfehlen Eltern dasselbe.[60] Sie sind also nicht weltabgewandt, wenn Sie als Eltern diese Haltung vertreten, sondern haben weitsichtig die langfristig stabile Entwicklung Ihres Kindes und später Ihres Jugendlichen im Blick. Halten Sie sich an Ihr Vorhaben und gehen Sie nur kleine Kompromissen ein, die Sie dann aber getrost gemeinsam genießen.

WENN WIR KONSEQUENT SIND, REGT UNSER KIND SICH SO AUF, DASS ES ERBRICHT – SOLLEN WIR NACHGEBEN?

Wir sind jeden Tag so klar und eindeutig in unserer Erziehung, ernten aber mit unserem Sohn (drei Jahre alt) dabei nur Streit. Nicht selten regt er sich so auf, dass er erbricht. Wir sind unsicher, ob wir weiterhin so klar sein sollen?

WENN AUSEINANDERSETZUNGEN ALS DAUERZUSTAND an der Tagesordnung sind und ein Kind sich so hineinsteigert, dass es erbricht, dann führt Eindeutigkeit nicht weiter. Kinder, die sich mit zwei, drei Jahren der Tatsache bewusst werden, dass sie eine eigene Person sind, kämpfen unter Umständen bis zum Äußersten. Manches Kleinkind schreit sich eher die Seele aus dem Leib, als dass es nachgibt. »Die Seele aus dem Leib« ist für Menschen – und für kleine erst recht – kein guter Zustand. Kommt es bei einem Kind dazu, dass es erbricht (es also die Situation »zum Speien« findet), führt die erzieherische Absicht in eine Sackgasse. Hier hilft es, einen neuen Weg zu suchen.

Gehen Sie zurück zur Warmherzigkeit, lassen Sie wieder Gnade vor Recht ergehen und entschärfen Sie die Situation, indem Sie zum Beispiel sagen: »Jetzt komm mal her, wir müssen schauen, wie wir die Dinge so machen können, dass es allen wieder gut geht.« Gibt es Lösungen, bei denen jeder sein Gesicht wahren kann?

Vanilleeis und Currywurst

NEULICH ERLEBTE ICH HIERZU mit einem fast dreijährigen Jungen sehr anschaulich eine kleine Lehrstunde: Wir waren im Zoo und, kaum am späten Vormittag dort angekommen, stellten wir fest, dass wir

Hunger hatten. Der Dreijährige rief beim Thema Hunger sofort: »Ich will ein Eis.« Bei jeder kleinsten Überlegung, wie und wo wir gleich etwas zu essen bekämen, schallte aus seinem Mund: »Aber ich will ein Eis!« Mir schwante, dass sich hier ein Kampf ankündigte. Der Vater, ganz um gute Erziehung bemüht, meinte zum Kind: »Erst musst du etwas Richtiges essen, danach gibt es ein Eis.« »Nein! Ich will ein Eis, ich will nix Richtiges essen!«

Da ich an einem entspannten Tag im Zoo interessiert war und keinerlei Lust auf den Kampf mit einem Dreijährigen hatte, kam mir die Idee, dem Vater zu sagen: »Wenn Besuch da ist, dann darf es doch etwas anders sein als sonst. Was hältst du davon, uns etwas Nahrhaftes zu essen zu holen und dem Kind sofort ein Eis zu erlauben?« Er war einverstanden – das Kind bekam ein Vanilleeis, die Erwachsenen Currywurst und Pommes Frites (das war nun Mal das »Nahrhafteste«, was wir fanden) und gesunden Salat.

Kaum saßen wir am Tisch und begannen zu essen, fragte ich den kleinen Jungen, ob er denn Appetit auf Currywurst und Pommes Frites habe und etwas von mir abbekommen wolle? »Ja!«, lautete die klare und eindeutige Antwort. Und so kam es, dass wir friedlich bei Tisch saßen, zusammen die freundliche Stimmung genossen und eine neue Mischung erlebten: Der kleine Junge aß jede Menge Currywurst und Pommes Frites und leckte zeitgleich genüsslich ein Eis. Ich dachte: Gut, dass wir seinem Wunsch nachgegeben haben!

Jedes Kind hat etwas Pippi Langstrumpf in sich

WO STEHT EIGENTLICH GESCHRIEBEN, dass man in diesem Alter des »Ich will aber ...« *erst* Wurst, Pommes Frites und Salat essen muss, bevor man Eis essen darf? Wieso kommen wir fast nie auf die Idee, dass für kleine Kinder die andere Logik viel einleuchtender ist: Der Genuss und das »richtige« Essen *gleichzeitig* – das macht Appetit. Und weil er selbst entscheiden durfte, machte es dem Dreijährigen auch noch größten Spaß.

Pippi Langstrumpf hätte gleich die Frage gestellt, warum man, bitteschön, mit so etwas Schönem wie Eisessen warten solle? Oder auf die Frage von Annika und Thomas, ob man nicht immer Regeln einhalten müsse, also immer erst Wurst und Kartoffeln und danach Eis essen dürfe, hätte sie erzählt, wie sie mit ihrem Vater in fernen Landen erlebt habe, dass Leute von morgens bis abends und überhaupt *immer* Vanilleeis zu Currywurst gegessen hätten. Pippi lebt uns vor, dass zu Lebendigkeit und gutem Lebensgefühl nicht nur Regeln, sondern auch Flexibilität gehören. Nur so erleben wir das menschliche Zusammensein als vergnügt – etwas, was genauso wichtig ist wie das Lernen von Verzicht, wie uns Hirnforscher anschaulich erklären.[61]

Die Wünsche aller Beteiligten im Blick

DA MAN JA AUF DIE IDEE KOMMEN KANN, dass ein Kleinkind denkt, es gehe immer nach seinem Kopf, will ich erzählen, was folgte: Nachdem wir ein wenig die Tiere bewundert hatten, machten wir an einem Spielplatz mit Sandkasten Rast. Wie immer auf vorgefertigten Plätzen waren die Spielgeräte schnell fertig gespielt, aber der Sand lud zu Muße und Verweilen ein. Es lagen Becher herum und, wie alle Kinder dieses Alters, begann das Kind zu backen und zu kochen. Was kam als Nächstes? Wir Erwachsenen wurden nach unseren Wünschen gefragt. »Wollt Ihr Kaffee oder Kuchen haben?« »Ja, natürlich, wir wollen Kaffee *und* Kuchen!«, war unsere Antwort. Über lange Zeit wurde uns jeder Wunsch erfüllt: Aus Sand bekamen wir hingebungsvoll alles geboten, was wir nur haben wollten. Mit Freude und Großzügigkeit wurden wir mit vielen Sorten Kaffee und Kuchen aus dem Sandkasten versorgt.

Das ist ein gutes Kriterium, ob es hilft, Regeln zwischendurch auch mal zu verlassen: *Wenn Sie erleben, dass Ihr Kind oft genug auch die Bedürfnisse anderer im Auge hat, dürfen Sie jetzt getrost mehr Flexibilität zulassen* und sich außerdem darauf freuen, ihm später Pippi Langstrumpf vorzulesen (es macht erst später richtig große Freude, weil erst ein etwas älteres Kind die vielen lustigen Ebenen in allem versteht).

LERNEN KINDER DURCH KLARHEIT UND KONSEQUENZ NICHT SCHNELLER, DASS ES IM LEBEN REGELN GIBT?

Führen Klarheit, Eindeutigkeit und Konsequenz nicht doch langfristig dazu, dass ein Kind Regeln zügiger versteht und Konsequenzen im Leben stabiler akzeptieren lernt? Überall wird gesagt, man müsse unbedingt konsequent sein.

JA UND NEIN. Es braucht beides für ein Kind, um eine stabile Persönlichkeit zu entwickeln: den Erwachsenen, der Regeln vertritt und auch Verzicht beibringt, gleichzeitig aber auch die Erfahrung, die eigene Wahrnehmung ernst nehmen zu dürfen. Einen Standpunkt zu haben, ist für Eltern wichtig. Denn durch elterliche Klarheit (und die Klarheit aller, die erziehen) erlebt ein Kind, dass die Welt Gesetzmäßigkeiten und Grenzen hat, und auch, dass man Enttäuschung bewältigen kann. Regeln sind wie Verkehrszeichen dazu da, dass der »Verkehr« des gemeinsamen Alltags ruhig läuft. Jeder weiß, wann welcher Weg genommen wird. Hätten wir beim Autofahren keine Regeln und stattdessen an jeder Kreuzung Diskussionen, wäre ein Vorankommen unmöglich. Grenzen, Enttäuschung und Warten zuzulassen, auch Vorfreude zu erleben, stärkt Kinder nachweislich langfristig.[62]

Kinder bringen jedoch diese unglaubliche Power mit, die Welt neu zu sehen. Offensichtlich kommen sie mit der Energie auf die Welt, Bisheriges in Frage zu stellen. Später in der Pubertät kommt diese Kraft ein weiteres Mal sehr stark zum Vorschein. Ganz besonders, wenn Vorschläge eines Kindes uns nichts Kompliziertes abverlangen, sondern gerade mal Alltägliches auf den Kopf stellen, liegt es nahe, sie einzubeziehen. Wir halten uns jung (durch neue Nervenbahnen in unseren Köpfen[63]), und Kinder werden nicht blind gehorsam, sondern stärken die Fähigkeit, eigenständig zu denken und auch später mit Mut für Ungewöhnliches einzutreten, auch dann noch, wenn es mal unbequem wird.

Erinnern Sie sich? In der Schule mochten und respektierten wir die Lehrer/-innen am meisten, die Persönlichkeit und Standpunkte hatten, dabei aber nicht nur autoritär, sondern dialogfähig waren.

Neue Perspektiven tun auch Erwachsenen gut

NOCH EIN ZUSÄTZLICHER HINWEIS aus der Arbeit all derer, die mit der Volkskrankheit Depression[64] zu tun haben: Wenn es uns nicht gut geht, dann hilft es nachweislich, es den Kindern gleich zu tun, also neue Perspektiven einzunehmen und immer wieder bisherige Bahnen zu verlassen. Mit »Vanilleeis und Currywurst« machen wir das, was neurologisch in unserem Kopf neue Nervenbahnen entstehen lässt: nämlich Genuss leben, der eigenen Wahrnehmung trauen, Neues ausprobieren.

Weltweit wird Pippi Langstrumpf geliebt, weil sie das ständig tut. Genau das hilft auch Erwachsenen aus Trott und Trostlosigkeit. Nein, Sie müssen kein Pferd auf Ihren Balkon stellen und kein Äffchen in Ihren Haushalt aufnehmen. Aber geben Sie dem nach, was Ihre Freude nährt und Ihre Tage durcheinanderwirbelt – besonders, wenn Sie mutlos sind. Falls Sie, statt bei Pippi nachzulesen (was übrigens ziemlich viel Spaß machen kann), eine »erwachsenere« Anleitung suchen, dann werden sehr ähnliche Wege gegen Mutlosigkeit in entsprechenden Ratgebern für Erwachsene vertreten. Zum Beispiel in *Eine Reise von tausend Meilen beginnt mit dem ersten Schritt*[65] wird genau diese Haltung vorgeschlagen: neue Erfahrungen zuzulassen, indem man Bisheriges anders macht oder neue Sichtweisen durch kleine Veränderungen im Hier und Jetzt ausdrücklich bei kleinen Alltagsdingen zulässt.

UNSER KLEINKIND WILL NICHT IN DIE KITA – SOLLEN WIR JEDEN TAG DARAUF BESTEHEN?

Unser Kleinkind (zwanzig Monate) schreit und macht Theater, wenn es in die KiTa soll. Sollen wir nachgeben oder doch auf dem täglichen Besuch bestehen, damit das Kind lernt, durch Regelmäßigkeit seinen Alltag zu akzeptieren, wie er ist? Regelmäßigkeit sei wichtig, wurde uns gesagt, und besser sei, nicht nachzugeben, sondern zu üben, das Kind also weiterhin in die KiTa zu bringen.

BEVOR ES FÜR DIESE FRAGE eine angemessene Antwort geben kann, ist es gut, sich die verschiedenen Ebenen zu verdeutlichen, die dabei von Bedeutung sind. Mit diesen Ebenen lotse ich Sie über nicht ganz einfaches Gelände, denn es holpert zu diesen Fragen derzeit in verschiedener Hinsicht: Es stürmt aus der Richtung der Frauenfragen und Emanzipation, es regnet bei Fragen von Teilzeitarbeit für Eltern und es scheint nicht ausschließlich die Sonne, wenn wir alles aus Sicht kleiner Kinder anschauen. Wir brauchen also eine gute Ausrüstung, um angemessen durchzukommen, und für differenzierte Erklärungen, die Ihnen helfen, braucht es eine etwas längere Antwort, weil wir auf das Gebiet aus Sicht der Eltern, des Kindes, der Erzieher/-innen und nicht zuletzt aus Sicht langfristiger Verläufe menschlicher Entwicklung schauen müssen. Da Menschen und ihre Entwicklungen sehr komplex sind, erwähne ich alle »Wenn … dann …«-Verbindungen mit großer Vorsicht.

Die Sicht der Eltern

SIE ALS ELTERN erleben bei dieser Frage entscheidend, dass in unserer modernen Lebensweise von Eltern derzeit vieles gleichzeitig verlangt wird. Die aktuelle Politik setzt, anstatt längere Familienpausen zu ermöglichen und junge Eltern dann auch wirklich finanziell zu entlasten, die Anreize eher so, dass durch Elterngeld-Regelungen alle erwerbsfähigen Erwachsenen nach Geburten ohne größere Unterbrechung weiterarbeiten sollten. (Wobei sich kleine Änderungen ankündigen: Die derzeitige Familienministerin tritt aktuell dafür ein, dass Eltern weniger arbeiten und das Thema »Lebens-Arbeitszeit-Konten« gesellschaftlich mehr in den Fokus genommen wird.[66])

Erwachsene – Eltern wie Fachleute –, die täglich kleine Kinder versorgen, erleben, dass zügiges Weiterarbeiten in der Praxis des Alltags mit kleinen Kindern sehr anstrengend ist. Viele Erwachsene[67] schlagen vor, mehr Zeit zu lassen, das hohe Tempo zu reduzieren, die Sorge für Kinder und Existenzielles, für Jetzt und Später mit jüngeren Kindern zu entzerren. Das große Dilemma der Gleichzeitigkeit nenne ich zuerst, denn mir ist bewusst, dass die finanziellen Zwänge junger Familien, die Not des Vorankommens im Beruf und die Sorge für kleine Kinder alle parallel existieren.

Da öffentlich fast nur über die Vereinbarkeit all dieser Dinge gesprochen wird und man überall froh ist, ausreichend Betreuungsplätze anbieten zu können, gerät uns Erwachsenen die Perspektive kleiner Kinder manchmal etwas aus dem Blick.

Die Sicht des Kindes

MAN BRAUCHT ETWAS MUT, aus dieser Perspektive zu fragen, weil schnell geäußert wird, man wolle die Bedürfnisse kleiner Kinder ausschließlich zu einem Thema von Müttern machen. Das ist nicht gemeint. Vielmehr ist es eine Frage, die Eltern und Gesellschaft angeht, ob wir Raum für »Mütterlichkeit« geben (beide Geschlechter können Kinder bemuttern) und dabei anerkennen, dass kleine Kinder noch nicht funktionieren können wie Große, sie uns vielmehr Schwächen und auch Wünsche nach Nähe zeigen, die uns alle sensibler, auf gute Art feinfühliger machen könnten. Sie als Eltern haben in den ersten ein bis eineinhalb Jahren mit Kind erlebt, wie häufig Sie für Ihr Kind noch Hauptansprechperson waren und dass Ihr Kind bei vielem länger brauchte, als Sie vor der Geburt dachten und bei allen Überlegungen eingeplant hatten. Ihr Kind sucht doch noch häufig Ihren Schoß, auch wenn zur Zeit überall von der Erziehung der Kinder zu früher Selbstständigkeit gesprochen wird. Wenn Kinder »Theater machen« oder schreien, geht es uns unter die Haut. Als Eltern fragen Sie sich: »Was ist los mit meinem Kind, wenn es weint?«

Aus Sicht kindlicher Entwicklung stellen sich folgende Fragen: Hat ein Kind, wenn es von den Eltern nicht weg will, psychisch schon genug Kraft? Fühlt es sich stark genug, um Gefühle von Geborgenheit und Zuneigung weiter in sich halten zu können, auch wenn Eltern nicht anwesend, nicht spürbar schnell erreichbar sind? Kann es dort, wo es bleiben soll, Nähe so bekommen und auch zulassen, dass es sich als kleines Kind gerne dort aufhält, sich beheimatet, getröstet, »bemuttert« fühlt? Ist das Kind außerdem im Spiel und bei anderen Tätigkeiten so fasziniert, dass es sich bei den neuen Menschen gerne für mehrere Stunden darauf einlässt?

Für kleine Kinder geht es bei allen Alltagsregelungen nicht um Betreuung, sondern um Beziehung samt zugehöriger Freude. Nur mit beidem finden sie in ihre Begeisterung am Entdecken. Man hat bei schreienden kleinen Kindern in den vergangenen Jahrzehnten oft gesagt, das habe keine so ernste Bedeutung, kleine Kinder würden einfach schreien. (Bis vor dreißig, vierzig Jahren wurde das auch gesagt, wenn Babys nachts schrien und man sie schreien lassen sollte oder wenn Babys und Kleinkinder ohne Beistand im Krankenhaus bleiben sollten und schrieen usw.). Kleinkinder machen aber nicht »Theater«, sondern reagieren in ihrem Gefühlsleben meist logisch. Im Lauf der vergangenen Jahrzehnte haben die Erkenntnisse zu kindlicher Entwicklung gezeigt, dass wir richtig wahrnehmen, wenn wir kindliches Weinen nicht übergehen.

Kinder vergewissern sich der Nähe ihrer Eltern

FOLGENDE ENTWICKLUNGSSCHRITTE und damit einhergehende Gefühle kleiner Kinder erleben Sie zur Zeit als Eltern mit: Beim Krabbeln- und Laufenlernen bewegen sich Kinder in kleinen Distanzen mit kleinen Schritten von ihren Eltern weg, sichern sich aber immer ab, indem sie zwar begeistert losgehen, aber ebenso begeistert schnell dorthin zurückkommen, wo ihre Eltern sind. Auf diese Weise üben Kleinkinder, körperlich und psychisch, ihr Weggehen und Wiederkommen. Es ist daher nicht ungewöhnlich, dass Kinder, wenn sie das Weggehen durch eigenes Laufen lernen, noch schnell ihre Eltern wiedersehen wollen. Nach dem großen Wagnis, auf eigenen Beinen wegzugehen, wollen sie ihre Hauptbindungspersonen schnell und spürbar wiederfinden. Die dauernde Übung, das Hin und Her von Verschwinden und Wiederkommen, gibt Kindern in kleinen, schnellen, häufigen Zeiteinheiten psychisch die schnell erfahrbare, innere Gewissheit, dass Weggehen nicht bedeutet, sich gegenseitig zu verlieren. Viele Kinder möchten das längere Zeit üben, so lange, bis sie sicher wissen und verinnerlicht haben: »Alle bleiben am Leben, auch wenn man sich nicht gleich wiedersieht.«

Kinder, die sich beim Weggehen der Eltern wehren, drücken in diesem Alter in aller Regel aus, dass sie in der inneren Gewissheit noch nicht gefestigt sind. Im Alter von zwölf bis 24 Monaten oder auch noch länger ist das keinesfalls ungewöhnlich. Zu Hause erlebt man dieses Verhalten als Eltern genauso: Kleinkinder rufen und laufen einem ständig hinterher, sobald ihre Eltern nicht spürbar erreichbar sind. Es ist die Erkenntnis von den damit verbundenen psychischen Prozessen, warum man bei kleinen Kindern für langsames, allmähliches und nicht zu frühes Abnabeln von den Hauptbezugspersonen rät. Das betraf bisher vor allem die Mütter, heute sind die Väter von Anfang an spürbar anwesender, sind ebenfalls stark mit ihren Kindern in Beziehung, was gut ist, weil Eltern dann zu zweit, als Paar, diesen Fragen nachgehen und mehr gemeinsam nach ihren passenden Lösungen suchen können.

Lassen Sie sich Zeit!

WENN SIE MIT KLEINEM KIND nicht existenziell genötigt sind, sofort beide viele Wochenstunden zu arbeiten, dann ersparen Sie sich frühe Anstrengung und Stress. Auf diese Weise orientieren Sie sich weiterhin an den Erkenntnissen zur psychischen Entwicklung kleiner Kinder. Es ist nicht übertrieben, sich mit Kindern beim Üben von Weggehen und Wiederfinden Zeit zu lassen und dafür zu sorgen, dass einer von Ihnen (oder Sie beide im Wechsel) sich für das Üben Ihres Kindes Zeit nimmt und entsprechend länger oder öfter zu Hause bleibt.

Viele Kinder gehen, wenn sie das Weggehen und Wiederfinden mit den Eltern ausreichend geübt haben, schließlich ohne Abschiedsweinen eine gewisse Zeit am Tag zu Tageseltern oder in die KiTa. Manche tun es früh, ohne Ängste, andere brauchen mehr Zeit. Die einen zeigen innere Sicherheit gegen Ende des zweiten Lebensjahres, manche erst im dritten Lebensjahr. Die Bandbreite der Unterschiede bei Kindern ist groß. Für viele Kinder kann man sagen, dass sie ab zwei, eher ab zweieinhalb Jahren relativ entspannt unter Kindern sind und sich darauf ohne Abschiedsweinen einlassen.

Es gibt allerdings Kinder, die weiterhin bevorzugt bei ihren Eltern bleiben möchten, und das muss keinesfalls eine Auffälligkeit beim Kind bedeuten. Nicht alle Kinder sind gerne in größeren Gruppen oder über längere Zeit am Tag im Gewusel und Lärm mit anderen Kindern. Auch da gibt es große Unterschiede: Manche Menschen bevorzugen eher mehr Ruhe, andere mehr Trubel im Leben. Es kommt außerdem darauf an, wie stark Kinder ihre Gefühle der Verbundenheit spüren und brauchen. Manche flitzen schnell los, andere tasten eher.

Die Eltern bleiben die Nummer 1!

FÜR KLEINKINDER IST ES HILFREICH, nicht zu lange, also nicht zu viele Stunden am Tag in Betreuung zu sein. Wenn man jemanden sehr liebt, hat man Sehnsucht. Eltern als die Haupt-Bindungspersonen haben das Privileg, von ihren Kindern herausragend und an erster Stelle geliebt zu werden. Sie sind sozusagen die »Könige« unter allen Bezugspersonen eines Kindes.[68] Man kann es sich als Erwachsener so vorstellen: Wenn man verliebt ist, hält man die Zeit ohne den anderen kaum aus, weil man sich so nach ihm sehnt. Kleine Menschen haben große Gefühle und entsprechend auch viel Sehnsucht.

Suchen Sie nach Wegen, die für Eltern und Kind gleichermaßen gut sind

DENKEN SIE DARAN: Je kleiner Kinder sind, umso mehr fordern sie uns heraus, uns auf Gefühle einzulassen, was uns selbst guttut. Wenn Ihr Gefühl Ihnen nahelegt, sich auf die Sehnsucht Ihres Kindes einzulassen, folgen Sie Ihrem Gefühl. Manchmal braucht man dafür etwas Mut, weil unsere Umgebung zur Zeit Eltern in solchen Fällen schnell als zu sensibel einstuft oder als zu langsam oder zu rücksichtsvoll. Aber im eigenen Handeln der Sehnsucht des Kleinkindes zu entsprechen, ist ganz in Ordnung, es ist nicht übertrieben oder zu anhänglich, sondern kommt den emotionalen Bedürfnissen von kleinen Kinder entgegen. In den ersten drei Jahren entsteht das psychische Fundament seelischer Stabilität, und Eltern reagieren, wenn sie gar nicht oder nicht zu lange von ihrem kleinen Kind weg sein wollen, intuitiv auf diese Tatsache.

Falls Sie als Eltern beide früh, also nach den zwölf oder 14 Monaten der klassischen Elternzeit, entschieden haben, Ihr Kind in Betreuung zu geben, oder einfach keine Wahl hatten, Ihr Kind aber weint, Ihnen das nahegeht und Sie merken, dass Sie doch gerne langsamer machen möchten, dann suchen Sie nach Kompromissen. Werben Sie zum Beispiel in der KiTa, in die Sie Ihr Kind bringen werden (oder bei der Tagesmutter, bei der Ihr Kind sein wird), dafür, dass Sie noch während Ihrer Elternzeit, also vor dem Beginn der Betreuung ohne Sie, auf alle Fälle mehr als zwei bis vier Wochen regelmäßig und gemeinsam mit Ihrem Kind kommen und bleiben können. Eine zweite Möglichkeit wäre, sich vielleicht eher Tageseltern zu suchen oder in KiTas danach zu fragen, ob Ihr Kind für lange Zeit eine feste Bezugsperson haben kann, die verlässlich da ist und nicht zu viele kleine Kinder auf einmal versorgen muss.

Die Sicht der Einrichtung

WIR SPRECHEN DERZEIT ÜBERALL von ausreichendem Angebot an Betreuungsplätzen. Erzieher/-innen sind Mangelware, sie bekommen überall Stellenangebote und sind außerdem Arbeitnehmer/-innen mit allen Rechten, die ihnen zustehen. Die frühe Berufstätigkeit beider Eltern bringt mit sich, dass Erzieher/-innen in Einrichtungen ein kleines Kind nach dem anderen auf den Schoß bekommen. Zur Zeit gewöhnen viele Erzieher/-innen etwa alle vier Wochen ein neues Kind ein, haben also in kurzen Abständen mehrere kleine Kinder in ihrer Obhut, die als Kleinkinder auf Versorgung angewiesen sind.

In manchen Einrichtungen wird Erzieher/-innen (aus der Planungsnot heraus) dazu geraten, keine zu nahen Bindungen zu einzelnen Kindern einzugehen, damit sie sich nicht zu sehr auf einzelne Betreuungspersonen fixieren, weil diese aufgrund von Urlaub, Krankheit und Stellenwechsel austauschbar bleiben müssten. Man kann diese Logik aus Sicht der Leitung verstehen, sie bringt aber mit sich, dass kleine Kinder in ihrer neuen Betreuungssituation eine Bezugsperson bekommen, die nicht real erreichbar und verlässlich da ist. Für das kleine Kind, das in neuer Umgebung mit neuen Menschen auf Beziehung und Sicherheit angewiesen ist, ist dies eine ernste Lage. Kinder in ihrer Langsamkeit tasten sich an Nähe behutsam heran, müssen dabei wenig vertraute Personen erleben, sollten sie außerdem (ebenfalls wichtig) auch noch mögen, denn von ihnen müssen sie sich nah versorgen lassen. Konstante Nähe und Zuneigung sind *die* Motivationen für ein Kind, wenn es woanders als bei den Eltern bleiben soll. Die Psyche kleiner Kinder braucht Verbundenheit, die Arbeitspläne angestellter Erwachsener sind jedoch eng getaktet, das ist also ein Dilemma.

Folgen Sie Ihrem Gefühl!

IN BEZUG AUF DIE EINGANGSFRAGE gehen Sie am besten Ihrem Gefühl nach: Fühlt sich Ihr Kind in seiner Betreuungssituation ausreichend konstant und warmherzig bei jemandem versorgt? Mit dem oben genannten Vorschlag, nach einer langen Eingewöhnungszeit für kleine Kinder zu fragen, nehme ich die langfristige, menschliche Entwicklung in den Blick, die für mich bei der beratend-therapeutischen Arbeit mit Erwachsenen bei Schwierigkeiten und Lebenskrisen deutlich erlebbar wird. Über viele Wochen den Ort und die Menschen, bei denen man als kleines Kind längere Zeit bleiben soll, zunächst im Beisein der Eltern zu erleben, erhöht die Wahrscheinlichkeit, dass ein Kind sich an diesem Ort angemessen beheimatet fühlt. Es kann dann immer noch sein, dass der morgendliche Abschied Ihrem Kleinkind wehtut, aber nachdem er stattgefunden hat, fühlt Ihr Kind sich nach langer Eingewöhnung dort vertrauter. Vertrautheit ermöglicht es dem Kind, alle Gefühle zu spüren und sich den Anwesenden auch mit schwierigen Gefühlen zu zeigen.

Gefühle wahrzunehmen und zu zeigen, ist wichtig

WENN WIR MÖCHTEN, dass Kinder sich spüren und ihr Leben lang gute, aber auch kompliziertere Gefühle wahrnehmen, ist es gut, wenn Kinder sich trauen, auch schwierigere Gefühle zu zeigen und sich ihrem Gegenüber zu überlassen. Es ist besser, wenn kleine Menschen sich nicht zu früh an das Wegstecken von Gefühlen gewöhnen. Es *kann* Auswirkungen haben, auch wenn es sie nicht immer hat. Da die menschliche Entwicklung komplex ist, stellen sich Auswirkungen nicht in jedem Fall wie Automatismen ein. Aber da es um die frühe, »zarte« Zeit menschlicher Entwicklung geht, ist es im Zweifelsfall gut, auf Signale von kindlicher Sensibilität und Zartheit zu hören. Es geht nicht darum, zu verzärteln, sondern darum, Fundamente menschlicher Psyche ausreichend gut zu stabilisieren.

Da wir alle für ein gutes Zusammenleben untereinander auf Feinfühligkeit angewiesen sind, bleibt es ratsam, Kindern das Wahrnehmen von Gefühlen aller Schattierungen zu erhalten. Wir alle kennen Momente, in denen wir sagen:»Ich hätte auf mein Gefühl hören sollen.« Das ist ein Grund, Kindern sämtliche Gefühle zuzugestehen, denn es stärkt sie ihr Leben lang in ihrer Wahrnehmung. Außerdem wollen wir alle, dass Kinder sich melden, wenn sie Schwieriges erleben. Sie sollen es nicht im Stillen ertragen. Und sie sollen im Laufe der Zeit anderen gegenüber empathisch werden (siehe die Fragen zu kindlichen Aggressionen). Für all diese Fähigkeiten von Kindern ist hilfreich, wenn sie sich als von uns gehört und beantwortet erleben, auch mit für uns weniger passenden Gefühlen.

Wenn Menschen früh das Funktionieren üben, erhöht sich das Risiko, dass sie Wichtiges jetzt und in Zukunft nicht genau wahrnehmen oder nicht bewusst an sich heranlassen. Es fehlt ihnen an Übung, auch dann zu schwierigeren Wahrnehmungen zu stehen, wenn solche dem Gegenüber nicht recht sind.

Körper und Seele können langfristig reagieren

EINE WEITERE MÖGLICHE REAKTION KINDLICHER PSYCHE kann sein, dass Kinder Gefühle der Trauer und Schwäche in verstärkter»Flucht nach vorne« ausdrücken, was ein aggressives, freches Verhalten mitverursachen kann. Zu viel und zu frühe Flucht nach vorne ist jetzt aufreibend, und es kann langfristig bedeuten, dass das Kind in der Zukunft jegliche Schwäche vermeiden wird. Es stellt sich unter Umständen größer und omnipotenter dar, als es ist. Wenn sich etwas schwierig anfühlt, etwas einen schwach oder ohnmächtig macht, kann das dazu führen, dass man großspurig wird und die gespürte eigene Schwäche übergeht, indem man unwillkürlich dafür sorgt, stärker und größer zu erscheinen, als es der eigenen inneren Realität entspricht. Da das langfristig anstrengend und im extremen Fall auch für die Menschen in der Umgebung einer Person schwierig bis gefährlich wird (falls es beim Betroffenen zum verfestigten Charakterzug geworden ist), sollten Kinder es sich nicht angewöhnen. Stattdessen sollten sie sich mit ihrem Erleben, in ihrer wirklichen Größe, mit ihrer Anhänglichkeit und ihrem Bedürfnis nach Geborgenheit zeigen können.

Wenn man Gefühle herunterschluckt, kann das auch dazu führen, dass sie sich in Körpersignalen und -symptomen festsetzen. Ihr früher Auslöser verschwimmt im Laufe des Aufwachsens, die störenden Symptome aber bleiben und sind therapeutisch nicht immer leicht zu behandeln. Die Art, wie gut, tief oder eher nur leicht man sich ins Schlafen fallen lassen kann, kann ein Körpersymptom sein. Manchmal zeigt sich in Ausscheidungsproblemen, dass die Regulierung von Anspannung und Entspannung nicht gut gelingt.

Diese möglichen Auswirkungen nenne ich hier exemplarisch, um für uns Erwachsene gute Gründe aufzuzeigen, warum wir die Langsamkeit menschlichen Aufwachsens ruhig ernst nehmen dürfen und kleine Kinder sich uns getrost weiterhin zeigen sollen, wie sie sind. Wir Erwachsenen können Kindern ihre Langsamkeit zugestehen, auch wenn das für uns alle unter Umständen bisherige Regelungen in Frage stellt. Gefühle kleiner Menschen in den Vordergrund zu stellen und weniger nüchtern argumentierend darauf zu reagieren, ist für uns alle eine Hilfe. Es fordert uns dazu auf, über das Thema »Schwäche« immer wieder nachzudenken, um neue, sanftere Wege im Umgang damit zu suchen.

Frühe feinfühlige Erfahrungen bestärken unsere innere Unabhängigkeit

WENN WIR GEFÜHLE VON KLEIN AUF ZULASSEN, haben wir als Erwachsene später eine größere Chance, Gefühle jeglicher Art bewusster wahrzunehmen und uns bewusster und unabhängiger eigene Gedanken zu dem zu machen, was wir als angenehm oder unangenehm empfinden. Wir sind dann geübter und sicherer darin, der eigenen Wahrnehmung und den eigenen Gedanken zu trauen, egal, was andere sagen oder wie die Mehrheit denkt. Frühe feinfühlige Erfahrungen bestärken unsere innere Unabhängigkeit. Im Kleinkindalter können Gefühle noch nicht mit Gedanken bewusst durchgearbeitet werden. Für kleine Kinder sind Gefühle und Sehnsüchte einfach nur da.

Eines bleibt: Menschen sind verschieden. Die beschriebenen Reaktionen auf frühe Herausforderungen stellen sich nicht gesetzmäßig ein. Und selbstverständlich werden die angeführten möglichen Schwierigkeiten nicht ausschließlich durch frühes Abnabeln verursacht. Auch andere Erfahrungen können Kinder dazu bringen, ihre Gefühle nicht zu spüren oder nicht zu zeigen.

Mehr feinfühlig-empathische Menschen aufwachsen zu sehen, wäre für unser zukünftiges Zusammenleben gut – Menschen, die im Leben Sperriges nuanciert wahrnehmen und auszusprechen wagen sowie es gleichzeitig im menschlichen Zusammenleben nach außen nicht nötig haben, sich mächtiger darzustellen, als sie sind. Wer sich selbst realistisch wahrnimmt, nimmt seine Umwelt realistischer wahr und ist weniger gefährdet, Personen, die nach außen Stärke demonstrieren, zu bewundern, zu unterstützen und ihrem Gehabe zu folgen. Menschen, die Schwächen bewusst kennen und sie nicht abtun müssen, haben eine größere Chance, Probleme real wahrzunehmen, an sich heranzulassen und für realistische Lösungen einzutreten.

Treten Sie für kindgerechtere Rahmenbedingungen ein

WENN DIE SITUATION IHRES KINDES Sie beschäftigt, haben Sie Mut und übernehmen Sie nicht einfach bestehende Tabus. Folgen Sie Ihrem Gespür, und lassen Sie die Überlegung zu, ob Sie mehr Zeit für ein Kind/mehrere Kinder einrichten können. Es ist nicht übertrieben und nicht altmodisch, diesen Fragen als Eltern nachzugehen.

Soll ein Kind im Moment in der KiTa oder einer anderen Betreuung bleiben obwohl es nicht will, hilft auch ein zügiges Abholen. Auch dafür muss man immer wieder eintreten, denn manche Einrichtungen für Kleinkinder haben ziemlich unflexible Rahmenbedingungen und lassen früheres Abholen nicht zu. Das liegt manchmal an Regelungen, die Einrichtungen für sich selbst festgelegt haben, hat aber auch mit der Bezuschussung von Betreuungsplätzen zu tun, die verlangt, dass die Kinder eine fest nachzuweisende Anzahl von Stunden in der Betreuung sein *müssen,* damit öffentliche Gelder in Anspruch genommen werden können.

Wir Erwachsenen – Pädagogen, Eltern und auch die Entscheidungsträger in puncto Geld – sollten uns jedoch mehr nach den Gefühlen und dem Erleben kleiner Kinder als nach äußeren Regularien richten. Wenn Kinder größer sind (ab drei oder besser noch vier Jahren), kann man manche äußeren Rahmenbedingungen eher einhalten, können Vorgaben leichter respektiert werden als bei noch kleinen Kindern. Bei Kindern zwischen ein und drei Jahren sollte ihr Wiedersehen mit den versorgenden Eltern Vorrang haben. Denn die Eltern sind, wie bereits mehrmals betont, die wichtigen Hauptbindungspersonen in den psychischen Prozessen eines Kindes. Verlassen Sie sich auch hier im Zweifelsfall auf Ihr Gefühl. Sprechen Sie es an und aus, wenn Sie sich mit Regularien und Rahmenbedingungen einer Einrichtung eher unbeantwortet fühlen. Falls Sie mit Fachpersonal von Betreuungseinrichtungen unterschiedlicher Meinung sein sollten, wie Bringen, Abgeben, Abholen und Anwesenheit Ihres Kindes aussehen sollen, kann es hilfreich sein, sich bei jemandem fachlichen Rat zu holen. Suchen Sie sich am besten eine Person, die sich mit psychischer Entwicklung in ihren verschiedenen Ebenen auskennt und mit Ihnen überlegt, wie Lösungen gestaltet werden können, so dass alle Beteiligten sich respektiert fühlen und dabei die Gefühle eines kleinen Kindes nicht überhört werden.

Sollten dennoch alle Gespräche nicht zur Einigung führen, stellt sich zuerst die Frage, ob es möglich ist, als Eltern selbst sein Kind zu versorgen. Oder haben Sie durch die Babyzeit Freunde gefunden, mit denen Ihr Kind gut vertraut ist und Sie sich abwechseln könnten? Einrichtungen zu schnell zu wechseln, weil man uneins ist, würde auch einen Wechsel der Bezugsperson bedeuten, was für Kleinkinder immer gut überlegt sein will. Erst wenn es nicht besser wird und es keine anderen Lösungen gibt, machen Sie sich möglichst auf die Suche nach gutem Ersatz. Denn mit einem notwendigen »zweiten Zuhause« sollten sich Kind, Eltern und Erzieher/-innen jeweils wohl und seelisch im Lot fühlen.

Gute Gefühle statt Förderprogramme

HIER SIND EINIGE KRITERIEN, die Ihnen bei der Suche nach einem guten Ort für Ihr Kind Sicherheit geben: dass Erzieher/-innen oder Tageseltern darauf aus sind, mit den Kindern emotional herzliche, gute Beziehungen zu leben; dass sie bei alltäglichen Dingen Begeisterung zeigen; dass Kinder und Erwachsene sich mögen und schöne Tage bei Spiel und Entdeckungen verbringen.

Für die Entwicklung des kindlichen Gehirns sind nicht Förderprogramme bedeutend, sondern gute, intensive Gefühle. Das bedeutet, Atmosphäre und Gemütlichkeit zu pflegen, beides intensiv aufzunehmen (zum Beispiel die Jahreszeiten über Gerüche, beim Backen und Kochen, durch Säen und Ernten zu spüren), in der Umgebung vielem nachzugehen, was Kinder fasziniert (im Frühling an den ersten Spitzen der Gräser und Blumen zu sehen, wie sie »aufwachen«, oder Ameisen dabei zu beobachten, wie sie ihren Haufen bauen, im Garten am Vogelhaus die Vögel zu beobachten, zu schauen, welche von ihrer Afrika-Reise schon zurück sind, und zu hören, ob sie schon singen usw.), das, was einen innerlich bewegt und beschäftigt, ausdrücken und intensiv erspielen zu dürfen (zum Beispiel Tiere, Puppen, Pflanzen und anderes, was »lebt«, mit Warmherzigkeit täglich zu versorgen). Das alles macht Kinder intelligent. Keine Angst – voller Gefühl in der Welt zu sein, ist *die* Notwendigkeit bzw. *das* Privileg von Kindheit. Denn zuallererst durch emotional freundliche Beziehungen wird das menschliche Gehirn zentral versorgt. Es baut alles auf, was ein Kind jetzt und später braucht. Freundliche, liebevolle Erfahrungen, Faszination und Spiel fördern ein Kind also optimal.

Bleiben Sie also ganz entspannt und gelassen in Sachen Förderung und machen Sie den Stress, der zur Zeit an vielen Orten einzieht, für sich und Ihr Kind nicht mit. Wenn Sie Ihr Kind aus

der KiTa abholen, fragen Sie die Erzieher/-innen also nicht mehr:
»Und, was wurde heute gemacht?«, sondern fragen Sie lieber
Erwachsene und Kinder:»War's schön?«

Gesucht: Tagesbetreuung, die sich an kindlichen Bedürfnissen orientiert

NOCH ETWAS WÄRE WICHTIG für gute Gefühle und mehr Freude von
Kindern in Betreuungseinrichtungen: Zur Zeit machen Kinder in
der Tagesbetreuung nach dem dritten Geburtstag auch innerhalb
eines Hauses in psychischer Hinsicht einen großen Wechsel mit.
Sie kommen in eine andere »Abteilung«, in die Gruppe der Älteren, und das bedeutet für den Alltag eines noch kleinen Kindes
meistens eine Trennung von bisher alltäglichen Beziehungen und
vertrauter Umgebung. Das ist nicht für alle leicht und einfach zu
bewältigen.

Warum machen wir das nicht ganz anders und gehen von
zentralen kindlichen Bedürfnissen aus? Für Kinder leichter und
außerdem schöner ist es, wenn sie zu einer Gruppe gehören,
in für sie gewohnter Umgebung bei den vertrauten Menschen
bleiben dürfen und jeweils die »neuen Kleinen« willkommen
heißen können. So wird eine Gruppe in der Einrichtung wie eine
erweiterte Familie erlebt, in der ein Kind beheimatet ist, größer
wird, emotional und räumlich aber immer weiter seine vertrauten
Menschen und seinen gewohnten Platz hat. Das käme den emotionalen Bedürfnissen und der Ruhe eines Kindes entscheidend
entgegen.

Diese Frage stellt sich erst recht, wenn man beobachtet, wie
sehr mit zunehmender Empathie größer werdende Kinder Freude
daran haben, kleinere Kinder um sich zu haben, sie zu erleben und

sie mit zu versorgen. Haben Sie mal genau beobachtet, wie schon die Zwei- bis Dreijährigen strahlen, wenn Kleinere, Hilfsbedürftigere um sie herum sind? Wie bei jüngeren Geschwistern wären die etwas älteren Kinder in der KiTa über die Kleineren begeistert (auch bei vorübergehender Eifersucht gilt: Kinder sind letztlich immer deutlich mehr begeistert als eifersüchtig, wenn Kleinere auftauchen). Sie würden elementare Lernprozesse für ihr ganzes Leben machen, sich als »schon groß« erleben und auf gute Weise stolz sein, weil sie sich bereits sicher fühlen, sich auskennen und den Kleinen behilflich sein dürfen. Die derzeit überall hervorgehobene Achtsamkeit und Feinfühligkeit würde täglich einfach gelebt – wenn Kinder es nur dürften.

Solche Kinder müssten (nach meiner Erfahrung) später, wenn sie erwachsen sind und Eltern werden, keine »Wie verstehe und pflege ich mein kleines Kind?«-Kurse machen, wie wir sie heute mangels Erfahrung vielen werdenden Eltern anbieten müssen. Denn bei allem, was »unter die Haut geht« (kleine Kinder gehen auch größeren Kindern unter die Haut) lernen Kinder bleibend. Kleine Kinder verstehen und pflegen, das können auf diese Weise aufgewachsene Menschen später, weil sie es erfahren, geübt und »ganz echt« erlebt haben.

Zusätzlich würde die liebevolle, tägliche Versorgung von Puppen und Kuscheltieren im Spiel unter Kindern durch eine solche tägliche »ernsthafte« Erfahrung beflügelt und genährt. Zum Beispiel könnte man neben den Wickelplätzen für die Kleinen Wickelplätze für Puppen (oder auch Teddys) einrichten. Dieser Vorschlag ist ernst gemeint und wäre meiner Erfahrung nach eine echte Bereicherung: Die etwas älteren Kinder wären ganz sicher mit Begeisterung, spielerisch und immer wieder mit großer Gewissenhaftigkeit mit ihren Puppen (oder auch Teddys) bei allem dabei.[69]

Wenn Sie übrigens je etwas neidisch werden sollten, weil die Betreuerinnen und Betreuer sich schöne Tage mit den Kindern machen: Vielleicht haben Sie Lust, beim nächsten Ausflug dabei zu sein, bei Feuermachen und Stockbrotbacken mitzuhelfen? Oder der Elternteil zu sein, der für Unterstützung beim Drachenbauen oder Plätzchenbacken noch dringend gesucht wird? Oder mit der Gruppe Ihres Kindes einmal einen Ausflug zu Ihrem Arbeitsplatz zu machen, damit die Kinder einen Eindruck davon bekommen, wo Sie als Papa oder Mama auch noch sind und was Sie eigentlich machen?

Und wenn Sie es dort, wo Ihr Kind täglich Zeit verbringt, immer weiter faszinierend schön finden, vielleicht satteln Sie um und werden Tagesmutter oder -vater? Menschen, die Freude daran haben, bei den Kindern zu sein, werden gerade überall händeringend gesucht!

IST DER MITTAGSSCHLAF FÜR UNSER KIND ÜBERHAUPT NOCH WICHTIG?

Wir möchten auf Mittagsschlaf lieber verzichten, damit unser Kind abends früher und nachts mehr schläft. Die KiTa respektiert unseren Wunsch nicht und lässt unser Kind doch schlafen. Ist Mittagsschlaf überhaupt noch wichtig, sollte er nicht allmählich wirklich aufhören?

VIELE ERWACHSENE MEINEN, es würde dem Nachtschlaf helfen, beim Tagesschlaf eines Kindes zu sparen. Das scheint naheliegend, ist aber ein Irrtum. Wenn wir Menschen tagsüber eher mehr schlafen, schlafen wir nachts besser und tiefer. Sie können das an sich selbst erleben, besonders im Urlaub. So lange wir noch viel im Kopf haben, noch auf Hochtouren aktiv sind, schlafen wir leicht, laufen eher Gefahr, nachts aufzuwachen. Wenn wir entspannen und loslassen, geht das Schlafen erst richtig los – in den Ferien ist man oft schon morgens wieder müde, macht auch ein Mittagsschläf-chen und schläft nachts wieder erholsam, tief und fest. Nächtliches Schlafen wird dadurch gestärkt, dass unser Körper auch tagsüber »übt«, sich erholt, oft genug auf »Standby« schaltet und ruht oder am besten schläft.

Kleinkinder sind erst recht überfordert, wenn sie einen ganzen Tag durchhalten müssen, ohne zu schlafen. Sie laufen dann ständig auf Hochtouren, erholen sich zu wenig, überdrehen in sich und ihrem Körper gewissermaßen und schlafen nachts eher schlechter als besser. Man kann aus diesem Grund nicht dazu raten, kleinen Kindern früh das Schlafen am Tag abzugewöhnen. Es stärkt ihr Schlafenkönnen generell und tagsüber ihr Konzentrations- und Spielvermögen, wenn sie oft genug schlafen. Müdigkeit, die sich bei Kleinkindern durch Unkonzentriertheit, Zappeligkeit, Quen-geln oder Reiben am Kopf zeigt, sollte nicht übergangen werden.

Man kann beobachten, dass in unserer heutigen Art, viel zu machen und sehr aktiv zu sein, viele Kinder schlicht zu wenig schlafen und eine für zu wenig Schlaf typische Blässe im Gesicht haben.

Mit ein bis zwei Jahren sind für die meisten Kinder noch zwei Tagesschläfchen wichtig (Kinder zeigen das durch die beschriebenen Verhaltensweisen). Bis zum Alter von drei, manchmal auch vier Jahren sollten Kinder noch mittags schlafen oder zumindest eindeutig Pause machen und dabei zur Ruhe kommen, also sich etwas hinlegen. Somit wäre es am besten, wenn die Ein- und Eineinhalbjährigen auch in den KiTas noch zweimal am Tag ihrer Müdigkeit nachgeben dürften und schlafen könnten.

Sehr gut und hilfreich für die körperliche und psychische Balance von Kindern ist, dass Kinder in Gruppen in einer Einrichtung alle gemeinsam, quasi ritualisiert einen Mittagschlaf machen, weil solche klaren Rituale vielen Kindern trotz aller Neugierde in den für sie dringend notwendigen Schlaf verhelfen. Das stärkt sie für ihr ruhiges Spielen und eine höhere Konzentration in der zweiten Hälfte ihres Tages.

Wenn Kinder nachts schlecht schlafen, ist in aller Regel weniger der Schlaf am Tag die Ursache. Meistens stellt sich eher die Frage, was ein Kind vermehrt in Anspannung hält, weil es nachts nicht wirklich tief schlafen kann. In aller Regel lässt sich mehr dazu nur im Einzelfall herausfinden.

Uns allen hilft auf jeden Fall in Sachen Schlaf, dass wir uns ausreichend körperlich bewegen und viele Stunden am Tag draußen sind. Das stärkt menschliches Schlafenkönnen generell wesentlich.[70] Und die Siesta zu pflegen, anstatt sie auch in den Ländern des Südens abzuschaffen, wäre vielleicht in ganz Europa schöner. Wie wäre es mit gemütlichen Ruhe-Inseln am Tag, und zwar für alle?

Zum Thema Schlaf von kleinen Kindern sei zum Schluss hier noch auf etwas verwiesen, das viele Kinder daran hindert einzuschlafen: Wenn Sie auf zwei Etagen wohnen und das Kind oben einschlafen soll, Sie sich aber im Wohnbereich unten aufhalten, ist diese Tatsache für viele Kinder eine Überforderung, weil Sie für Ihr Kind räumlich zu weit weg und nicht mehr ausreichend spürbar nah sind. Der Raum im Obergeschoss füllt sich für ein Kind dann so stark mit Einsamkeit und damit verbunden mit Fantasiegestalten (Hexen, Räubern, Gespenstern usw.), die für kleine Kinder innere Bilder für Befürchtungen und Ängste aller Art sind, dass es dies nicht aushält, oft aufsteht, dieses oder jenes von Ihnen noch braucht oder gleich aufs Einschlafen verzichtet.

Magisches Denken

AUCH FÜR KINDER VON VIER BIS SECHS JAHREN und darüber hinaus kann sich eine räumliche Entfernung abends noch so anfühlen. Da hilft alles Schimpfen nicht, mit dem Alleinsein auf einer Etage sind Kinder in aller Regel noch überfordert. Auch alles Ausreden (»Schau, da ist doch niemand ...«, oder: »Es gibt doch gar keine Hexen/Räuber/Gespenster ...«) hilft nicht. Bis zum Alter von etwa sechs Jahren denkt ein Kind noch magisch. Das bedeutet, dass es Fantasie und Realität noch nicht klar voneinander trennt. Mit Eintritt der Schulreife und seiner dann typischen Frage: »Sag jetzt, ehrlich, wie ist das ganz in echt?«, entwickelt ein Kind erst die Fähigkeit, Fantasie und Realität deutlicher auseinanderzuhalten. Sie erkennen diesen Reifeschritt auch daran, dass Ihr Kind plötzlich aufhört, an Sagengestalten wie den Osterhasen oder den Weihnachtsmann zu glauben. Solange das magische Denken im Kind noch aktiv ist – was nicht nur problematisch ist, sondern auch einen inneren Reichtum im Erleben eines Menschen ausmacht –, hilft alles Auf-das-Kind-Einreden oder Schimpfen nicht. Man überfordert die meisten Kinder vor der Schulreife damit. Es hilft nur, dass Sie die Anwesenheit von Geistern und Co. in den Jahren des Kindergartenalters noch akzeptieren und ebenfalls in der oberen Etage bleiben (zum Beispiel bei offener Tür in einem anderen Zimmer, wo Sie irgendetwas tun). Oder Sie kommen ihm ruhig entgegen und richten ihm in der unteren Etage eine Schlafecke ein, die so abgeschirmt ist, dass Ihr Kind nicht alles vom wachen Leben drumherum mitbekommt, es aber doch räumlich so nah miterlebt, dass es sich durch Ihre Anwesenheit und Ihre Alltaggeräusche ausreichend in der Nähe seiner »Herde« geborgen fühlt. Wenn Sie später abends nach oben gehen, tragen Sie Ihr Kind eben mit hoch (wenn ein Kind auf einer Decke einschläft, wird das spätere Hochtragen leichter. Sie fassen die vier Enden der Decke und tragen Ihr Kind in der Decke nach oben, so wird es weniger leicht wach).

Sobald mehrere Kinder in einem Raum schlafen können, kann es sein, dass sich das Problem des Schlafens in der oberen Etage schneller erledigt. Auch mehrere Kinder bilden eine kleine Herde der Geborgenheit und tun sich beim Einschlafen, im selben Zimmer, gegenseitig gut; so zusammen zu sein, macht unter Kindern kleine Albernheiten möglich, und damit werden die Gestalten der Einsamkeit abends vertrieben. Wenn Sie sicher sein wollen, dass ich hier nicht übertreibe, sondern es sich mit magischem, fantasievollem Denken und Erleben wirklich überall auf der Welt so oder ähnlich verhält, dann lesen Sie Astrid Lindgrens *Märchen* sowie ihr *Nein, ich will noch nicht ins Bett!*[71]

KAPITEL 7 | FRAGEN ZU VIER-, FÜNF- UND SECHSJÄHRIGEN KINDERN

SO GEHT ES IHREM KIND IN DIESEN JAHREN

DAS ZENTRALE LEBENSGEFÜHL IN DIESEM ALTER ist, dass Kinder jetzt ihren Körper selbst steuern und in weiten Bereichen selbst versorgen können. Kinder haben nun Sicherheit in ihrer Bewegung und bei ihren Tätigkeiten, lieben ernsthaftes Spielen samt »echten« Unternehmungen. Jetzt haben sie die psychische Reife, um vermehrt kooperativ in Gruppen zu sein, sich durch Aushandeln von Abmachungen und Absprachen mit anderen zu arrangieren und Ausgemachtes einhalten zu lernen. Kinder üben das untereinander, selbstständig und gut.

Gleichzeitig haben Kinder riesige Freude am »Figurieren, Tirritieren und Schabernacken«, um es mit Lillebror und Karlsson auszudrücken. In *Karlsson vom Dach*[72], werden wir Seite um Seite

Zeuge, wie Lillebror (er ist zwar schon sieben, aber im Alter von vier bis sechs Jahren ist es genauso) zögert, ob er Regeln seiner Familie, ganz besonders die seiner (auch typisch für das Alter) sehr geliebten Mama hochhalten soll oder doch besser »schabernacken«, also allem Vergnügen folgen, das die Einfälle von Karlsson bieten. Erst in diesem Alter denkt man als Kind bewusster über moralische Fragen nach: Soll man sich an Mamas und Papas Vorgaben halten? Und als Kind hat man dabei ein ständiges Problem, einen dauernden Konflikt: Wie bringt man die wohlerzogenen mit den spitzbübischen Seiten in sich zusammen?

Karlsson und *Michel*[73] drücken aus, was Kindern jetzt eigen ist: witzige Einfälle; Lust auf Unternehmungen; wie man Erwachsene necken kann, denen man jetzt überlegen ist, weil man als Kind körperlich schneller ist; Sammelleidenschaft (Lillebror ist neidisch und fasziniert, wie unendlich viele Gegenstände an der Zimmerdecke von Karlssons Häuschen oben auf dem Dach hängen), Sachen suchen, finden, sammeln und selber herstellen (Michel schnitzt zum Beispiel Männchen). Ganz typisch für dieses Alter ist, verstehen zu wollen, wie sich alles verhält, die Dinge auch in die eigenen Hände zu nehmen, gleichzeitig weiter begeistert zu spielen und zwischendurch natürlich zu »spintisieren«.

Lernen fürs Leben

BEI ALLEDEM IST WEITERHIN LOGISCH: Man *kann* nicht nur den Vorgaben der Erwachsenen folgen, man *muss* sich auch dem Vergnügen überlassen. Und natürlich mahnen Eltern! Das ist ihre Aufgabe. Aber am besten ist es, trotz allen Mahnens und Erziehens großherzig zu sein, weil Eltern wissen, dass ein Kind ein Kind ist, ganz genau so wie Lillebror oder Michel oder Lisabeth oder Lotta[74].

Mit Lotta erleben wir ein weiteres zentrales Thema dieses Alters: wie sehr ein Kind sich wehrt und den Wunsch verteidigt, ernst genommen zu werden, wenn es von Größeren, Eltern und Geschwistern, weiterhin nur als »kleines Kind« betrachtet wird. Man kann sagen, dass Kinder jetzt stetig eine Art »Vorrat« an Fähigkeiten und Spielvergnügen anlegen, auf den sie ein Leben lang zurückgreifen können, weil ihr Gehirn durch ihr kindliches Verhalten übt, was es braucht, um sich in der Welt wohlzufühlen,[75] sich zurechtzufinden, die Welt zu erkunden, ihre Gesetze zu entdecken, alles als eigene Erfahrung zu erleben und dabei das Ganze in Gemeinschaft mit anderen zu tun. Kinder wollen auch jetzt nicht allein sein; wenn man sie lässt, zieht es sie zu Kindern, um stundenlang unter ihresgleichen zu spielen.

Zeit für existenzielle Fragen

AUSSERDEM SIND KINDER JETZT SEHR EMPATHISCH mit allem Lebendigen, sehnen sich nach Tieren und jüngeren Kindern (besonders nach Babys), um selbst schon jemanden zu versorgen und sich ernsthaft um Schwächere kümmern zu dürfen, gerne mit teils echter, eigener Verantwortung. Parallel machen sie sich vielfach Gedanken, beschäftigen sich mit den »großen«, existenziellen Fragen, die jetzt zunehmend bewusster erlebt und entsprechend erörtert und den Erwachsenen deutlich gestellt werden: Warum macht der Marder das Kaninchen tot? Wohin geht das geliebte Meerschwein, wenn es stirbt? Wo lebt der liebe Gott? Warum gibt es böse Menschen, was machen die und was soll man mit denen machen? Warum müssen Menschen sterben? Muss Mama/Papa womöglich sterben, wenn sie/er krank wird? Warum gibt es Krieg? Was passiert, wenn es Krieg gibt? Wie ist es, wenn man kein

Zuhause hat? Wieso schießen Menschen andere Menschen tot? Warum haben manche Menschen nichts zu essen? Wenn man Frösche küsst, stimmt das, dass dann ein Prinz zum Heiraten kommt?

Mitgefühl und Ernst, Schreckliches und Schönes – mit allem, was sie im Leben beobachten und erfahren, sind Kinder jetzt beschäftigt. Es ist ein faszinierendes Alter und die geeignete Zeit, um als Erwachsener mit Kindern möglichen Antworten auf existenzielle Fragen nachzugehen und der hohen Bereitschaft von Kindern zur Empathie entgegenzukommen. Wenn Sie Lust zu lesen haben, werden Sie sehr anschaulich für dieses Alter typische Situationen, Unternehmungen, Denkweisen und Gesprächsabläufe von Kindern in Astrid Lindgrens *Ferien auf Saltkrokan* finden.[76]

UNSER KIND WILL IMMER WEITERSPIELEN, AUCH WENN WIR WEG MÜSSEN

Unser Kind spielt viel, drinnen oder draußen, und das darf es auch, aber wenn wir los oder weiter müssen, sind immer nur großer Protest und viel Geschrei angesagt. Was sollen wir tun?

KINDER HABEN DAS BEDÜRFNIS, möglichst lange zu spielen. Wenn wir den Sinn dieses Bedürfnisses genauer verstehen, wird klarer, wie man mit einem Kind zu Lösungen finden kann, damit man doch loskommt, wenn man woandershin muss. Hinsichtlich der Frage, warum Kinder so vehement darauf aus sind, lange spielen zu dürfen, zeigt sich wieder, dass Kinder sich logisch verhalten und genau nach dem verlangen, was ihnen für ihre Entwicklung entscheidend hilft.

Wenn ich an den Zoobesuch zurückdenke, den ich weiter oben beschrieb, war es selbst dort so, dass die Kinder nicht vom Spiel im Sand weg wollten und für das erwachsene Tempo des Weitergehens kein Verständnis zeigten. Auch exotische Tiere lockten nicht. Das meiste Kinder-Gewusel herrschte in den Sandkästen. Dort saßen Kinder jeglichen Alters und spielten.

Wir Erwachsenen ersparen uns viel Anstrengung mit Kindern, wenn wir deren Bedürfnis nach Muße und Spiel ernst nehmen und es so oft wie möglich zur Basis unserer täglichen Überlegungen machen: Denn Kinder haben das kluge Bedürfnis, sich einem Interesse und einer Beschäftigung im Spiel möglichst lange hinzugeben. Es lässt sich gut mit unserem erwachsenen Bedürfnis vergleichen, konzentriert arbeiten zu können und dabei ebenfalls ungestört zu bleiben.

Spielend lernen Kinder am leichtesten

KINDER BRAUCHEN FÜRS SPIELEN meist wenig an Dingen, aber sehr viel an Zeit. Spielen scheint nur ein kindlicher Zeitvertreib, ist jedoch gleichzeitig die leichteste und zentrale Art, wie Kinder lernen. Denn absichtsloses Spielen führt zu besten Vernetzungen im Gehirn.[77] »Wirklich entfalten kann sich dieses kreative Potenzial allerdings nur dann, wenn wir als Kinder nicht zu früh unter Druck geraten. Wenn wir also möglichst lange nach der Geburt Gelegenheit haben, spielerisch zu erkunden, wie komplex unsere jeweilige Lebenswelt beschaffen ist und wie groß das Spektrum unserer Möglichkeiten zur eigenen Gestaltung dieser Welt ist.«[78]

Durch spielerisches Erkunden und Ausprobieren werden Botenstoffe im Gehirn ausgeschüttet, die die neuronalen Netzwerke ganz offen sein lassen, so dass Neues entwickelt wird. Ein Kind gerät dabei in Freude und Begeisterung, was die Entstehung von weiteren Nervenbahnen und deren Verbindungen fördert und diese Strukturen dabei fest im Gehirn verankert.[79] Gefühle der Begeisterung wirken ähnlich wie Opiate; als körpereigene Stoffe ausgeschüttet, schaden sie dem Organismus aber überhaupt nicht, sondern lassen das Gehirn äußerst kreativ werden.

Ausgiebiges Spielen stärkt für die Zukunft

KINDER DIESES ALTERS SPIELEN TÄGLICH etwa sieben Stunden, sofern man sie lässt. Sie tun also genau das, was ihr Gehirn optimal entwickelt. Gleichzeitig lässt das Spielen sie im Hier und Jetzt angstfrei sein und langfristig stark werden[80], sollten sie je später, als Erwachsene, unter hohen Belastungen stehen.

Wir stärken Kinder also, wenn wir sie nicht am ausgedehnten Spielen hindern. Wie vielschichtig wohltuend Spielen ist, habe ich vor Kurzem hautnah erlebt und will es wegen der Anschaulichkeit hier aufschreiben.

Wie alle Erwachsenen unserer Zeit laufe auch ich Gefahr, vieles an Plänen und Vorhaben gleichzeitig erledigen zu wollen – in diesem Jahr ging es darum, Elternfragen in diesem Buch so zu beantworten, dass Sie die Antworten hilfreich finden, gleichzeitig meinem Beruf nachzukommen und, wie immer im Herbst, noch manches ums Haus herum zu erledigen, was vor dem Winter nach Erledigung schreit. Nun kamen Helfer, um mich zu entlasten, darunter auch ein fast vierjähriges Mädchen. Alle hatten eine lange Zugfahrt hinter sich und natürlich wollte ich meine Gäste nach der Reise zuallererst bewirten, aber das Kind sagte nur eines: »Ich möchte nicht essen. Können wir spielen?« Wie allen Erwachsenen lag auch mir auf der Zunge zu sagen: »Erst essen, dann spielen« – aber angesichts einer langen Reise dachte ich, dass spielen für ein Kind jetzt wohl doch Vorrang haben muss.

Mutter und Kind – Spielen ist echtes Leben

DIE BEIDEN MITGEREISTEN PUPPEN wurden aus der Baby-Tragetasche befreit, mir fiel noch ein älterer Puppenwagen ein, ich holte ihn herbei, wie er eben war. Zum Glück war er fahrbereit, alles noch etwas Angestaubte spielte in den strahlenden Augen des Kindes überhaupt keine Rolle. Die Puppen wurden sofort wohlig hineingebettet und jetzt spielte sich in unserer Wohnung das Zugfahren noch einmal ab.

Unzählige Male wurde der lange Flur der Wohnung zum Bahnsteig, an dem wir entlangsausten, um beim Umsteigen den nächsten Zug noch zu erwischen. Ich lief ein ums andere Mal hinter der rennenden Mutter mit Kinderwagen her (»Du bist das

Schulkind, du musst schnell rennen, sonst wartet der Zug nicht, ja?«, war die Regieanweisung an mich). Im Abteil angekommen (vier Stühle in der Küche waren alles, was es dazu brauchte), musste dort erstmal ein Wickelplatz für das Puppenbaby eingerichtet werden. Dann allerdings mussten wir immer wieder überraschend und schnell umsteigen und kamen somit kaum zu entspanntem Babywickeln oder Erzählen. »Schnell, der Zug hält, wir müssen raus!«, war immer wieder der Ruf des Kindes, der uns hochscheuchte. Zwischen zehn und zwanzig Mal reisten wir beide samt Puppen im Puppenwagen auf diese Weise nach München, machten dort einen kleinen Stadtbummel, um plötzlich schnell wieder den Zug erwischen zu müssen.

Als wir schließlich beschlossen, den nächsten Stadtbummel wirklich im Freien zu machen, war ich ein weiteres Mal Zeuge, dass ich mit einer »echten« Mutter und ihrem Kind aufbrach: Eine Wickeltasche musste mitgenommen werden (in eine herumliegende Handtasche kamen alle Babykleider, eine Puppen-Milchflasche und Windeln), laut Puppenmutter konnten wir nur entsprechend gerüstet mit dem Baby losgehen. Unser Ziel war der Dorfrand bei den Feldern, nicht weit weg, aber wie für alle Eltern mit Kind dauerte es, denn die Mutter musste ja alle paar Minuten nach dem Baby im Wagen schauen, ob es auch nicht weinte, ob es richtig lag, ob es vielleicht doch Hunger hatte. Ja, jetzt schrie es und wurde herausgehoben, gleich unterwegs gefüttert, dann zunächst eine längere Strecke getragen – ich war nur Statistin und Zeugin, alles oblag der noch nicht vierjährigen Mutter, die mit gekonnten Handgriffen das Kind vorbildlich versorgte, mit ihm freundlich sprach, es ganz und gar fachmännisch trug (»Nein so, schau, so hält man ein Baby!«, war der energische Kommentar, als ich meinte, etwas helfen zu müssen), und die ebenso, als sei sie von jeher geübt, mit Kind auf dem Arm nebenbei den Wagen schob (bisher hatte sie keinen solchen Puppenwagen gehabt, war also gar nicht geübt). Es dauerte, wie immer mit Baby, länger, bis wir den Weg hin und zurück geschafft hatten. Unterwegs trafen wir eine Frau, Mutter einer knapp Zweijährigen. Das kleine Kind wollte natürlich auch den Puppenwagen schieben. Was mich verblüffte – sie durfte es sofort, sogar ein längeres Stück. Kaum schob dieses Kind den Wagen, fing es an (mit zwei Jahren!), dem Puppenkind ein Schlaflied vorzusingen, deutlich hörbar und verständlich, während die Größere vergnügt vorneweg hüpfte, zwischendurch aber nicht versäumte, regelmäßig nach ihrem Puppenbaby im Wagen zu schauen, ob es ihm auch weiterhin gut ging.

Begeisterung lässt Kinder über sich hinauswachsen

ALS WIR WIEDER ZU HAUSE WAREN, bekamen wir Besuch von einem dreijährigen Jungen. Seine Eltern: »Habt Ihr vielleicht Feuerwehrautos? Das ist bei uns derzeit das Zentrum aller Begeisterung!« Nein, Feuerwehrautos hatten wir leider keine, aber ein Bilderbuch, in dem Feuerwehrautos zu sehen waren, und tatsächlich: Der Dreijährige erzählte vieles, was man über Löschfahrzeuge, sämtliche Varianten und alles notwendige Zubehör wissen kann.

Als es später an Gartenarbeit und ans Holzstapeln ging, halfen beide Kinder tatkräftig mit, das Mädchen überaus glücklich lachend, als sie ihren Vater erlebte, der das eine oder andere Holz noch spalten musste – angesichts seiner Energie sprühte ihr die Begeisterung aus den Augen. Nicht nur Pippi Langstrumpf, nein, *jedes* Kind hat einen König zum Vater (und natürlich eine Königin zur Mutter), das war einmal mehr deutlich mitzuerleben. Um ihm hilfreich zu sein, trug das Kind für seine Körpergröße reichlich schwere Holzstücke herbei, damit Papa sie spalten konnte: »Papa schau, noch eins, ich trag ganz viele und bring sie dir!« Für einen so sehr geliebten Papa wuchs sie bei der Arbeit zentimeterweise über sich hinaus.

Aus Bewunderung, Freude, Begeisterung machen Kinder in diesem Alter mit ihren Eltern nahezu jede Arbeit mit und sind doch gleichzeitig im Spiel. Bei alledem lief die erste Aufgabe weiter: Als Mutter eines Babys hatte sie den Puppenwagen zu unserer Arbeit gestellt, schaute ganz regelmäßig nach ihrem Kind und versorgte es genau wie zuvor äußerst gekonnt, trug es wieder umher, parallel zu allem eifrigen Vergnügen an der durchaus schweren, anderen Arbeit. Was von ihr angemahnt wurde, war lediglich noch ein Korb unten, am Fahrgestell des Puppenwagens: »Da muss noch ein Korb sein, da, hier unten, schau hier!« Auch ihn improvisierten wir. Nichts von den Utensilien war perfekt, alles hatte irgendeine Macke, aber das ist bei spielender Begeisterung für Kinder vollkommen unbedeutend. Und im Lauf der Besuchstage kam in diesen Korb am Gestell des Puppenwagens alles hinein, was wichtig war und gesammelt werden musste: Weitere Windeln fürs Baby, die Wickeltasche, eine kleine Garnitur Schaufel und Besen, die wir gebraucht hatten. Auch zwei kleine Schneebesen wanderten dorthin; mit ihnen hatte sich kurz zuvor, während ich in der Küche zu tun hatte, für die kleine Puppenmutter eine Geschichte abgespielt: Zwei Schneebesen waren zu Lebewesen geworden, die miteinander sprachen, auch stritten, und diese beiden reisten ab jetzt auch im Puppenwagen unten im Korb immer mit. (Gerade so wie bei Karlsson, Lillebror oder Michel.)

Leider hatten wir nichts, was wir zum Feuerwehrauto hätten umfunktionieren können, um die ganze Begeisterung an »richtiger« Arbeit für die Kinder noch reicher zu unterfüttern und alle Mitarbeit für Kinderhände weiter zu beflügeln. Aber wenigstens hatten wir eine Schubkarre, auf der man sitzen und notwendige Transporte für die beiden Kinder mit Spiel und kreischendem Vergnügen mischen konnte.

Zusammen mit meinem Besuch erlebte ich drei Tage kindlich verträumten Spiels, mal mehr mit Baumaterialien aller Art und Spieltieren, mal wieder mehr im Spiel mit den Puppen, die parallel zu allem Sonstigen immer gepflegt wurden. Es waren Tage voller Spiel, ohne Langeweile oder Quengeln, obwohl wir Erwachsenen viel zu erledigen hatten und lediglich das eine oder andere unterstützend tun konnten, damit das Kind hatte, was es zum Spielen brauchte.

Durch Spielen werden Kinder zu Experten

ANGESICHTS DES EIFERS, den ich oft bei noch so jungen Kindern miterlebe, wird mir immer wieder bewusst, was intensives Spielen bei Kindern auslöst und bewirkt. Wenn man Kinder lässt, eignen sie sich vollkommen spielerisch alles an, was sie aus Leidenschaft heraus interessiert; folgen ihren exakten Beobachtungen und ahmen alles genauestens nach; werden dabei vollkommen spielerisch zu echten Experten. Wenn man sie wenig stört, wenig einengt, da und dort aber mithilft, machen sie den großen Rest für ihr Spielanliegen selbst, stunden- und tagelang.

Nicht selten erlebe ich Jungen, die sich schon in diesem Alter mit Traktoren, Planierraupen, Baggern, Lastern, Motorisiertem aller Art genauestens auskennen, und Mädchen mit ähnlichem Wissen auf anderen Gebieten, bei ihnen häufig gepaart mit geradezu fachlichem Können im Tragen und Pflegen von Puppen. (Ich meine, dass viele Mädchen früh um ihr weibliches Potenzial »wissen«, es früh spüren, dass sie es sind, die die Babys bekommen werden).

Im leidenschaftlichen Spiel entwickeln Kinder im »Als ob« ihr Potenzial, erleben sich wie die Großen und tun alles, was es braucht, um groß zu werden. Kinder stärken in sich mit leidenschaftlichem Interesse alles, was im Spiel gerade dran ist, saugen komplett auf, was es bezüglich ihres aktuellen Interessengebietes zu erfahren gibt. Im Spiel lernen sie dann sehr genau sämtliche Details. Alle Erwachsenen kennen das, wenn die Kleinen sie korrigieren und ihnen zeigen, wie etwas »richtig« geht. So erworbenes Wissen bleibt bestehen. (Der Vater des dreijährigen Jungen sah zum Beispiel ein für uns andere völlig nichtssagendes Plastikstück auf dem Boden liegen, hob es auf und wusste aus seinen Kindertagen sofort, zu welcher Lego-Garage es gehörte und wo genau es dort eingesetzt werden musste. »Hattet ihr die auch? Wo sind die anderen Teile?«, war 32 Jahre später seine Frage an uns Erwachsene.) Gleichzeitig verarbeiten Kinder im Spiel, was sie erlebt haben und »verdauen« müssen (zum Beispiel eine Reise). Wenn wir diese Intensität des Spiels ernst nehmen und Kindern helfen, dass sich ihre Tage entsprechend füllen, erleben wir sie versonnen und verträumt. Spielen macht Kinder seelisch reich und ausgeglichen.

Freies Spiel statt Förderkurse

SPIELEN BEWIRKT UND DECKT AUF EINFACHE WEISE AB, wozu die Erwachsenen heutzutage Angebote für Kinder machen: Aus erwachsener Sicht Interessantes wird an die Kinder durch spezielle Angebote und Förderkurse herangetragen und Therapiestunden für

Kinder werden häufiger, um Feinmotorik, äußere Bewegung oder inneres Gleichgewicht zu üben. Solche Angebote sind eine ernüchternde Entwicklung angesichts der sprühenden Begeisterung von Kindern, wenn man sie im Spiel selbst machen lässt, ihnen dann alles wie von selbst zufliegt und aus ihrem Eifer heraus gelingt. Wenn wir Kindern lediglich helfen, weil ein wichtiges Utensil für ihr Spiel fehlt oder sie etwas mit den eigenen Händen noch nicht machen können (wie z. B. den Korb an den Puppenwagen unten anbringen – zwar nur ein Detail, aber für das »vollkommene Spielgefühl« war es wesentlich), dann sehen wir am Glanz in ihren Augen und an ihren entspannten, kindlich weichen Gesichtszügen, wie sie immer wieder eintauchen und sich die Welt kindgemäß erspielen und dadurch aneignen.

Die »Ergebnisse« erleben wir in ihrem Können und ihrem Wissen deutlich. Sie seien hier ausdrücklich erwähnt, zur Beruhigung für all jene, die der Meinung sind, Spielen sei heutzutage unnötiger Zeitvertreib und bringe ein Kind nicht voran. Dies ist der große Irrtum der Erwachsenen, überall dort, wo die Tage für Kinder derzeit neu organisiert werden.[81]

Die Neurobiologie zeigt, dass genau durch solche Art zu spielen die Köpfe von uns Menschen überhaupt erst kreativ und klug werden; und die Psyche der Menschen wird nebenbei ganz stabil – denn die ausgeschütteten Botenstoffe machen in der Tiefe ein Kind »satt« und zufrieden und stärken sein Selbstgefühl durch und durch, anhaltend und bleibend.[82]

Wir Erwachsenen sind nur die Assistenten, die die Rahmenbedingungen schaffen. Hier war es nur ein gar nicht perfekter Wagen für die mitgereisten Puppen, der mir in den Sinn kam – doch mir öffnete er an jenem Wochenende die Augen. Der knapp Vierjährigen öffnete er *das* Eingangstor für drei Tage seelischen

Reichtums und vollkommener Glückseligkeit, weil dieser Gegenstand sie entscheidend begeisterte, ihre derzeitige »Arbeit« vollständig machte und sie das für sie zentral Wichtige »richtig« erledigen konnte: nämlich genau wie die Großen die kleinen Babys versorgen zu können.

Umdenken ist gefragt

SOBALD WIR DIESE WESENTLICHEN PUNKTE zum Thema Spiel verstehen, tun wir Erwachsenen gut daran, uns am besten täglich folgende Frage zu stellen: Wie und wo findet ein Kind zügig, möglichst lange, möglichst für den ganzen Tag ins Spiel?

Bei der Antwort auf diese Frage verändern sich unsere Pläne. Manche Unternehmung fällt weg, aber alle bekommen mehr Zeit: Kinder fürs Spiel, Erwachsene für Erledigungen oder für ihre Sehnsucht nach Muße. Das bedeutet, dass wir Kindern zuallererst dabei behilflich sind, zueinander zu finden. Ab ihrem dritten, vierten Lebensjahr tun wir das lediglich mit einer Art Bereitschaftsdienst, und zwar so, dass Kinder sich frei von starker Aufsicht fühlen und am besten für ihr Spiel auch ins Freie können.

Nicht nur unsere Pläne verändern sich dann, sondern auch die derzeitigen Rahmenbedingungen für Kinder müssten sich ändern, drinnen wie draußen:

- Wohn- und Spielumgebung sollten wir anders, weniger steril, dafür anregender gestalten, damit Kinder draußen Vieles finden, was sie tun können, und ohne Gefahr wieder mehr nach draußen können.
- KiTas sollten zuallererst zu ausdrücklichen Spielorten werden, das Fachpersonal dort sollte in erster Linie zuständig sein für die besagte Assistenz für die Kinder.

- Bereichernd wäre es, wenn die Erwachsenen dort selbst leidenschaftlich und begeistert etwas tun, bei dem Kinder zuschauen können und was sie anregt, Neues aus dem Reich der Fähigkeiten Erwachsener mitzuerleben und zu entdecken. Dann können sie durch die Leidenschaft der Großen angesteckt werden und eine Tätigkeit vielleicht selbst plötzlich spannend finden.

Die logische Konsequenz aus all dem wäre, Kinder nicht weiter zu fördern, nichts zu fordern, was sie nicht in kindlicher Leidenschaft beflügelt, und keine Beschäftigung mit »kindgerechten« Angeboten irgendwelcher Art mehr einzufordern, die die Kinderhände zu wenig begeistern. Kinder möchten Echtes und Richtiges erleben. Sie möchten umsetzen, was sie innerlich beschäftigt und ihnen unter die Haut geht. Wenn wir dem nachgeben, wird vieles für sie und für uns einfacher und leidenschaftlicher.

Übrigens: Auch die Faszination von Kindern für leidenschaftliches Werken und »Arbeiten« schildert Astrid Lindgren vielfach und trifft damit exakt die kindlichen Bedürfnisse – ein weiterer Grund, warum ihre Erzählungen über Kindersehnsüchte von uns Erwachsenen heute noch ernst genommen werden sollten.

Abmachungen zum Weiterspielen helfen beim Aufhören

NUN ABER ZURÜCK ZU DER EINGANGSFRAGE, was Sie tun können, wenn das Spiel doch beendet werden muss. Ist die Spielzeit definitiv um (weil es Abend ist oder man den bisherigen Ort des Spielens auf jeden Fall verlassen muss), klappt das Weggehen bzw. Aufhören besser, wenn Sie entweder versprechen, dass ein Kind bald an den

Platz des Spiels zurückkommen und wie bisher weiterspielen kann (dies aber nur, wenn es dann auch tatsächlich so kommt!), oder gemeinsam überlegen, wie und wo Ihr Kind anschließend weiterspielen kann, wenn es jetzt aufhören muss. Wenn Kinder mit ihren Eltern zu mir kommen, wende ich inzwischen diese Regelung an und erlebe dabei: Mit der Gewissheit, dass wir Erwachsenen das Bedürfnis des Kindes, ausgedehnt spielen zu können, verlässlich ernst nehmen und »versorgen«, sind Kinder kooperativ gegenüber den Aufforderungen der Erwachsenen und folgen ihren Eltern. Besser also, wenn wir nicht nur sagen: »Wir gehen jetzt!«, oder: »Beeil dich, wir müssen gehen.« Es wird leichter, wenn wir gleich überlegen, wo und wie ein Kind wieder spielen kann – und es sich auf die Abmachung auch verlassen kann. Wenn wir ihr Spielbedürfnis einlösen, werden Kinder unserem »Jetzt müssen wir los« gegenüber kooperativ.

Sollten Sie häufiger keine Zeit haben, so dass Ihr Kind nicht an den jeweiligen Spielort zurückkehren kann, empfehle ich, sich mit anderen Eltern zusammenzutun. Am besten Sie suchen nach Eltern, die es ebenfalls sinnvoll und hilfreich finden, wenn Kinder unter Kindern anhaltend ins Spiel kommen. Mit solchen Eltern besprechen Sie gemeinsam, wer an welchen Tagen den Bereitschaftsdienst übernimmt (unter der Woche, aber auch an Wochenenden, denn Sonntage ohne Spiel, noch dazu mit Erwachsenen, die etwas »chillen« wollen, werden von Kindern als höchst anstrengend erlebt). So können die Kinder aller beteiligten Familien als Gruppe anhaltend in ihr ausgedehntes Spiel gehen, auch ohne Sie, aber mit der Bereitschaft von Eltern der Spielfreunde. Wenn Sie nicht können, können die anderen.

Auch in den kommenden Jahren wird es leichter sein, wenn Sie bisherige Vorhaben so ändern, dass Ihre Kinder lange Spielzeiten haben. Sie werden erleben, dass die Alltagskämpfe mit Kindern seltener werden und Konzentration, Muße und Ruhe aller deutlich zunehmen. Kinder langweilen sich nicht, sondern sind voller Tatendrang und Leidenschaft – und gemeinsam verschwinden sie aus den Augen der Erwachsenen. Denn ohne uns lässt es sich besser fantasieren und spielen!

UNSER KIND HILFT NICHT BEIM AUFRÄUMEN – AUCH WENN WIR MIT SANKTIONEN DROHEN!

Unser Kind spielt intensiv; aber sobald das Aufräumen dran ist, geht es weg und hilft nicht – das ärgert uns. Wir sind konsequent und sagen, dass es am nächsten Tag mit den Sachen nicht spielen darf, wenn es jetzt nicht hilft. Leider hilft unser Kind trotzdem nicht. Wie können wir das ändern?

KINDLICHES SPIELEN IST HOHE KONZENTRATION. Genau besehen ist das Spielen unserem konzentrierten Arbeiten ähnlich. Auch wir können nicht immer gleich alles wieder in Ordnung bringen, den Schreibtisch oder unseren Handwerksplatz. Zuallererst gilt daher: Nicht gleich aufräumen, sondern einem Kind etwas Pause lassen. Nach etwas Pause hilft es immer, die Aufräumarbeit gemeinsam zu machen und dabei unbedingt die kindlichen Spielszenarien aufzugreifen. Wenn wir Kinder leidenschaftlich im Spiel mit Puppen, Fahrzeugen, Baumaschinen oder Spieltieren erleben, dann motiviert es sie ungemein, im Rahmen und in der Logik ihrer Spielszenarien zu bleiben und entsprechend Ordnung halten. Auf diese Weise bekommt die Ordnung für sie einen Sinn und wird mit spielerischem Eifer leicht.

Nutzen Sie dabei die genaue Beobachtungsgabe der Kinder: Wenn ein Kind seine Puppen versorgt, richten Sie, wie für echte Babys auch, auf irgendeine Weise eine Art Wickelkommode ein und halten Sie beim Aufräumen im Sinne der Puppenversorgung Ordnung: Wer Babys versorgt, hat um den Wickelplatz herum alles so griffbereit und übersichtlich bereitgelegt, dass es für die Mama/ den Papa schnell zu finden ist. Ein innig spielendes Kind hat das bei den Erwachsenen längst beobachtet und will es selbst wie die Großen machen. Es richtet den Wickelplatz für sein Puppenkind her und räumt unwillkürlich auf, weil es von den Wickelplätzen für Babys fasziniert ist.

Mit Kindern, deren Leidenschaft den Autos und Maschinen gehört, können Sie Baustellen und Autohäuser oder Reparaturwerkstätten besuchen und beobachten. Nehmen Sie auch hier die Leidenschaft und scharfe Beobachtungsgabe Ihres Kindes zu Hilfe, indem Sie inspizieren, wie alles organisiert ist und wo alles seinen Platz hat. Dann organisieren Sie zu Hause den Bereich, wo mit den Spielzeugautos und -maschinen gespielt wird, wie eine echte Baustelle im Kleinformat, eine echte Werkstatt. Alles hat seinen Platz, weil das Kind wie alle, die arbeiten, finden will, was es beim Hantieren braucht.

Nutzen Sie das kreative Potenzial Ihrer Kinder – und Ihr eigenes!

AUF DIESE ART ERGIBT ORDNUNG plötzlich einen Sinn und das Kind ist mit Eifer bei der Sache. Das wirkt weitaus besser als unser dauerndes Mahnen. Es stärkt nicht zuletzt jegliches kreative Potenzial, während es zugleich im Äußeren und Inneren der Kinder Struktur schafft und ihre Fantasie anregt. Die gute Laune der Erwachsenen erhält es ebenfalls. Unwillkürlich werden Sie als Eltern sich an Ihre eigenen kindlichen Spielszenarien erinnern und damaliges Glück wird in Ihnen hochkommen. Verbunden damit werden Sie weitere Ideen bekommen, wie Sie das Spiel der Kinder mit Szenarien und Utensilien »nähren« können. Es so zu machen, kommt Kleinen wie Großen ein Leben lang zugute.

Abends bringen Sie dann alle Sachen zur nächtlichen Ruhe. Kinder lieben es in diesem Alter noch immer, wenn wir Spielsachen »lebendig« behandeln und wie alle Lebewesen angemessen versorgen: Puppen und Kuscheltiere gehören ins Bett, andere Tiere werden in den »Stall« gebracht, während Autos, Bagger oder Traktoren in (improvisierte) Garagen fahren – wo die Spielsachen »wohnen«, machen sie tagsüber Pausen und verbringen sie die Nacht. Auf diese Weise mittags oder abends vor dem Schlafen oder zu den Schließzeiten der KiTa mit den Spielsachen umzugehen, macht Kindern mehr Spaß und leuchtet ihnen eher ein, als ihre Spieldinge nur als Gegenstände in Kisten oder Schubladen werfen zu sollen.

Kinder lieben das übrigens sehr, obwohl sie durchaus wissen, dass alles Spiel ist. Zu der in der vorigen Frage beschriebenen vierjährigen Puppenmutter sagte ich, als wir ihrer Puppe eine etwas zu große Strampelhose anzogen: »Macht doch nichts, wenn die Strampelhose etwas zu groß ist. Ein Baby wächst ja, dann wächst es eben in die Strampelhose noch hinein.« Daraufhin antwortete die Puppenmutter ganz trocken: »Das ist eine Puppe, die wächst nicht« – um sie sofort danach, frisch angezogen, liebevoll auf den Arm zu nehmen und mit ihr ganz echt, wie mit einem lebenden Baby weiterzuspielen.

Am besten räumen Sie mit dem Kind zusammen täglich nur so weit weg, dass spürbar klar ist, dass am nächsten Tag zügig weitergespielt werden kann. Wenn ich bei Eltern-Gesprächsrunden oder bei Erzieher/-innen-Fortbildungen frage, woran Erwachsene sich erinnern, was in ihrer Kindheit am schönsten war, taucht regelmäßig eine Erinnerung auf: wenn man am nächsten Tag genau da weiterspielen durfte, wo man tags zuvor aufgehört hatte. So erinnere ich mich noch genau, wie unsere »Wohnungen« aussahen, die wir für unser Puppenspiel einrichteten und auch lassen durften, oder wie wir im Kindergarten über Tage hinweg wirklich bemerkenswerte Konstruktionen stehen lassen durften, die wir aus

Holzbausteinen gebaut hatten – riesige Landschaften waren entstanden und Straßenzüge, auf denen wir dann Tag um Tag Spielfiguren und Fahrzeuge laufen und fahren ließen, so dass sich unsere Geschichten immer weiter fortsetzten.

Manche Erziehungsziele verschiebt man besser auf später

IMMER WIEDER LÄSST MAN GNADE VOR RECHT WALTEN, übt in beschriebener Art das Aufräumen, lässt es aber auch mal und räumt schnell selbst das Wichtigste an die vorgesehenen Plätze. Denn manche erzieherischen Anliegen werden leichter geübt, wenn Kinder etwas älter sind. Mit zunehmendem Alter haben sie für manche Dinge stabiler die Kraft. Generell aber werden Sie erleben, dass Kinder sich bezüglich ihrer Einrichtungen und Ordnungen für ihre Spielszenarien zunehmend an Strukturen freuen.

Tun Sie sich und Ihrem Kind bei alldem einen Gefallen: Strafen Sie nie damit, dass am nächsten Tag nicht gespielt werden darf. Spielen ist für Kinder eine Lebensnotwendigkeit wie Essen und Trinken, es hält Kinder im Lot und nährt sie auf allen Ebenen. Davon profitieren natürlich die Kinder, aber auch wir Erwachsenen im Zusammensein mit ihnen.

ES GIBT OFT HANDGREIFLICHEN STREIT ZWISCHEN DEN KINDERN – WIE LERNEN SIE, NICHT ZU HAUEN?

Die Kinder spielen zwar gemeinsam, aber es gibt oft Streit und zwar handgreiflich. Wir erziehen gewaltfrei und schicken die Kinder dann in verschiedene Zimmer oder das Besuchskind nach Hause. Es wird aber nicht besser. Wie kann man Kindern beibringen, nicht zu streiten und schon gar nicht zu hauen?

IN DIESEM ALTER IST ES NOCH EINE ÜBERFORDERUNG, wenn Kinder nur reden und niemals hauen sollen. Weil Kinder ihre Gefühle noch intensiv zuerst über den Körper erleben, tun sie das auch bei Streit und Aggression, und deshalb raufen oder hauen sie zwischendurch. Im konkreten Streiterleben lernen Kinder, ihre aggressiveren Seiten in sich zu integrieren – eine wichtige psychische Entwicklungsaufgabe, um später nicht latent aggressiv zu sein. Kinder kommen mit diesem Prozess untereinander in aller Regel ehrlicher zurecht (manchmal eben auch nur handgreiflich), als wenn wir Erwachsenen uns einmischen. Meistens gelingt ihnen die Konfliktlösung untereinander auch besser – erst recht, wenn wir uns so einmischen, dass wir dem weniger aggressiven Kind beistehen und nur mit dem anderen Kind schimpfen.

Bei *Madita*[83] von Astrid Lindgren können Sie miterleben, wie zwei Mädchen zunächst versonnen und hingebungsvoll »Mose« spielen (Sie erinnern sich an die ägyptische Prinzessin im Alten Testament, die das Baby Mose im Schilf in einem Körbchen findet), dann aber plötzlich ein handfester Streit zwischen den Schwestern entsteht. Im Fortgang der Erzählung erleben wir, wie sich alles wieder von alleine löst, weil das Zusammenspielen für Kinder viel zu schön ist, als dass es wegen eines Streits auf Dauer enden würde.

Schicken Sie Kinder nicht weg, und lassen Sie sie auch streiten.

Machen Sie allenfalls ein vorsichtiges Angebot diplomatischer Unterstützung, sollte das Streiten gar nicht enden, zum Beispiel: »Kann man euch bei irgendetwas helfen? Braucht ihr einen Friedensrichter?« Man kann es getrost so halten, wenn man weiß, dass die Kinder, um die es geht, prinzipiell gut, gerne und kontinuierlich miteinander spielen, also meistens eine gut funktionierende Gruppe sind, und sei diese noch so klein.

Manchmal gibt es Gründe, in solch einem Fall einzugreifen. Bei manchen Kindern beobachtet man, dass sie ein einzelnes Kind nicht mitspielen lassen und es auf Dauer ausgrenzen. Da dies für das betroffene Kind ein scheußliches Gefühl ist, hat die prinzipielle Nichteinmischung von Erwachsenen in einer solchen Situation ihre Grenzen.

Hilfreich ist es, bei Kindern immer folgenden Grundsatz zu vertreten: »Alle Kinder wollen mit anderen Kindern spielen, und deshalb dürfen alle Kinder immer mitspielen.« Wenn ein Kind in eine Gruppe nicht hineinfindet, warum auch immer, ist es gut, die spielenden Kinder aufzufordern, freundlicher zu werden, es nicht auszuschließen, sondern unbedingt mitspielen zu lassen. Dasselbe gilt, sollte je ein bestimmtes Kind bei Streit anhaltend (über mehrere Tage und Wochen) den Kürzeren ziehen, auch dann muss man manchmal dem »schwächeren« Kind etwas beistehen.

Bleiben Sie bei solchen Eingriffen in kindliche Gruppendynamiken aber sehr feinfühlig und hoch diplomatisch. Machen Sie Vorschläge, die das schlechter gestellte Kind nicht zum Opfer machen, sondern ihm zu einer passablen Rolle im Spiel verhelfen. Lassen Sie es bei notwendig gewordenen »Friedensritualen« dasjenige Kind sein, das als Erstes der Häuptling oder die Squaw wird, der/die die von Ihnen eingeführte »Friedenspfeife« zunächst ausgehändigt bekommt und dann herumreicht. Oder dieses Kind bekommt die erste Runde Kakao oder sonst etwas Feines, das den Frieden fördert, und teilt es dann an alle Kinder aus, oder welche »kluge« Tätigkeit Ihnen sonst in den Sinn kommt, die dazu beiträgt, alle zu befrieden.

Hier ist Ihre erwachsene, freundlich unterstützende Weitsicht gefragt, gepaart mit emotionaler Klugheit und fantasievollen Ideen. So geartete Hilfen ziehen Kinder ins Spiel und erleichtern ihnen unwillkürlich, Streit und Missgunst untereinander zu vergessen und sich als Gruppe nicht mehr gegen Einzelne zu richten. Diskutieren Sie weniger mit Kindern dieses Alters, »versorgen« Sie eher durch spielerische Anregungen, denn gute Gefühle sind spürbar besser als zu viel Reden und Mahnen.

Ab etwa fünf Jahren können Sie außerdem anfangen, Pippi Langstrumpf vorzulesen (nicht früher, weil Kinder das gesamte soziale Miteinander, nicht zuletzt zwischen Kindern und Erwachsenen, das bei Pippi eine große Rolle spielt, in allen Nuancen erst verstehen, wenn sie die frühe Kindheit hinter sich haben und langsam aufs Schulalter zugehen. Pippi, Annika und Thomas sind im Schulalter). Das wird Ihnen und den Kindern Spaß machen! Pippi hat tolle Ideen, aber immer dürfen alle, die sich danach sehnen, ausdrücklich mitmachen. Wenn sie etwas Vergnügliches für Annika und Thomas vorschlägt und etabliert, sind alle Kinder der Umgebung willkommen. Pippi ist voller Mitgefühl, besonders auch jenen Kindern gegenüber, die nicht so leicht in eine Gruppe von Kindern hineinfinden. Ihre Stärke nutzt Pippi, wo Erwachsene eine schädigende, ungerechte oder auch herablassende Seite haben – da setzt sie Räuber auf Kleiderschränke, Polizisten aufs Dach und Gouvernanten vor die Tür. Mit klaren Worten, voller Humor und immer so, dass das Treiben der Erwachsenen ein Ende hat, sie durch Pippis Eingreifen aber nicht »vernichtet« werden.

Unser Kind spielt woanders gut mit Kindern. Aber bei uns zu Hause teilt es seine Sachen nicht mit anderen. Das ärgert uns. Was kann man tun, damit ein Kind mit anderen Kindern teilt?

GENERELL MACHEN SIE ES ALLEN LEICHTER, wenn Sie Spielsachen nicht einzelnen Kindern zuordnen, sondern einführen, dass Spielsachen Sachen für das Spiel aller Kinder sind. Es ist ein erster Schritt, der verdeutlicht, dass alle mit allem spielen dürfen, innerhalb der Familie und gerade auch, wenn Besuch dazukommt. Lediglich Puppen und Kuscheltiere sind einzelnen Kindern zugeordnet, weil sie ja deren »Kinder« sind.[84] Je mehr Sie selbst freundliches Vorbild sind, also auch Dinge verleihen oder alltäglich mit Nachbarn und Freunden etwas zusammen benutzen und sich auch untereinander helfen, umso leichter lernen es die Kinder.

Manchmal fällt Kindern das Teilen aber auch noch schwer, weil sie die Sachen in ihrem Zuhause noch wie einen Teil ihres Selbst empfinden und sie es psychisch immer noch als bedrohlich erleben, wenn ihre »Teile« von anderen benutzt werden. Das gehört zur psychischen Reifeentwicklung, die wie alles ihre Zeit braucht.

Etwas kindlicher Egoismus ist normal

UND SCHLIESSLICH KOMMT IMMER AUCH NOCH EIN STÜCK kindlicher Egoismus dazu. Um diesen kindlichen Egoismus besser zu verstehen, machen wir einen kleinen Ausflug zu Karlsson vom Dach. Es geht ums Teilen begehrter Süßigkeiten:

»Solche Trotzköpfe wie du sollten niemals wetten«, sagte er (Karlsson). »Das müssen so Leute sein wie ich, die immer wie Sonnenschein herumlaufen, ob wir nun gewinnen oder verlieren.«

Es war eine Weile still, abgesehen von Karlssons Schmatzen, während er die Schokolade aß. Dann sagte er: »Da du nun aber so ein gefräßiger kleiner Bengel bist, ist es wohl das Beste, wir teilen den Rest brüderlich. Hast du noch Bonbons übrig?«

Lillebror kramte in der Hosentasche.

»Drei«, sagte er und holte zwei Bonbons und einen Himbeerdrops hervor.

»Drei«, sagte Karlsson, »die kann man nicht teilen, das weiß jedes Kind.« Er nahm den Himbeerdrops aus Lillebrors ausgestreckter Hand und verschlang ihn hastig. »Aber jetzt geht es«, sagte er.

Dann sah er mit hungrigen Augen auf die beiden Bonbons. Der eine war ein bisschen größer als der andere.

»Gutmütig und bescheiden, wie ich bin, lasse ich dich zuerst wählen«, sagte Karlsson. »Aber du weißt ja wohl, wer zuerst wählen darf, muss den Kleineren nehmen«, fuhr er fort und sah Lillebror streng an.

Lillebror überlegte einen Augenblick.

»Ich möchte, dass du zuerst wählst«, sagte er erfinderisch.

»Na ja, wenn du so darauf bestehst«, sagte Karlsson und schnappte sich den größeren Bonbon, den er schnell in den Mund stopfte.

Lillebror guckte auf den kleinen Bonbon, der noch in seiner Hand lag.

»Aber du hast doch gesagt, wer zuerst wählen darf, muss den kleineren nehmen …«

»Pass mal auf, du kleine Naschkatze«, sagte Karlsson. »Wenn du hättest wählen dürfen, welchen hättest du dann genommen?«

»Ich hätte den kleineren genommen, bestimmt«, sagte Lillebror ernsthaft.

»Was beschwerst du dich dann«, sagte Karlsson, »den hast du ja jetzt auch bekommen!«

Lillebror überlegte von Neuem, ob es so etwas war, was Mama mit einem »vernünftigen« Gespräch meinte. [85]

Manche Lösung spielt sich also auf Kinderweise und für erwachsene Ohren eigenartig ab. In diesem Alter ist es noch unvorstellbar, alles durch Reden zu lösen. Lillebrors Mutter hatte Lillebror nämlich kurz zuvor ermahnt, besser mit Spielfreunden zu sprechen, als Konflikte durch Hauen zu lösen. Dank Lindgrens hautnaher Schilderung, welche Wege Kindergedanken nehmen (hier obsiegt gerade einfach kindlicher Egoismus, und Karlsson als Spielgestalt mit seiner fantasievoll, verwunschenen Art steht für diese ganzen kindlich grenzenlosen Wünsche), erleben wir anschaulich mit, wie ein Kind dieses dauernde sprachliche Verhandeln zum einen noch nicht kann und zum anderen nicht versteht, wie man den erwachsenen Vorschlag, mehr zu reden statt auf Kinderweise zu streiten, denn umsetzen soll.

Kinder lernen durch Erfahrung, mit Konflikten umzugehen

ABER BEIM WEITERLESEN WERDEN WIR ZEUGE, wie Lillebror und Karlsson sich trotz Auseinandersetzungen zusammenraufen und sich arrangieren, weil eben alles gemeinsam mehr Spaß macht als allein. Genau auf diese Weise üben Kinder oft genug, miteinander auszukommen. Durch ihre kindliche Art machen sie konkrete Erfahrungen – nur das hilft, und nicht, wenn Erwachsene vorgeben, wie es zu sein hat.

Das konkrete Erleben des Aushandelns schafft die entsprechenden Verbindungen im Gehirn. Kinder üben auf ihre Weise, langfristig beherrschen sie nur so die zentrale, menschliche Fähigkeit, sich mit anderen auseinanderzusetzen und mit anderen zurechtzukommen. Kinder erspielen sich ihre wichtigen Fertigkeiten, und deshalb plädieren Hirnforscher für möglichst reichlich konkrete Erfahrungen von Kindern im Spiel mit anderen Kindern.

Hirnforscher Manfred Spitzer meint, wenn es um mehr Erfahrungen für Kinder geht, aber besonders auch beim Streiten: »Kein Mensch lernt Bergsteigen, indem man ihn auf den Berg hochträgt.«[86]

WIE KANN UNSER KIND LERNEN, LEISER ZU SEIN?

Unser Kind redet vor sich hin, vor allem beim Spielen. Es ist generell oft laut, und immer wieder bitten wir es, still zu sein, aber es nützt nichts. Wie kann es lernen, leise zu sein?

KINDER ERZÄHLEN BEIM SPIELEN; das kann man ihnen nicht »aberziehen«, sondern sollte es lieber als eine Art Musik hören und respektieren. Außerdem nehmen Kinder Lautstärken anders wahr als Erwachsene. Damit müssen wir Erwachsenen uns erst einmal arrangieren. Im Spiel tauchen Kinder in ihre Geschichten ab und erleben Erwachsene als eigenartig und auch störend, wenn sie plötzlich Ruhe anmahnen, gehört doch das Reden zu der Geschichte, die sich gerade abspielt – manchmal laut, manchmal auch leise, aber unter Umständen lange, so wie bei Jonas, Mia und Lotta aus der Krachmacherstraße:

»Ja, man liegt da (Anm. d. Autorin: unterm Bett) und ist ein Seeräuber, und dann sagt man die ganze Zeit ganz leise: ›Mehr Essen, mehr Essen, mehr Essen.‹ Das machen die Seeräuber so«, sagte Jonas.

Endlich glaubte Lotta, dass die Seeräuber es so machen, und sie kroch unter ihr Bett und fing an und sagte: »Mehr Essen, mehr Essen, mehr Essen.« Und Jonas und ich kletterten auf den Kinderzimmertisch und segelten aufs Meer hinaus – ja, das haben wir natürlich nur gespielt.

Lotta lag die ganze Zeit unterm Tisch und sagte »Mehr Essen«, und es machte uns fast mehr Spaß, sie anzugucken, als Seeräuber zu sein.

»Wie lange liegen Seeräuber unter ihrem Bett und sagen
›Mehr essen‹?« fragte Lotta schließlich.
»Bis Weihnachten«, sagte Jonas.[87]

Man kann mit Kindern allerdings üben, dass sie nicht ständig auf Erwachsene einreden. Es kann eine Angewohnheit sein oder manchmal auch eine Art kindlicher Unruhe ausdrücken. Dann ist es sinnvoll, zu üben, mehr zur Ruhe zu kommen, indem Sie entweder dem Kind etwas zu tun geben, das seine Konzentration so herausfordert, dass es erstmal stiller wird, oder für kleine Pausen beim Reden eintreten. Dabei kann helfen, im alltäglichen Leben den Küchenwecker zu stellen, damit das Kind die Zeit einschätzen kann – bis die Minuten um sind und der Wecker sich sichtbar bewegt hat und klingelt, sind alle zusammen einmal mucksmäuschenstill. Üben Sie so etwas mit Spaß, lassen Sie Ihren Mund konsequent zu, aber verdeutlichen Sie mit humorvoller Mimik einem Kind, dass Sie jetzt gerade nicht sprechen können. Mit Humor verschwindet die Anstrengung, und man macht witzige neue Entdeckungen der Verständigung.

Obwohl ich es rechtzeitig ankündige, dass ich gleich telefonieren werde, stört unser Kind dennoch und braucht mich genau dann, wenn ich am Telefon bin. Ich versuche, ihm das abzugewöhnen – aber bis jetzt ohne Erfolg. Dieses Verhalten strengt mich an, was kann ich tun?

KINDER WOLLEN IN BEZIEHUNG SEIN; dabei reicht es jetzt meistens, dass sie im Prinzip das Gefühl haben, uns erreichen zu können. Wenn Erwachsene telefonieren, sind sie mit jemand anderem in Beziehung, noch dazu mit jemandem, der nicht konkret spürbar im Raum ist – zwei Tatsachen, die ein Kind als anstrengend erlebt und die ihm das Gefühl geben, niemanden zu erreichen, Mama oder Papa nicht und den Gesprächspartner am anderen Ende der Leitung erst recht nicht. Das empfinden Kinder zumindest als schwierig, manchmal auch als ängstigend – daher quengeln sie oder reden ständig dazwischen. Es hilft nur, Telefonate, die längere und konzentrierte Zeit brauchen, dann zu führen, wenn man nicht gleichzeitig für ein Kind ansprechbar sein muss.

Eine Telefonzeit, die ein Kind jetzt durchhalten kann (dass Mama oder Papa also gar nicht erreichbar ist), beträgt etwa 15 Minuten. Telefonate, die man nicht verschieben kann, sollten diese Zeit besser nicht überschreiten. Damit es überhaupt klappen kann, sollten Sie mit dem Kind eindeutig ausmachen, wie lange das Telefonieren dauern wird, was es so lange machen kann und ab wann man wieder eindeutig und sicher erreichbar ist. Wenn man Kindern, die noch nicht mit der Uhr leben, eine überschaubare Einschätzung geben will, wie lange etwas braucht, hilft es oft, einen Küchenwecker zu stellen, der sich noch sichtbar bewegt. So kann ein Kind mitverfolgen, wie die Uhr läuft, bis die vereinbarte Zeit abgelaufen ist. Wenn wir wollen, dass ein Kind sich an Abmachungen hält, ist es natürlich wichtig, dass auch wir verlässlich sind. Je öfter Kinder erleben, dass wir Vereinbarungen definitiv einhalten, umso weniger nörgeln sie bei Absprachen. Telefonieren Sie dennoch besser selten und nur kurz. Dann könnten Abmachungen für eine überschaubar kurze Zeit mit Ihrem Kind diesbezüglich klappen.

UNSER KIND BLEIBT NICHT ALLEINE IM OBERGESCHOSS, OBWOHL ES HÖRT, DASS WIR DA SIND – WARUM?

Obwohl wir im oberen Stockwerk ein schönes Kinderzimmer haben, weigert sich unser Kind, oben zu bleiben, wenn ich gerade mal nach unten muss. Jetzt sollte es doch groß genug sein, um in seinem Zimmer einfach mal ein Weilchen alleine bleiben und spielen zu können. Es hört uns ja schließlich unten, wir sind doch da!

AUCH IN DIESEM ALTER GILT NOCH IMMER: Ängste nehmen beim Alleinsein nicht ab, sondern eher zu. Das hat – wie im vorigen Kapitel für das Kleinkindalter geschildert – mit dem magischen Denken von Kindern zu tun. Es braucht ein gewisses Alter, bis dieses Denken sich verändert, und mit Kindern zu argumentieren nützt nichts, weil sie es nicht ändern können. Kinder sind weiter auf Bezogenheit aus, und ist kein anderes Kind für das Spiel in Gemeinschaft da, wollen sie, dass jemand Erwachsenes in der Nähe ist. Nur so ist der Raum nicht »leer« und ein leerer Raum kann in diesem Alter des noch magischen Denkens noch immer bedeuten, dass er plötzlich voller Geister, Räuber und Hexen ist. Ich werde nicht vergessen, wie mir eines Tages ein fünfjähriges Kind schilderte, wer sich seiner Wahrnehmung nach alles im Schrank, unter einer Sitzbank und in den Ecken des Raumes aufhielt, sobald niemand von den Erwachsenen im Raum war, und wie es sich dann vorsichtig bewegte, um an all den Gestalten vorbeizukommen. Da bekam ich ernsthaften Respekt vor seinem kindlichen Stehvermögen und Mut. Dagegen anzureden half gar nichts, seine Psyche musste erst etwas älter werden.

Aus Angst vor Fantasien und den damit auftauchenden Gestalten sind viele Kinder nicht gern allein im Raum oder allein auf einer Etage, auch nicht kurz. Nicht zuletzt »reisen« Kinder beim Spielen durch eine Wohnung und brauchen generell mehr Weite, mehr Auslauf als nur ein Kinderzimmer, wenn sie fantasievoll im Spiel sind. Mit diesem Umherreisen ist nicht gemeint, dass Sie durch Kinderspiel überall nur Chaos haben und dulden müssen, sondern nur, dass die Kinder gelegentlich auch an anderen Orten in der Wohnung spielen können, also mehr Räume einbeziehen dürfen.

Unsere Bereitschaft, ihr Spiel zu verstehen und durch entsprechenden Platz zu ermöglichen, beantworten Kinder meistens mit Kooperationsbereitschaft und respektieren unseren Wunsch, nicht alles durcheinanderzubringen. Sollten sie es vergessen, kann man sie daran erinnern – das klappt. Kinder sind verlässliche Vertragspartner. Lassen Sie also ein Kind mit nach unten gehen und verabschieden Sie jetzt noch die Vorstellung, es spiele alleine oben.

Unser Kind geht nicht zur Toilette, ganz besonders wenn es in der KiTa in der Gruppe mit den anderen Kindern spielt (aber auch manchmal zu Hause). Regelmäßig sind die Hosen nass. Wir haben schon eingeführt, dass es sich alleine umziehen und versorgen muss – aber das alles nützt nichts. Was kann man tun?

AUF DIE TOILETTE ZU GEHEN, bedeutet in unserer Lebensart, dass ein Kind sich aus dem Spiel und dem Zusammensein mit anderen lösen muss und alleine zum WC geht. Das war interessanterweise nicht immer so: Bei einer Führung durch eine römische Guts-anlage[88] erfuhr ich, dass die alten Römer gemeinsam »Sitzung hielten« und ihre wichtigen Verhandlungsgespräche dabei weiter-gingen. In unserer individualistischen Lebensweise heute ist das unvorstellbar.

Aber Kinder haben davon noch etwas in sich: Wenn sie inten-siv mit anderen spielen, wollen sie die Gruppe nicht verlassen, nicht einmal für kurze Zeit. Sie wollen nichts verpassen und keinesfalls – auf der Toilette – in einem Raum allein sein. Daher vermeiden Kinder zu gehen und schon ist »es« wieder passiert.

Ich nehme fast an, dass die Erwachsenen vor nicht allzu langer Zeit um diese Tatsache noch wussten und dies der Grund war, warum man bis vor etwa vierzig Jahren in den Kindergärten mit den Kindern gemeinsam regelmäßig zur Toilette ging (und die Räumlichkeiten so ausgestattet waren, dass viele Kinder gleichzeitig dort Platz hatten). Das war – solange kein Kind gezwungen wurde, dann auch definitiv auszuscheiden – ein kluges Vorgehen, weil ein Kind sich dann nicht zwischen dem

Alleinsein bei der Ausscheidung und dem Zusammensein im Spiel mit der Gruppe entscheiden musste.

Wie Körperkontrolle beginnt

UM FRAGEN ZUR AUSSCHEIDUNG in ihrer Vielschichtigkeit zu verstehen, ist es wichtig, die Logik der Psyche und die Abläufe menschlicher Entwicklung zu verstehen. Wenn Kinder ab einem Jahr anfangen zu laufen, sich auf ihre eigenen Beine stellen, kommt auch bald das Wort »Ich«, das deutlich macht, dass ein Kind sich selbst als Person bewusster wahrnimmt. Mit ihrem Mehr an Autonomie in Bewegung und Bewusstsein nehmen Kleinkinder auch konkreter wahr, dass sie über ihren eigenen Körper verfügen.

Jetzt werden sie sich auch der Tatsache bewusst, dass sie selbst es sind, die ihre Körperöffnungen beherrschen. Man kann das manchmal in kurzen Momenten deutlich beobachten, wenn kleine Kinder nackt umhertoben und plötzlich »Pipi« müssen. Sie schauen an sich herab und man sieht regelrecht, wie bei ihnen der Groschen fällt: »Ach, ich bin es, der ›macht‹!« Ab jetzt wird es interessant für sie, es auch zu begreifen und schließlich selbst steuern zu können. Was macht ein Kind? Es geht bevorzugt mit anderen neugierig zur Toilette, schaut zunächst zu, wie das alles funktioniert, bei Mama, bei Papa, bei Geschwistern oder anderen Kindern. (Intuitiv nehmen Eltern ihr jüngeres Kind in diesem Alter noch mit, weil sie diese Tatsachen spüren.)

Es geht für ein Kind zunächst also wieder um konkrete Anschauung und ums Dabeisein, um alles anschließend nachahmen zu können. Der kindliche Weg zu lernen ist auch hier gepaart mit der Lust, größer zu werden und »es« auch zu können. In aller Regel lernen die meisten kleinen Kinder Ausscheidung wie alles andere bisher: mit Faszination und Begeisterung. Man merkt es daran, welche lustigen Begriffe sie dafür finden und dass sie ihr »Geschäft« auch gerne im Freien machen, Jungen meist etwas offensichtlicher, die Mädchen oft versteckter, die einen vor, die anderen eher hinter den Büschen.[89]

Psyche und Körper sind untrennbar miteinander verbunden

ABER KINDER LERNEN AUCH DAS WIEDER ALLMÄHLICH, in kleinen Schritten und brauchen meist die Nähe vertrauter Menschen und Ruhe, um zu entspannen. Mit dem dann typischen, tagträumenden Blick sitzen sie und warten, was passiert und wie es geht. Dafür eignet sich zunächst das Töpfchen besonders gut, denn das hat keinen Schlund. In den Topf kann man ganz sicher nicht hineinfallen, auch nicht aus Versehen. Selbst hineinzufallen und beim Spülen mit zu verschwinden, ist eine Fantasie, die viele Kinder auf der Toilette in der ersten Zeit haben und fürchten.

Wieder passiert der Lernschritt besser und entspannter, wenn sich Kinder nicht allein fühlen und bei allem noch in vertrauter Umgebung sind. Auch alle Hilfe, die sie dabei brauchen, fordern sie bevorzugt von vertrauten Menschen ein. (»Nein! Papa/Mama soll kommen und helfen!«)

Ausscheidung und emotionales Erleben kommunizieren unbewusst miteinander und hängen zusammen. Wir Erwachsenen erkennen es daran, dass Aufregung, Anspannung oder Ungewohntes sich auf Blase oder Darm legen, dass Ängste, wie zum Beispiel vor einer Prüfung, sich auswirken, man häufiger »muss« oder zum Beispiel Reisen und die damit verbundene Unruhe dazu führen, dass man nicht »kann«. Bei uns allen, aber bei Kindern ohne Wenn und Aber drückt sich die Psyche über den Körper und der Körper über die Psyche aus. Was Ausscheidung betrifft, bleibt diese unmittelbare Verbindung bei uns allen ein Leben lang bestehen.[90] Wieder gilt: Je kleiner Menschen sind und je unmittelbarer Körpererleben und Gefühle noch ineinandergreifen, desto weniger haben Kinder durch ihre Gedanken oder durch erwachsenes Aufsie-Einreden Zugriff auf das ganze Geschehen. Eines Tages ist es so weit, und das ist dann ein wichtiger Schritt der Abnabelung von den Eltern: Das Kind spürt, wie Ausscheidung geht, kann es, hat damit größere Autonomie, weil es nicht mehr gewickelt werden muss, sondern seine Körperöffnungen selbst steuern kann. Wir alle denken über die hier geschilderten Vorgänge nicht nach, und Kinder erst recht nicht, und dass das Ausscheiden das Hin und Her zwischen Körper und Psyche ausdrückt, heißt auch, dass es mehr unbewusst als bewusst geschieht. Weil das so ist, reagieren Kinder eher nicht auf Anforderungen oder Aufforderungen der Erwachsenen, Ermahnungen laufen häufiger ins Leere.

Rituale helfen Kindern in der Gruppe

RITUALE HELFEN, denn sie lassen uns die Dinge beiläufiger, man könnte sagen »halb bewusst« und in gewisser Weise »automatischer« erledigen, was Kindern generell bei vielem unterstützt, besonders aber bei mehr unbewussten als bewussten Körpervorgängen. Dieses ritualisierte Prinzip könnte man auch nennen: »Weil jetzt die Zeit dafür ist und wir es jeden Tag so machen, machen wir es jetzt so.«

In Einrichtungen mit Kindern ist es für nahezu alle Kinder entlastend, wenn sie nicht mehr in einen Konflikt zwischen dem Alleinsein auf der Toilette oder dem Zusammensein mit allen in der Gruppe stehen. Den meisten Kindern hilft es sehr, wenn man ritualisiert und regelmäßig zwischen allem Spiel Pausen für körperliche Bedürfnisse aller Anwesenden einlegt: Pausen für einen gemeinsamen Gang zur Toilette; aber auch Pausen für gemeinsames Essen und Trinken. Denn auch darauf verzichten Kinder oft, wenn sie sich dazu aus der Gruppe lösen sollen.

Manche Fachleute sagen, dieser gemeinsame Gang zur Toilette sei eine Zumutung für Kinder, Kinder seien auch diesbezüglich Individualisten. Ich mache jedoch in der Beratung in Kindereinrichtungen die Erfahrung, dass die kindliche Sehnsucht nach Gruppenzugehörigkeit und Geborgenheit im Kleinkind- und Kindergartenalter gegenüber dem Bedürfnis, bei persönlichen Verrichtungen allein zu sein, meist noch deutlich überwiegt. Von Erzieher/-innen bekomme ich regelmäßig die Rückmeldung, dass eine Umstellung auf »Wir legen zusammen Pausen ein und machen lebensnotwendige Dinge als Gruppe gemeinsam« Kindern in diesem Alter entscheidend aus dem Dilemma heraushilft, sowohl bei Pausen für ruhiges Essen als auch bei Pausen für den ruhigen Gang zur Toilette. Mahlzeiten werden für die Kinder ohne Problem möglich, Ausscheidungsprobleme lösen sich.

Der Vorschlag, in der Gruppe zu gehen, ist dabei nicht so gemeint, dass ein Kind nur noch in der Gruppe zur Toilette dürfte, und keinesfalls wird es gezwungen, sich auf eine Toilette zu setzen. Aber etwas von der Lebensweise der alten Römer scheint vielen kleinen Menschen zu helfen. Zumal das Erleben, dass größere Kinder »es« so machen, eine Unterstützung ist und ein Ansporn, das Wickelkind-Dasein zu verlassen. Zusätzlich spricht dafür, dass Kinder jetzt vermehrt an Ritualen, Regeln und damit einhergehenden, immer gleichen Gruppenabläufen Freude haben und sich besonders gern an etwas halten, was ihrem Tagesablauf und ihrem körperlich-psychischen Erleben Struktur und Orientierung gibt.

Das Großwerden ist leichter, wenn man Menschen um sich hat, die man mag

ZU HAUSE SORGEN SIE ALS ELTERN am besten ebenfalls dafür, dass es regelmäßig Momente gibt, in denen jüngere Kinder mit Gleichmaß und Gemütlichkeit ausreichend Zeit auf der Toilette verbringen können – wenn sie möchten, noch in der Nähe von Eltern oder Geschwistern.[91]

Wundern Sie sich aber nicht: Sie werden auch erleben, dass ein Kind zunächst unbedingt einfordert, dass Sie mitgehen sollen, und dann, wenn Sie dem nachgegeben haben, doch plötzlich wieder in sein Großsein, seine Autonomie zurückfindet. In Ihrem Beisein kann es alles Notwendige dann unwillkürlich wieder selbst, zieht sich selbst an, wäscht sich die Hände usw. Argumentieren Sie darüber nicht, sondern lassen Sie es einfach zu. Es ist eine der typischen Situationen, in der kleine Kinder zeigen, dass Größerwerden in der Nähe zu Personen, die man mag, leichter geht. Nicht selten wundern Eltern sich, dass Kinder zu Hause den Gang zur Toilette ankündigen und gut bewältigen, es in der KiTa aber Probleme damit gibt – es hat mit dem Gefühl zu tun, dass der Körper in der vertrauten Umgebung alles in Ruhe machen kann. Wenn Sie Ihren eigenen Körper beobachten, werden Sie feststellen: Gefühle sind weitaus mehr und subtiler am Werk, als uns allgemein bewusst ist.

Auch bei diesen Lernschritten erleben wir die Verschiedenartigkeit von Menschen von klein auf: Manche Kinder erledigen alles früh, vielleicht auch mehr im Stillen und in zugehöriger, eigener Ruhe, und empfinden es manchmal als hinderlich, wenn sie bei Ausscheidungsprozessen nicht allein sein können. Soweit möglich, respektieren Sie das Kind in seinem Sosein.

Übrigens ist es nicht so, dass man – wie es Eltern nach der

langen Zeit extrem rigider Sauberkeitserziehung fast ausschließlich geraten wurde – ein Kind keinesfalls auffordern dürfte, trocken zu werden. Es kann Kindern auch bei diesem Thema etwas nützen, wenn man sie zwischendurch ermuntert und etwas anstupst, einen nächsten Schritt zu wagen, ihnen also vorschlägt, etwas größer zu werden. Solange man keinen Stress macht (bei Stress verschließt sich der Körper, dann »kann« er ganz sicher nicht), schadet es nicht, wenn Sie Ihrem Kind vorschlagen, es auch zu versuchen.

Einfühlungsvermögen ist gefragt, wenn Kinder ihren Körper erforschen

NOCH EIN PAAR WORTE MEHR zum Erleben zwischen größeren und kleineren Kindern: Dass ein Kind zu den Größeren gehören und auch bezüglich seiner Ausscheidung kein »Baby« mehr sein will, ist ein guter Anreiz, seinen Körper besser wahrzunehmen und die Beherrschung dieses Körpers zu erlernen. Gerade der Spaß, der sich unter Kindern dabei abspielt, beflügelt das Lernen. Vergnügen darf unter Kindern diesbezüglich auf kindliche Weise sein. Es geht hier nicht um sexuelle Übergriffe – das wird derzeit immer schnell vermutet –, sondern um eines der Lebensgesetze, dass man in dem Alter, in dem man Ausscheidung lernt und die Regie dabei übernimmt, gerne auch von größeren Kindern manches zu Körperthemen gezeigt bekommt. Es ist eins der Entwicklungsgesetze, dass Kinder sich untereinander ihre Körper zeigen, sich dabei kichernd necken und auf diese Weise zum einen die ganze Ausscheidungsthematik spielerisch verstehen, aber auch, wie unterschiedlich Mädchen und Jungen aussehen. So wird unter Kindern für sich ganz nebenbei noch etwas »Körperaufklärung« erledigt. Das ist von jeher so und ein Teil menschlicher Entwicklung.

Wenn Ihr Kind Ausscheidungsprobleme hat, dann lassen Sie durchaus das Zusammensein mit anderen Kindern zu, weil der Spaß untereinander Anspannungen löst und es dadurch leichter wird, auf die Toilette zu gehen. Was die KiTas betrifft, sind Erzieher/-innen meiner Erfahrung nach hier sehr erfahren und spüren ausgezeichnet, ob es sich um die üblichen Körpererkundungen und -themen unter Kindern handelt oder ob ein Kind schlecht behandelt wird. Letzteres kommt kaum vor und ist die wirklich seltene Ausnahme.

Es ist eines meiner täglichen Arbeitsfelder, dass ich zur Fachberatung – in aus erwachsener Sicht unsicheren Situationen – von Eltern oder Erzieherinnen hinzugezogen werde, wenn es um Fragen sowohl von Kinderschutz als auch von sexueller Gewalt geht. Ich kann Ihnen versichern: In Momenten, in denen Erwachsene aufgrund von Medienberichten unsicher sind, geht es nahezu immer um ganz normales kindliches Verhalten, das heißt um übliche Bausteine kindlicher Entwicklung. Kinder sind argloser, als wir meinen, und wir können uns diesbezüglich weniger Sorgen machen und mehr Gelassenheit zulassen.

Kinder sind spielerisch, witzig und ab und zu, wie in sonstigen Situationen auch, frech und vorwitzig. Aber man schießt in der Regel über das Ziel hinaus, wenn man Kinder wegen gemeinsamer Gänge zur Toilette streng zur Rede stellt, als hätten sie strafbar gehandelt (das trifft eher die Jungen, seltener die Mädchen). Letzteres ist seit einiger Zeit häufiger der Fall und bringt Kinder ob ihrer Arglosigkeit, in der sie miteinander verhandeln (»Wenn ich deinen Popo sehen und anfassen darf, dann darfst du bei mir auch«), in größere psychische Nöte. Kinder verstehen nicht, was Erwachsene ihnen vorwerfen, weil sie es aus der kindlichen Notwendigkeit heraus, ihren Körper zu verstehen, intuitiv tun, während Erwachsene darin die Vorläufer möglicher sexueller Übergriffe sehen. Sexuelle Übergriffe haben komplexere Ursachen in den Persönlichkeiten dann Erwachsener.

Entspannung ist der Schlüssel

WENN AUSSCHEIDUNGSPROBLEME SICH HINZIEHEN, tun Sie sich und Ihrem Kind einen Gefallen und machen Sie jetzt und zukünftig keinen Stress. Durch Stress und zu viel Anstrengung geraten Sie wieder in Teufelskreise. Denn einmal mehr reagiert der kindliche Körper unwillkürlich auf Stress, und ein Vorgang, der Entspannung braucht, kann sich kaum einpendeln.

Falls es doch anhaltend schwierig bleibt, hilft es, wenn Sie positive Anreize setzen, indem es für Ihr Kind auf der Toilette ganz gemütlich sein darf, es Zeit hat, sich etwas anzuschauen (vielleicht auch mal einen kleinen Film auf dem Handy oder Tablet, ein Bilderbuch oder einen Comic). Das dient einer guten Atmosphäre und fördert das mentale Abschalten, die Trance im Menschen. Nur dann lässt der Körper los.

Tut sich Ihr Kind schwer, trocken zu werden, dann malen Sie zusammen ein schönes Bild, auf das bei jedem Mal, wenn es geklappt hat, ein weiteres Bildchen geklebt wird. Bei einer gewissen Zahl an Bildchen machen Sie etwas besonders Schönes zusammen, worauf Sie sich gemeinsam freuen. Je mehr es Ihnen gelingt, mit Ihrem Kind über die Entspannung und über positives Erleben bzw. positive Ereignisse an das Thema Ausscheidung heranzugehen, umso zuversichtlicher können Sie sein, dass Ihr Kind es lernen wird.

Zusätzlich werden Leichtigkeit und Körperbeherrschung jetzt dadurch unterstützt, dass Kinder generell mit ihrer Körperbalance und Körperbeherrschung experimentieren und aus ihrer kindlichen Begeisterung an Bewegung vielfältige Erfahrungen sammeln, was sie mit ihrem Körper alles können. Wieder geschieht das Lernen nicht direkt mit Programm, über Absicht oder Kurs, sondern verspielt, aus Intuition und gutem Gefühl, gepaart mit Faszination und kindlichen Glücksgefühlen. Zum Beispiel berichtete ein Vater, dass die Ausscheidungsschwierigkeiten seines Kindes sich zu lösen begannen, als das Kind unentwegt Fahrrad fahren übte. Man kann sagen, dass Körper und Psyche hier gleichermaßen »übten«, leidenschaftlich Balance zu halten – plötzlich war es auch möglich, die Balance zwischen Festhalten und Loslassen bei der Ausscheidung zu steuern, und zwar intuitiver, gelassener, mit besserem Hin und Her zwischen An- und Entspannen als durch das Mahnen Erwachsener.

Hier wie auch in anderen Fällen gilt: Wenn Sie alleine aus entstandenen Teufelskreisen nicht herausfinden, holen Sie sich Hilfe. Die Psychosomatik weiß, wie stark unser Körper auf psychisches Befinden, Ängste und Anspannungen reagiert. Sollte es trotz der beschriebenen Tipps schwierig bleiben, entspannt es erst Sie und dann auch das Kind, wenn Sie etwas fachliche Beratung bekommen. Da es um unbewusste Prozesse geht, auf die der Körper reagiert, empfiehlt sich das Gespräch mit jenen Fachmenschen, die in Sachen Psychosomatik über die Vielschichtigkeit körperlicher Vorgänge Bescheid wissen.

BEIM WASCHEN GIBT ES STÄNDIG THEATER – WIE KÖNNEN WIR DAS ÄNDERN?

Noch immer ist Waschen und Duschen ein ständiges Theater. Wir versprechen kleine Belohnungen, wenn es gut klappt, lassen aber abends das Vorlesen weg, wenn es wieder Geschrei gab. Was können wir tun, damit es weniger anstrengend ist?

VIELE KINDER TUN ALLES, damit sie sich nicht waschen müssen oder, aus kindlicher Sicht noch schlimmer, von den Erziehenden nicht gewaschen werden – so auch Pelle in *Ferien auf Saltkrokan*:

Malin holte die große Waschwanne, steckte Pelle ganz hinein und begann, ihn gründlich abzuschrubben.

»Die Ohren brauchst du doch nicht zu waschen«, murrte Pelle, »die habe ich doch erst Samstag gewaschen.«

Malin aber erklärte, ihn mit solchen Ohren herumlaufen zu lassen, sei überhaupt nicht zu verantworten. »Morgen kommt vielleicht Tante Märta zum Kaffee, und wenn sie solche Ohren sieht.«

»Du sagst ›vielleicht‹ – können wir dann nicht warten und erst mal sehen, ob sie wirklich kommt?«, schlug Pelle vor.[92]

Ja nicht waschen!

KINDER WOLLEN NICHT NUR MÖGLICHST VIELE ERLEBNISSE, die ihnen unter die Haut gehen, sondern sie lieben es auch, das Leben sehr konkret auf der Haut zu spüren. Weil das so ist, bleibt es lange großes Theater, wenn wir Erwachsenen sie dauernd durch Waschen oder sonstige Pflege in ihrem Gefühl stören. Sinneswahrnehmungen sind für Kinder *das* Wesentliche, um sich durch und durch lebendig zu fühlen.

Kinder haben wenig Körperausdünstungen – daher wird es nicht unangenehm, wenn sie sich weniger waschen. Wir können ihnen also die Wonne lassen, ganz besonders in den warmen Monaten, in denen man als Kind vielleicht länger draußen bleiben darf und schließlich, mit Einbruch der Dämmerung im Bett liegt, die Sommerluft und Sonne noch auf der Haut riecht und ein paar Sandkrümel zwischen den Zehen spürt.

Schmutz hält Kinder zudem gesund:»Die Haut ist mit fast zwei Quadratmetern das größte Organ des Menschen. Sie schützt vor Verletzungen, reguliert die Körpertemperatur, übermittelt Empfindungen wie Wärme, Kälte oder Schmerz. Zudem schirmt sie den Körper gegen schädliche Eindringlinge und Umweltfaktoren ab. Doch immer häufiger scheint dieser Schutzmechanismus außer Kontrolle zu geraten. Dann richtet sich die Körperabwehr gegen harmlose Eindringlinge und verursacht Entzündungsreaktionen, die auf der Haut sichtbar werden. Dies betrifft vor allem Kinder, die in Städten der Industrieländer leben. Kinder, die auf dem Bauernhof aufwachsen, bekommen fünfmal seltener Asthma, Neurodermitis, Heuschnupfen oder andere Allergien (…) Vor zu viel Sauberkeit und übertriebener Körperhygiene warnen Dermatologen seit langem: Häufiges Baden oder Duschen kann den Säureschutzmantel der Haut und die Hautflora zerstören. Dann haben wir das Problem der Überpflege: Wir duschen alle, möglichst jeden Tag, darauf ist unsere Haut eigentlich nicht eingerichtet (W. Vanscheidt) (…) Kaum ein anderes Organ ist so empfindlich für äußere oder innere Reize, die Haut ist hochsensibel – und sie ist ein Kommunikationsorgan: Über die Haut lässt sich ablesen, in welcher Gefühlslage ein Mensch sich befindet, indem er in peinlichen Situationen errötet, in bedrohlichen Situationen erblasst, indem sich in ablehnender Haltung die Haare sträuben oder bei Angst Gänsehaut entsteht. Haut und Psyche sind eng miteinander verbunden.«[93]

Nicht zuletzt weisen Hautärzte darauf hin, dass die Haut unser wesentliches *Kontaktorgan* ist. Wer Hautausschläge hat, geniert sich mehr, Kontakt aufzunehmen, und wird leichter gemieden, weil Hautprobleme schnell als ansteckend oder eklig wahrgenommen werden.[94]

Kinder haben also recht, wenn sie sich wehren, zu viel gewaschen zu werden. Mit ihrer kindlichen Logik sorgen sie wieder intuitiv dafür, körperlich und seelisch gesund zu bleiben. Daher bleiben Sie als Eltern mit bestem Wissen ruhig bei der klassischen Variante: Katzenwäsche täglich und einmal die Woche unter die Dusche oder ab in die Badewanne – gemütliche abendliche Rituale aber immer gerne!

Täglich gibt es Streit, wenn wir die Geräte ausmachen und Fernsehen oder Computer ein Ende haben sollen. Wie lange darf ein Kind im Vorschulalter die Medien nutzen?

UM KINDER ZU STÄRKEN, bleiben die gesamte Kindheit über anregende Spiel- und »Arbeits«-Möglichkeiten zentral. Daher ist es am besten, wenn wir Erwachsenen zuallererst für solche Möglichkeiten sorgen und überall für sie eintreten – auch, indem Familien sich zusammentun, damit Kinder andere Kinder zum Spielen finden.

Machen Sie Kompromisse, aber achten Sie auch in diesem Alter bezüglich Medien auf nur kurze Zeiten pro Tag oder Woche und darauf, dass Sie als Eltern bestimmen, wann ausgemacht wird. Langfristig, wenn Ihre Kinder größer sind, werden Sie entlastet und froh sein, dass Sie jetzt bei Unruhe, Langeweile oder Einschlafproblemen etwas anderes vorschlagen, als in irgendwelche elektronischen Medien zu schauen. Sie stärken jetzt das Potenzial Ihres Zusammenlebens, es ermöglicht Muße in Wach- und Einschlafzeiten und erspart langfristig viel Stress.

Es braucht Mut, etwas andere als die üblichen Wege zu gehen. Aber der Stand modernen Wissens, nicht zuletzt darüber, dass sich Ihr Kind körperlich und psychisch weiterhin stark entwickelt, wenn Sie nach kurzem Medienkonsum das Gerät ausschalten, ist ganz und gar auf Ihrer Seite!

UNSER KIND BENUTZT GOSSENSPRACHE – WAS TUN?

Unser Kind kommt mit unmöglichen Ausdrücken aus der KiTa. Obwohl wir diese Gossensprache verbieten, benutzt es solche Wörter. Was tun?

ZUNÄCHST STELLT SICH DIE FRAGE, warum ein Kind das tut. Es ist ganz ähnlich wie mit der kindlichen Aggression: Kinder wollen die ganze Palette des Lebens ausloten, auch in ihrer Wortwahl. Nie sind Kinder nur gut oder benehmen sich nur vorbildlich; vielmehr haben sie immer das Bedürfnis, alles im Leben kennenzulernen, sind also auch neugierig auf die schlechteren, »abgründigeren« Seiten des Lebens. Mit geradezu großem Vergnügen geben sie von sich, was sie da und dort aufgeschnappt haben, und wiederholen es auch ständig. Lotta *(Die Kinder aus der Krachmacherstraße)* bringt ihre Mutter auf die Palme, weil sie immer wieder »Pfui Teufel« sagt (natürlich auch im Beisein der Großeltern, denn Kinder sagen solche Dinge bevorzugt dann, wenn es den Eltern besonders peinlich ist!), obwohl Mama ihr das streng untersagt hat. Lotta kann es nicht lassen und findet immer wieder Gelegenheiten, genau diese zwei Worte zu sagen.[95] Mama bestraft sie hart, und doch kann Lotta diese verbotenen Wörter noch immer nicht zurückhalten. Die Situation eskaliert in Weinen und Abschied, endet aber letztlich in Mamas versöhnender Geste.

So spielt es sich in vielen Familien ab: Kinder »dreckeln« auf sprachlicher Ebene, experimentieren und probieren aus, was sie alles machen und sagen können, um das ganze Leben zu spüren. Auch Lisabeth *(Guck mal Madita, es schneit*[96]*)* tut das mit Lust. Wie bei Aggressionen müssen Eltern darauf gefasst sein, dass ein Kind trotz guter Erziehung im nächsten Moment unflätig redet. Als Eltern sagen Sie weiterhin, was sich gehört und was nicht, dennoch muss man damit leben, dass das kindliche Verhalten sich nicht ändert.[97]

Wieder hilft es, den Kompromiss zu leben, indem Sie zum Beispiel einführen, dass ein Kind deutlich ermahnt wird und vielleicht auch eine kleine Konsequenz zu spüren bekommt, wenn schlechte Worte fallen, sobald Besuch da ist, man gemeinsam bei Tisch sitzt, in der Öffentlichkeit (zum Beispiel im Bus) ist oder generell in Anwesenheit Erwachsener, dass Erwachsene aber darüber weghören, wenn Kinder untereinander diese Worte benutzen.

Draußen müssen Kinder mit den unschöneren Seiten des Lebens Erfahrungen machen und durchaus auch experimentieren. Wenn alle Kinder sich untereinander necken, kann man das geschehen lassen. Werden aber einzelne Kinder regelmäßig aufs Korn genommen, muss man helfen. Wenn Frechheiten sich ständig gegen *ein* Kind richten, macht man allen Kindern deutlich, wie verletzend und ausgrenzend diese Erfahrung für Betroffene ist, und besteht darauf, es genau aus diesem Grund nicht weiter zu tun.

Durch teils mahnendes Erziehen, Ihr Vorleben, aber zeitweise auch dadurch, dass Sie ein Auge zudrücken, lernen Kinder schließlich im Laufe des Großwerdens, dass zu freches Reden im zwischenmenschlichen Umgang auf Dauer unterbleibt.

Wir leben getrennt. Unsere beiden Kinder (Sohn und Tochter) leben jetzt schon seit drei Jahren während der Woche bei mir und meinem neuen Partner; sie waren eineinhalb und drei Jahre alt, als wir Eltern uns trennten. Mein jetziger Mann bemüht sich sehr um die Kinder. Trotzdem sagen die Kinder oft, sie wollten zu Papa. Gerade dann, wenn wir etwas Schönes machen, kommt dann ein Satz wie: »Mit Papa ist es aber schöner.« Mein jetziger Mann ist gereizt und auch enttäuscht. Die Kinder dürfen doch regelmäßig zu ihrem Vater!

DIE LEIBLICHEN ELTERN sind für Kinder wie zentrale Lebensadern ihrer kindlichen Psyche. Man weiß inzwischen, dass es zentrale Bedeutung für Menschen hat, zu wissen, wer der Vater und wer die Mutter ist, weil die leiblichen Eltern entscheidende Bedeutung im inneren Erleben eines Kindes haben. Daher wurde es in den vergangenen Jahren mehr und mehr so eingerichtet, dass Kinder möglichst ihre Herkunft verfolgen können. Es gibt inzwischen Adoptionswege, die den Kindern den Kontakt zu ihren leiblichen Eltern weiter ermöglichen. Anstelle von Babyklappen wurde die »anonyme Geburt« etabliert, weil bei anonymer Geburt die Personendaten der Mutter von vornherein hinterlegt werden, das Kind also eines Tages einsehen kann, von wem es abstammt. Es wurde also seitens staatlicher Fürsorge viel dafür getan, dass dem Bedürfnis von Kindern, die leibliche Mutter bzw. den leiblichen Vater nicht zu »verlieren«, Respekt gezollt wird.

Man kann es wie folgt beschreiben: Im seelischen Erleben eines Kindes sind die leiblichen Eltern als diejenigen, durch die es auf die Welt gekommen ist, die Könige; sie sind das Königspaar! In Märchen finden wir zu dieser Thematik vieles, den meisten bekannt ist das Märchen *Aschenputtel* von den Gebrüdern Grimm. Bei Astrid Lindgren finden Sie dieses Thema in »Mio, mein Mio«.[98]

Der »Königsthron« wird verteidigt

MAMA UND PAPA WERDEN VON EINEM KIND, so wie sie sind, einfach geliebt und haben seelisch über Jahre hinweg herausragende Bedeutung. Wenn die Mutter einen anderen Mann an ihrer Seite hat (es wäre umgekehrt das Gleiche, wenn die Kinder beim Vater wären und er mit einer neuen Frau zusammenlebte) und es mit ihm auch schön ist, hält das Kind dennoch – oder besser gesagt: umso mehr – den »eigentlichen« König in seinem inneren Erleben hoch, würdigt ihn und verteidigt gewissermaßen den »Thron« für ihn. Weil ein Kind seine Zuneigung zum nicht anwesenden Elternteil in sich behalten und auf keinen Fall verraten will, betont es oft, wie sehr derjenige fehlt, wie gerne es ihn hat, wie viel besser er alles macht. Dann heißt es:»Aber mein Papa …/meine Mama …«

Das ist normal, und am hilfreichsten wäre es, dieses Erleben eines Kindes aufrichtig anzuerkennen. Es drückt schlicht und ergreifend diese elementare Liebe des Kindes zu denjenigen aus, denen es seine Existenz zu verdanken hat.[99] Hinzu kommt, dass, wenn die Kinder den Elternteil regelmäßig besuchen können, diese das Nicht-mehr-Zusammenleben – man kann auch sagen, das Zerbrechen des einstigen Königreichs und ihres eigentlichen Königspaares – bedauern und betrauern.

Aber auch ohne Besuch beim leiblichen Elternteil kann ein Kind voller Sehnsucht und Wehmut sein und das auch ab und zu deutlich ausdrücken. So erlebte ich es bei einem Mädchen, das aus schweren Umständen seiner leiblichen Eltern heraus als Baby früh adoptiert wurde und ein wirklich inniges Verhältnis zu seinen

Adoptiveltern hat. Dennoch sagte es als größeres Kind in einer besonderen Lebenssituation weinend: »Wie kann man solche Sehnsucht nach jemandem haben, den man doch eigentlich gar nicht kennt?« Diese Sehnsucht ist menschlich.

Hinzu kommt, dass Kinder, die noch im Aufwachsen begriffen sind und deren Psyche noch kindlich, also zerbrechlicher ist, das Bedürfnis haben, dass alles mit ihnen und ihren Eltern »ganz normal« ist, weil sie zunächst die Welt in und um sich in üblichen Strukturen erleben wollen. Es ist in der Ausbildung starker, stabiler psychischer Strukturen im Kind begründet, dass ein Kind sich dafür Normalität wünscht und als kleiner Mensch noch braucht. Man kann sagen: In den ersten Jahren wollen Kinder ihre Welt für sich möglichst so haben, dass ihre »Wurzeln« in ganz normaler Erde wachsen, bevor sie die Flügel in die Weite ausbreiten können. Zuerst gut verwurzelt haben Kinder dann erst allmählich und langfristig gesehen die psychische Stabilität und Kraft, um Vielfältigkeit und Unterschiedlichkeit zu erleben und diese Unterschiedlichkeit zudem leichter und anhaltender und durchaus mitfühlend mit allen Beteiligten zu verstehen.

Liebevolle Stiefeltern sind keine Konkurrenz

NEUE PARTNER/-INNEN, DIE »STIEFELTERN«, machen es allen leichter, wenn sie die Liebe eines Kindes zum leiblichen Elternteil akzeptieren, den fehlenden Elternteil respektieren und ihn nicht herabsetzen. Sie sollten mit der Liebe der Kinder zum fehlenden Elternteil nicht konkurrieren – auch gerade dann, wenn sie besonders Schönes mit den Stiefkindern erlebt haben, müssen Sie darauf gefasst sein, dass ein Kind den anderen leiblichen Elternteil vermisst. Im Zusammenleben mit jüngeren Kindern, die in ihrer kindlichen Art noch aussprechen, wie sie es empfinden (daher die Redewendung:»Kindermund tut Wahrheit kund«), werden Sie erleben, dass sie in solchen Momenten unverblümt betonen, dass der eigentliche König/die eigentliche Königin leider nicht dabei ist und mit ihm/ihr alles noch viel schöner wäre. Darin drückt sich auch die Sehnsucht aus, dass die empfundene Liebe zum vermissten Elternteil wieder »ganz« gelebt würde und somit wieder vollkommen und vollständig wäre.

Stiefeltern können daran nichts ändern und lediglich solche Gefühle eines Kindes annehmen, ohne daran zu rütteln oder sie durch Reden relativieren zu wollen. Kinder müssen erst sehr viel älter – meistens sogar erwachsen – werden, ehe sie die Brüche und Widersprüche, die sich aus dem Verlust leiblicher Eltern (ob durch Trennung der Eltern oder durch andere Umstände) ergeben, mit ruhigerer Sicht auf das Ganze in sich besser aushalten und unter verschiedenen Aspekten genauer reflektieren können.

Wenn Stiefeltern innerlich großzügig sein können, dann wäre es am schönsten fürs Kind und hilfreicher für alle, sie könnten zu Kindern sagen:»Ja, schade, dass deine Mama/dein Papa jetzt nicht dabei sein kann.«

Unser Kind spielt mit Waffen und sagt zu allen Kindern, aber auch Nachbarn, Großeltern, Tanten oder Onkeln: »Ich schieß dich tot!« Freunde und Familie sind entsetzt. Wie streng sollen wir dieses Verhalten verbieten?

HIER HILFT WIEDER, DIE VIELSCHICHTIGKEIT ZU VERSTEHEN und sich menschliches Verhalten und Erleben wie ein Gewebe vorzustellen, dessen einzelne Faktoren, die das Verhalten verursachen und mitbestimmen, die Fäden sind. Eine Antwort auf diese Beobachtung des Spiels eines Kindes braucht mehrere Ebenen, das heißt, es geht im Folgenden um die einzelnen Fäden.

Ein ganz zentraler Faden ist, dass Kinder auch bei diesem Spiel das Leben in allen Dimensionen ausloten, also auch den Tod. Sie spielen Totschießen, um sich damit auseinanderzusetzen, dass Menschen »tot werden«, das heißt sterben können, weil sie alt sind, jung unerwartet erkranken, ein Unfall das Leben beendet oder sie womöglich erschossen wurden. Kinderohren hören äußerst genau zu, wenn Erwachsene sprechen, und nehmen wirklich alles wahr, gerade auch sorgenvolle Nachrichten. (Deshalb müssen manche Gespräche verschoben werden, weil Kinderohren und -seelen sie nicht verarbeiten können, und das Fernsehen mit seinen vielen belastenden Nachrichten sollte in Gegenwart von Kindern besser ausgeschaltet bleiben.)

Spielen gegen das Gefühl der Ohnmacht

EIN WEITERER FADEN im Gewebe des Spiels »Schießen« ist: Wenn ein Kind die Pistole (oder jeden beliebigen Stock, der zum Schießgewehr verwandelt wird) hält, hat es selbst die Hand am Abzug, nimmt also die Rolle dessen ein, der Tod und Schrecken verbreitet, und muss beides nicht ohnmächtig erleiden: besser, die anderen fürchten sich, als man fürchtet sich selbst. So bekommt ein Kind Macht über seine Ohnmacht. Zusätzlich ist es für das Kind ein hilfreicher Faden im Gewebe des Spiels, dass die Opfer lebendig bleiben, obwohl der Tod umgeht! Der Tod hat also im Spiel eines Kindes – anders als im »richtigen« Leben – nicht das letzte Wort. Er kann erlebt, durchlitten und glücklicherweise wieder ausgesetzt werden. Das ist ein wesentlicher Grund, warum alle Generationen von Kindern »Indianer und Cowboys« oder »Räuber und Gendarm« oder Ähnliches spielen. Im Spiel wird gestorben, und doch sind alle anschließend lebendig und das Spiel kann ewig weitergespielt werden. Im Spiel auf glückliche Weise den Tod zu überstehen, ist eine zentrale Kindheitserfahrung, um die uns allen innewohnende Angst vor Tod und Sterben zu bewältigen.

Wenn Kinder konkret viel Aggression in ihrer Umgebung erleben, ist ein weiterer Faden im Gewebe ihres Spiels, dass sie real erlebte Aggression re-inszenieren. Die Trennung von geliebten Erwachsenen (allen voran von einem Elternteil) kann ein Kind wie einen Tod erleben und im Spiel durch Töten ausdrücken.

Kinder erleben außerdem, dass Tiere getötet werden. In *Ferien auf Saltkrokan*[100] sind eines Morgens Pelles Kaninchen Jocke und ein Schaf tot, und für alle Bewohner der Insel entfaltet sich ein Drama, das beinahe dazu führt, dass der von allen geliebte Hund erschossen wird. Welche Ängste die Kinder (und Erwachsenen) in den folgenden Tagen durchmachen, wird erzählt – eine weitere Lindgren-Erzählung also, in der typische Kindersorgen und -Ängste ausführlich zum Thema gemacht werden. Wer behauptet, Lindgren erzähle von einer heilen Welt, die es nicht gebe, hat Lindgren nicht gelesen.

Auch wenn Tod und Sterben Kinder erschüttern und ängstigen, kann man dennoch beobachten, dass Kinder zeitweise scheinbar gefühllos Tiere (Insekten, Kleintiere) töten, um sie anschließend genau zu untersuchen und sezieren. Hier ist der in diesem Alter typische Forscherdrang am Werk – alles wird gesammelt (auch Tiere) und genau untersucht. Dies ist ein weiterer Faden im Gewebe »Spiel mit dem Tod«.

Wie können Erwachsene auf Schieß- und Töten-Spiele von Kindern reagieren? Solange Kinder nur gelegentlich in bestimmten Spielszenarien und nicht ausschließlich Töten spielen, sollte man Kinder das Beschriebene alles tun und spielen lassen. Der Tod ist Teil des Lebens und mit dieser Tatsache wollen sich Kinder in ihren Spielen befassen – wie Kinder eben sind, echt und unbestechlich im Erleben aller Dimensionen. Man würde sie behindern, wenn man sie vom Erspielen (und damit vom seelischen Durcharbeiten) dieser Lebenstatsachen abhielte.

Wann Sie eingreifen sollten und wann nicht

SOLANGE MAN BEI KINDERN parallel zum Spiel mit Tod und Töten die Fähigkeit zu Warmherzigkeit und Mitgefühl erlebt, muss man sich keine großen Sorgen machen und kann sie alles Beschriebene aus sich heraus spielen lassen. Man sollte Kompromisse verhandeln, nämlich, dass sie untereinander Krieg und Frieden, Tod und Sterben spielen dürfen, aber weder die Großeltern noch die Nachbarn oder Freunde, die zu Besuch kommen, ganz plötzlich »erschießen« dürfen. So üben Kinder, den Schrecken, den sie über die am Spiel nicht beteiligten Menschen bringen, nachzuempfinden und sich in das Erleben Unbeteiligter einzufühlen und es zu respektieren. Kinder nehmen dann gut wahr, dass das eine ihr

Spiel ist, es für Nichtbeteiligte aber einen Schrecken bedeutet, den sie nicht dulden müssen.

Wenn Kleintiere in besagter Weise seziert werden, kann man vorschlagen, ihnen anschließend ein Begräbnis zu bereiten, was das Tierleben würdigt und einen respektvollen Abschied vom Tier möglich macht. Begräbnisse, eine Folge von Tod, beschäftigen Kinder ebenfalls, und sie spielen das dann auch mit Hingabe; was nebenbei noch ihre Fähigkeit zur Einfühlung und Würdigung allen Lebens ausdrückt und stärkt.

Bei allen beschriebenen Spielen kann man Versöhnung und mäßigenden Umgang mit Gefangenen und Opfern vorschlagen, sollte beides aber (soweit die Gruppe der Kinder im Prinzip im Lot ist) nicht partout erzwingen. Kinder regeln das untereinander, ohne erwachsene Einmischung, meistens gut, einfallsreich und ehrlich.

Sollten sich Kinder über lange Zeit ausschließlich aggressiv verhalten, kann es richtig sein, ein Gespräch mit einer Fachperson zu suchen, um der Frage nachzugehen, was ein Kind mit der starken Aggression zu verarbeiten sucht. Diese Hilfe brauchen Sie allerdings meistens erst bei anhaltendem aggressivem Verhalten Ihres Kindes.

Unser Kind geht gerne in die KiTa, dennoch ist es zu allen morgendlichen Notwendigkeiten nicht zu bewegen, ist beschäftigt, spielt viel mit seinen Autos und schafft es ohne unser dauerndes Antreiben nie rechtzeitig (spätestens um 9.00 Uhr müssen wir dort sein). Wir streiten deshalb jeden Morgen. Was tun? Es müsse doch noch mit dem Löschfahrzeug gerade einen Brand löschen, behauptet unser Kind ...

KINDER SIND DARAUF AUS ZU SPIELEN; häufig gerade morgens, um tagträumend den Übergang zwischen Nacht und Tag in Ruhe zu bewältigen. Ein Kind weiß zwar, dass es spielt, ist dabei aber so ernsthaft beschäftigt, dass es damit nicht einfach aufhören *kann*. Das kindliche Bedürfnis zu spielen ist stärker als erwachsene Notwendigkeiten. In diesem Fall lebt das Kind intensiv bei der Feuerwehr, aber es kann genauso um das Bauen mit Lego, um Spielszenarien mit Playmobil oder um das Versorgen von Spieltieren oder Puppen gehen. Kinder tauchen intensiv in ihre Spielszenarien ein und haben im Alter vor der Schulzeit noch kaum ein Gefühl für Zeit und Raum. Im Gegenteil: Wenn sie gerade mit Feuerwehrautos spielen und Brände löschen, dann ist das in jeder Hinsicht akute, dringende Notwendigkeit. »Ich muss aber löschen…« ist die Begründung, mit der ein Kind versucht, den Eltern die Dringlichkeit seines Spiels verstehbar zu machen. Es ist nicht ungezogen, es ist ernst im Spiel.

Flexiblere Zeiten für kleine Kinder

MIR KOMMT IN DEN SINN, dass man das früher wusste. »So sind kleine Kinder nun mal«, hieß es für Kinder im Vorschulalter. Lange Zeit durfte man irgendwann im Kindergarten ankommen.

Manchmal war es wirklich spät. Ich kann mich erinnern, wie meine Erzieherin – sie hieß noch Tante – zu mir sagte:»Wo kommst *du* denn jetzt her?«Es war später Vormittag geworden, der Weg hatte lange gedauert, weil ich ihn verträumt und verspielt gegangen war. Ich verstand ihre Frage, wusste aber nicht, was ich einer Erwachsenen antworten sollte, und mein Spielen und Tagträumen auf dem Weg konnte ich ihr sowieso nicht beschreiben. Aber ich kann mich noch genau an mein Gefühl erinnern, dass sie als Erwachsene es gar nicht verstehen würde.

Auch als Schulkind hatte man in der ersten Klasse bis weit in die 1980er-Jahre das Privileg, dass der Morgen erst ab der dritten Stunde begann, selten mit der zweiten Stunde. Man wusste, dass jüngere Kinder morgens verträumt, verspielt und langsam sind. Erwachsene und ihre Pläne trugen dem Rechnung. Es wurde zu der Zeit auch noch als Zeichen von beginnender Schulreife gewertet, ob ein Kind sich allmählich an die Uhr und an vorgegebene Zeiten halten konnte. Die Langsamkeit und Verspieltheit von Kindern war allgemeines Wissen in der erwachsenen Welt. Das Alltagstempo Erwachsener nimmt zu – aber das Tempo im psychischen Erleben und Großwerden der Kinder nicht. Dennoch wurde zur Regel gemacht, dass Kinder schneller und beweglicher sein sollen. Vielleicht wäre es hilfreicher, wir Erwachsenen würden beweglicher und milder in unserem Umgang mit Regeln und rigoroser im Entrümpeln unserer Vorhaben!

Dass der KiTa-Tag einen gemeinsamen Beginn haben soll, ist verständlich. Aber wie wären kinderfreundliche Kompromisse? Dass es zu einer bestimmten Uhrzeit den Morgenkreis gibt, aber parallel auch»Stunden des Ankommens für träumende Kinder« möglich sind. Ganz leise könnten sie hereinkommen und sich in den Kreis setzen oder sich in die anschließenden Aktivitäten einfädeln. Traumzeiten, gleitende Ankommzeiten – viele Erwachsene haben doch auch gleitende Arbeitszeiten und empfinden das als wohltuend und weniger streng. Warum nicht auch für die Kinder? Dann müssten Eltern zu Hause nicht mehr antreiben und könnten Kinder ihren ernsthaften Tätigkeiten im Spiel überlassen.

Das Feuerwehrauto muss mit!

ES WÄRE AUCH SCHÖN, wenn die Erwachsenen mehr respektierten, dass man als Kind die im Moment wichtigen Spielsachen mit in die KiTa nehmen will, ja mitnehmen *muss*. Hier weniger streng zu sein, würde Kindern den Übergang aus ihrem Spiel zu Hause an einen anderen Ort entscheidend erleichtern. Ihre »Aufgabe« könnte mitkommen und dürfte sich in der Einrichtung fortsetzen: Mit dem Feuerwehrauto per Tatü-Tata in die KiTa (auch ein Matchbox-Auto in der Hand eines Kindes kann auf einem Mäuerchen oder auch nur durch die Luft fahren und dabei einen Heidenlärm machen) – vermutlich ginge der Weg dann rasend schnell! Oder man könnte mit dem Puppenwagen bis zur KiTa laufen – der Weg mit dem Auto, weil ein Kind nicht laufen mag, wäre dann sicher überflüssig.[101]

Als Steigerung aller Freude könnte man mit den Kindern, von der KiTa ausgehend, ganze Feuerwehrlöschfahrzüge durchs Viertel düsen lassen oder mit Puppenbabys in den mitgebrachten Wagen Ausflüge zum Bäcker machen. Puppenbabys müssen sowieso, wie echte Babys, viel mehr an die frische Luft! Und vielleicht ist ein Kind gerade im Spiel bei der Polizei beschäftigt und übernimmt liebend gerne den »Geleitschutz«.

Alle Erwachsenen, die so etwas zuließen und mitmachten, können sicher sein, dass sie strahlende Blicke bei den Kindern und reichlich Lächeln bei allen vorübergehenden Passanten ernten würden. Die graue Atmosphäre auf den tristen Asphaltwegen der Wohnviertel wäre zumindest munter! Eines lehrt mich die kindliche Kooperationsbereitschaft seit Langem: Angesichts aller Freude würden Regeln, hier im Beispiel solche im Verkehr, von Kindern nebenbei eingeübt (bei unserem Spaziergang mit Puppenwagen an den Dorfrand hielt das knapp vierjährige Kind – genau wie eine erwachsene Frau – an jedem Bordstein an, schaute nach links und rechts und wieder links, ehe sie ihr kostbares Gut über die Straße schob). Ganz abgesehen davon, dass Autofahrer in einem Wohnviertel ebenfalls wahrnehmen würden, wer da alles in wichtigen Angelegenheiten unterwegs ist. Und je häufiger man solche Ausflüge machte, umso klarer wäre, dass das »Draußen« im Viertel auch wieder den Kindern gehören *muss*.

Zurück in der Einrichtung, nach sorgfältigem Parken kleinerer oder größerer Fahrzeuge, müsste vielleicht das eine oder andere Puppenbaby erst frisch gewickelt werden. Aber dann gäbe es Kakao und Gebäck für Kuscheltiere, Puppen und alle Kinder. Puppengeschirr? Gute Idee! Gemeinsames Spülen danach, mit richtig Wasser und etwas Schaum, macht auch noch Spaß. Bestimmt näht jemand gerne aus Stoffresten Geschirrtücher in der Größe für Kinderhände. Seien Sie sicher, es sind die, teils spontan improvisierten, aber doch wichtigen Kleinigkeiten, mit denen das Spiel für Kinder Fahrt aufnimmt. Bei uns einst doch auch – fällt Ihnen gerade Ihre frühere Puppenwohnung ein? Oder die Ritterburg mit Goldschätzen und Waffenkammer, damals neben Ihrem Bett?

Noch eins hilft: Fallen Sie nicht aus der Rolle, sondern seien Sie ernsthaft in der Assistenz.[102] Wie auch immer die Rolle ist, die Ihnen zukommt, machen Sie immer weiter und behandeln Sie alle

Spielszenarien als echt und lebendig. Am verträumt-ernsten Blick von Kindern sieht man, wie wohltuend das ist.

Spielen ist eine ernsthafte Angelegenheit

SOLCHE VORSCHLÄGE MÖGEN ZUNÄCHST fast utopisch klingen, aber Kinder sind viel ernster im Spiel, als wir annehmen, und man tut ihnen unrecht, wenn man den Ernst ihres Spiels nicht gebührend unterstützend beantwortet. Nach fast nichts sehnt ein Kind sich so sehr als danach, dass es »wirklich« machen darf, was es aus seinem Gefühl heraus für richtig hält. Es weiß, wie die Dinge sich abspielen müssen, wie es sie im kindlichen Gefühl ganz echt erleben kann. Es möchte bei den Aufgaben, die es gerade in seinem Spiel doch richtig erledigt, von den Erwachsenen nicht ausgebremst und womöglich belächelt, sondern endlich respektiert werden. Man liebt eben seine Puppen wirklich, versorgt sie und lässt sie genauso ungern alleine wie lebende Kinder; man löscht Brände oder betreut eine Baustelle, lebt in einer Ritterburg und besteht dort Kämpfe, ist im Moment tatsächlich Prinz oder Ritter usw.

Der Vorschlag, eine Brandlöschung abzubrechen, weil Erwachsene gehen wollen, ist für ein Kind so schwer, wie wenn wir Erwachsenen weggerufen werden, obwohl wir kurz davor sind, eine wichtige Aufgabe zu beenden. Der Abbruch ihrer »Arbeit« ist wirklich nahezu unmöglich und anstrengend für Kinder. Obwohl sie gleichzeitig wissen, dass es ein Spiel ist, sind sie dennoch mit Haut und Haar dabei und es entlastet sie, wenn wir das verstehen und einsehen können. Dennoch passiert es manchmal, dass sie selbst aus irgendeinem Grund unvermittelt aus einem Spielszenario aussteigen – das gehört zum Kindsein dazu, als Kind darf und muss man das manchmal tun.

Wenn Sie *Die Kinder aus Büllerbü*[103] lesen, finden Sie viele Situationen, in denen erzählt wird, wie Erwachsene das Spiel der Kinder »unterfüttern.« Auch weil Astrid Lindgren von solchen Gesten Erwachsener häufig erzählt, werden ihre Geschichten von Kindern so sehr geliebt – weil bei ihr Erwachsene so reagieren, wie Kinder es ersehnen: »Wir fragten ... und wir durften ... und dann gab Mama (Papa) uns (dies oder jenes) mit ... und wir machten ...«

UNSER KIND WILL UNBEDINGT EIN HAUSTIER HABEN – SOLLEN WIR NACHGEBEN?

Unser Kind wünscht sich ein Tier, aber wir sind nicht einverstanden, da doch alle Arbeit und Verantwortung später an uns hängen bleibt. Das Nörgeln hört nicht auf – was tun? Nachgeben oder bei unserer erwachsenen Weitsicht und Einschätzung bleiben?

DASS KINDER SICH EIN LEBEN MIT TIEREN WÜNSCHEN, kommt oft vor und ist verständlich. Mit Tieren umgehen zu dürfen, entspricht dem kindlichen Bedürfnis, empathisch leben zu können. Wie ein Kind selbst ist auch ein Tier im Hinblick auf das Gefühl im Leben ein deutlicher Gegenpol zu Verstand und Lebensgefühl der Erwachsenen. Tiere denken nicht wie Erwachsene, sie reden nicht, sondern sind in ihrer Art, im Leben zu sein, einem Kind näher als ein Kind den Erwachsenen. Das »wissen« Kinder, und es ist wesentlicher Grund, warum sie die Nähe zu Tieren so genießen und herbeiwünschen. Dazu fühlen sie sich in ihrer Fürsorge gefordert, sind dabei größer und einem Tier ganz sicher überlegen.

Wenn Sie das damit für Kinder verbundene Glück nachempfinden wollen, dann lesen Sie in *Die Kinder aus Bullerbü*[104], wie Ole einen Hund bekommt und wie Lisa eines Tages ein Lamm aufziehen darf, weil es von seiner Mutter nicht gesäugt wird; oder in *Ferien auf Saltkrokan*, wie genau Pelle sich in Wespen hineindenkt und wie sehr er sein Kaninchen Jocke liebt, wie Tjorven ihren Hund Bootsmann als treuesten Gefährten ständig an der Seite hat und schließlich das Unglaubliche passiert, dass Vestermann, ein erwachsener Mann und ganz sicher kein Freund von Kindern, Tjorven ein verwaistes Seehundjunges überlässt:

»Bootsmann, es kann gar nicht wahr sein«, sagte sie. »Wir haben einen Seehund bekommen!«

Bootsmann schnupperte an dem Seehund. Er hatte noch nie ein Wesen gesehen, das diesem ähnelte; wenn Tjorven es aber durchaus wollte, dann würde er sich schon mit dem komischen kleinen Vieh anfreunden, das hier lag und ihn anzischte.

»Nein, mach ihn nicht scheu«, sagte Tjorven und jagte Bootsmann weg. Dann schrie sie, so laut sie nur konnte: »Kommt mal her! Kommt allesamt her! Ich habe einen Seehund bekommen!«

Pelle kam als erster herbeigelaufen, und er freute sich so sehr, dass er anfing zu zittern, als er den Seehund sah und das Unfassbare vernahm: Tjorven hatte dieses phantastische, graugesprenkelte Knäuel geschenkt bekommen (…) War es wirklich möglich, dass jemand nur mal so eben einen Seehund geschenkt bekam? »Oh, Du hast aber ein Glück«, sagte Pelle aus tiefstem Herzen. Und Tjorven gab ihm recht.

»Tja, es ist nicht zu glauben, ich hab andauernd so'n Glück.«

Nun hieß es aber, Mama und Papa davon zu überzeugen, wie schön es sei, einen Seehund zu haben.

Nach und nach standen sie alle auf der Landungsbrücke und betrachteten erstaunt den Seehund.

»Wir können bald einen Tierpark auf Saltkrokan aufmachen«, sagte Melcher. »Ich muss nur mal sehen, ob ich nicht irgendwo noch ein paar billige, kleine Flusspferde erwischen kann.«

Märta aber hob abwehrend die Hände. Sie wollte keinen Seehund im Hause haben, unter gar keinen Umständen. Nisse hatte ebenfalls Bedenken. Er versuchte, Tjorven klar zu machen, welche Mühe sie haben werde, ihn aufzuziehen. Er brauche so viel Milch wie ein Kalb und kiloweise Strömlinge, sobald er erst etwas größer sei.

»Strömlinge kann er von uns kriegen«, sagte Stina, »Nicht wahr, Großvater?«

Tjorven blickte ihre Eltern vorwurfsvoll an.

»Ich habe ihn doch bekommen«, sagte sie. »Es ist ebenso, wie wenn man ein Kind bekommt, versteht ihr das nicht?«

Teddy und Freddy gaben ihr recht.

»Und wenn man ein Kind bekommt, dann redet man doch nicht gleich davon, wie viel Milch man braucht, um es groß zu ziehen«, sagte Teddy.

Sie bestürmten Märta mit Bitten. Johann und Niklas und Pelle halfen nach. Sie versprachen, für das Seehundjunge einen Teich zu machen, wo es sich tagsüber aufhalten konnte. (…)

Das Seehundjunge stieß hin und wieder kleine hilflose Schreie aus, und Stina sagte triumphierend: »Könnt ihr's hören? Er ruft ›Mama‹«

»Und das bin ich«, sagte Tjorven und nahm den Seehund auf den Arm.[105]

Diese Szene zitiere ich hier nicht in der Meinung, Kinder müssten exotische Wünsche erfüllt bekommen, denn dass man ein kleines Wunder wie ein verwaistes Seehundjunges geschenkt bekommt, bleibt wohl selten. Um das ganz Besondere geht es nicht, sondern um die Tatsache, dass anschaulich erzählt wird, wie berührt Kinder angesichts eines unglaublichen Ereignisses sind, dass sie sofort mitfühlend reagieren, und ein Kind (Tjorven ist in dem Alter, um das es hier geht) unvermittelt den Ernst der Situation spürt und ausdrückt: Wie können die Erwachsenen bei solch alltäglichen Fragen wie »Haben wir genug Fisch und ausreichend Milch?« stehenbleiben, wenn ein Tierkind wie ein Findelkind vor einem liegt, schreit und doch offensichtlich versorgt werden muss?

Als erwachsene Leser verstehen wir, was mit den anwesenden Eltern los ist, wie sie tief durchatmen: Will man bei aller sonstigen Arbeit auch noch ein Tierjunges versorgen, noch dazu eines mit besonderen Ansprüchen? Aber Kinder spüren die andere Seite: Man kann doch wegen äußerer Umstände nicht Nein sagen, eine plötzlich eintretende »Elternschaft« wegen Äußerlichkeiten nicht annehmen? Die Kinder bieten umgehend an, alle Sorge für das Tierjunge zu übernehmen. Die Erwachsenen geben nach erstem Zögern nach. Ein Tier zu haben, ist eine Art, als Kind ein Kind zu haben. Die Eltern hier lassen es zu, nicht ohne den Kindern deutlich zu sagen, dass sie dann ab sofort die Verantwortung übernehmen. In allen Geschichten, ob bei Ole oder Lisa, ob bei Tjorven, Stina und Pelle, wird erzählt, dass Kinder beides erleben: Die Freude, aber auch die Pflicht, ernsthaft zuständig und täglich gefragt zu sein. Lindgren führt es uns deutlich vor Augen: Als Kind gibt man alles und fühlt sich tatsächlich dadurch in elterlicher Verantwortung und Würde, und wie »echte« Eltern freuen sich Kinder trotz der Arbeit immer wieder daran, was mit kleinen Wesen, die Hilfe brauchen, täglich Schönes zu erleben ist. In *Ferien auf Saltkrokan* passiert noch manch Schwieriges wegen des Seehundes, aber an den Kindern und ihrem Versprechen, ihn so artgerecht wie möglich zu versorgen, liegt das nicht.

Wenn Kinder Verantwortung für ein Lebenwesen übertragen bekommen, erfassen sie den Ernst der Lage besser, als wir annehmen, und sind durchaus verlässlich. Angesichts des Engagements der Kinder setzen sich in *Ferien auf Saltkrokan* die Erwachsenen dafür ein, dass sich alle Schwierigkeiten um den Seehund lösen können. Einmal mehr gilt die Erfahrung: Gemeinsam geht es besser, und Warmherzigkeit lässt Lösungen zu. Ein Vorteil in der Geschichte ist – und wäre es auch im wahren Leben –, dass die Familien nicht isoliert voneinander leben, sondern so nah miteinander, dass gemeinsame Initiativen und Hilfen füreinander möglich werden, sowohl unter Erwachsenen als auch unter Kindern.

Es ist tatsächlich nicht immer möglich, Tiere im Haushalt mitwohnen zu lassen. Aber überlegen Sie, ob Sie sich mit anderen Eltern organisieren können. Vielleicht können auf diese Weise mehrere Familien abwechselnd Tiere, die weniger personenfixiert sind, versorgen; vielleicht gehen Gärten ineinander über oder liegen Wohnungen nah genug zueinander und man kann Kindern von zwei oder drei Familien ermöglichen, Kaninchen oder Meerschweinchen zu pflegen. Dann könnten Sie sich abwechseln, wenn einzelne Kinder nicht können oder Familien verreist sind. Genießen könnten Sie es auch und dabei Ihren Kindern bleibende Eindrücke und Erfahrungen zukommen lassen, wenn Sie Ferien auf dem Bauernhof machten. Denkbar ist ebenso, wenn man nicht die volle Verantwortung für ein einzelnes Tier übernehmen kann, dass ein Kind mit fünf, sechs Jahren (zusammen mit einem größeren Kind oder einem Erwachsenen) eine Patenschaft für ein Tier im Tierheim übernimmt. Oder Ihr Kind macht bei Projekten in Naturschutzverbänden mit. Die große Empathie und Sensibilität, die Kinder in diesem Alter zeigen, sollten wir nähren und auch erhalten. Es wird wahrscheinlicher, dass wir Kindern ein Leben lang die Sensibilität für die Natur erhalten.

Es waren Lindgrens Erfahrungen als Bauernkind mit Tieren, die nicht nur all die Geschichten hervorbrachten, in denen die Natur und intensive Eindrücke vorkommen, sondern die sie auch hochkritische Artikel zur Massentierhaltung schreiben ließen, was maßgeblich dazu beitrug, dass in Schweden ein besseres Tierschutzgesetz verabschiedet wurde.[106] Dass unsere Kinder ein Gespür für Lebensbedingungen von Tieren behalten, wird wichtig sein – Tiere nehmen weltweit gravierend ab, zwischen 1970 und 2012 ist der Bestand der Wirbeltiere auf der Erde um 60 Prozent zurückgegangen! Die Zahl der Insekten geht ebenfalls besorgniserregend zurück.[107] Fragte man Kinder heute, würden sie umgehend für andere Tierschutzrechte eintreten – etwas, was uns allen zugute käme.

Vielleicht haben Sie noch mehr Lust und Mut und überlegen, ob Sie sich zusammen mit anderen Eltern dafür engagieren, dass eine Kinder- und Jugendfarm im in Ihrer Nähe entsteht. Wenn Kinder- und Jugendfarmen in Städten und Gemeinden zahlreicher Schule machten[108], hätten Kinder ganz in der Nähe tägliche Erfahrungen, die »unter die Haut« gehen. Kinder könnten ihren Sehnsüchten nachgeben, kleine und größere Tiere erleben und versorgen. Es würde Kinder für vieles entschädigen, was sie durch unsere urbane Lebensweise heute entbehren. Förderkurse oder Therapiestunden würden unnötiger, denn wir wissen, wie vielfältig Kinder lernen – bei der Arbeit draußen, bei Garten- oder Hofarbeit, mit Tieren und Pflanzen, verbunden mit allen Gerätschaften und Notwendigkeiten. Kinder kämen nach echten Tätigkeiten zufrieden und ausgefüllt nach Hause. Die leidige Diskussion zu elektronischen Medien oder angesichts zu voller Wochen wegen vieler sonstiger Vorhaben würde sich nebenbei erledigen – das Erleben von Lebendigen zieht für Kinder mehr.

Erwachsene wissen das längst, und manchmal lassen sie es zu, so dass zum Beispiel ein Hund für Ausgeglichenheit und gute Laune unter Kindern sorgen darf.[109] Wir Erwachsene würden auch davon profitieren, denn alle Mithilfe, die bei Projekten in Stadtvierteln für Kinder zeitweise notwendig wird, hebt isoliertes Leben auf, lässt mehr Nachbarschaft und ein Netz von Freundschaften entstehen.

AUSBLICK

WENN WIR ERNST NEHMEN, welche Wünsche Kinder an uns herantragen – nach Zeit und Nähe in den ersten Jahren, nach freier Zeit und gestaltbarer Umgebung für ihr ausgedehntes Spiel in den kommenden Jahren –, dann können die Tage für Kinder anders aussehen. Anstatt uns auf heutige Weise Mühe zu geben, Kinder zu unterhalten und zu fördern und alles irgendwie zu organisieren, wäre den Kindern mehr gedient, wenn wir ihre Freude ernster nähmen, sie mehr ihre eigenen Anliegen umsetzen ließen; wenn sie mehr »Richtiges« machen dürften und wir diese Gleichzeitigkeit von höchster Ernsthaftigkeit und kindlicher Lust, die sie im Spiel zeigen, mehr achten würden; wenn wir ihnen dabei gönnten, dass sie Kinder sind, also häufig »schabernacken« müssten, was nur möglich ist, wenn sie freier und nicht zu viel unter Anleitung und erwachsener Einmischung sind; wenn wir außerdem akzeptierten, dass große Freiräume samt guten Spielmöglichkeiten Kinder ausreichend bilden, sie bestens groß und klug werden lassen und sich im kindlichen Spiel Sehnsüchte und Fähigkeiten zeigen, die jedes Kind mit auf die Welt bringt und die ermöglichen, dass aus Kindern fähige Erwachsene werden. Derzeit sind wir Erwachsenen mit unserer Lebens- und Arbeitsweise dabei, das Potenzial und das Lebensgefühl von Kindern, ihr früher unendliches Spiel bei unendlicher Zeit, ernsthaft anzugreifen.

Trotz rasanter Veränderung des digitalen Zeitalters, das schnell und schneller wird, geht es weiterhin um wohlwollendes Zusammenleben der Menschen unter Menschen und darum, möglichst respektvoll und empathisch untereinander auszukommen und miteinander zu leben. Darauf haben Kinder von Anfang an Lust. Wir Erwachsene müssen nur wahrnehmen und verstehen, wie sie das früh zeigen, ausdrücken und erleben wollen.

Hartmut Rosa, der zur Digitalisierung und der damit verbundenen Beschleunigung unserer modernen Welt und den anstrengenden Auswirkungen auf unseren Alltag forscht und denkt, kommt zum Schluss, dass das, was Kinder tun, uns allen in Entschleunigung und stärkere Lebensintensität helfen würde. Er schlägt vor, dass wir Erwachsenen als Wege aus Burnout und Stress jene Tätigkeiten pflegen sollten, die uns in »Resonanz« mit der Welt bringen – Resonanz als das Gegenstück zur Entfremdungserfahrung und zum Stress des heute komplexen Alltags. Er plädiert dafür, sich als Erwachsener wieder so intensiv einzulassen, dass Tätigkeiten uns verändern: draußen in der Natur zu sein, im Garten zu arbeiten, ein Handwerk auszuüben oder ein Instrument zu spielen – alles, was uns an leidenschaftlicher Tätigkeit in hohe Konzentration und Versenkung bringt, so dass Zeit sich dehnt, weniger gehetzt und getaktet ist, sondern wieder endlos werden kann. Letztlich, so Rosa, sollten wir Erwachsenen genau das abschauen und auf ähnliche Weise tun, was wir an Kindern im Spiel beobachten.[110]

Leichter mit Kindern zu leben, heißt für mich, ihr psychisches Erleben genauer zu verstehen – und nicht zuletzt ihre Ängste und unseren Umgang damit, also auch unsere Ängste als Erwachsene. Obwohl es hier immer wieder um solche Dinge ging, ist dies kein therapeutisches Buch. Menschliches Leben ist sehr komplex und es gäbe noch viel zu dieser Komplexität zu sagen. In meiner täglichen Arbeit habe ich mit der Vielschichtigkeit menschlichen Erlebens ständig zu tun. Immer wieder bleibt wichtig, dieser Vielschichtigkeit Raum zu geben. Parallel bin ich davon fasziniert, was alles ruhiger und vergnüglicher wird, sobald man Naheliegendes tut und Alltägliches verändert. Das Zusammenleben mit Kindern wird plötzlich ruhiger, manches Schwierige heilt schnell. Diese Erfahrung ermutigt mich, davon zu berichten, weil ich sicher bin, dass wir vieles für Kinder entscheidend verbessern können – auch mit einfachen Schritten.

Wir sind – mit Gehirn- und Sozialforschung – auf dem aktuellen Stand des Wissens. Deshalb können wir für Kinder heute getrost vertreten und ihnen ermöglichen, dass sie langsam wachsen und wirklich lange Kind sein dürfen.

Astrid Lindgren hat oft erzählt, wie reich es sie machte, so Kind sein zu dürfen, und dass sie ihr Leben lang daraus schöpfte:

Gewiss wurden wir in Zucht und Gottesfurcht erzogen, aber in unseren Spielen waren wir herrlich frei und nie überwacht. Und wir spielten und spielten und spielten, so dass es ein reines Wunder war, dass wir uns nicht totgespielt haben. Wir kletterten wie die Affen auf Bäume und Dächer, wir sprangen von Bretterstapeln und Heuhaufen, dass unsere Eingeweide nur so wimmerten, wir krochen quer durch riesige Sägemehlhaufen, lebensgefährliche, unterirdische Gänge entlang, und wir schwammen im Fluss, lange bevor wir überhaupt schwimmen konnten. Keinen Augenblick dachten wir an das Gebot unserer Mutter; »Aber nicht weiter raus als bis zum Nabel!« Überlebt haben wir alle vier.[111]

ANMERKUNGEN

1 »[Es] braucht Pause, damit das Gehirn in den sogenannten Ruhemodus kommt oder, wie es die Wissenschaft in der Zwischenzeit sagt, Default Mode. Das heißt einen sogenannten Traum- oder Schlafmodus, nämlich den, den wir uns in den letzten Jahren eigentlich abtrainiert haben, noch schneller, noch besser, noch sauberer, noch höher strukturiert, und man weiß in der Zwischenzeit, man muss träumen, man muss einen leeren Blick haben, um einfach Dinge, Verbindungen zu festigen im Gehirn, um Synapsen zu verstärken, damit die Wege dicker werden im Gehirn.« SWR2/wissen, 24.10.2015:»Denken in Bewegung – wie unser Gehirn die Welt versteht.«

2 Über das Paradoxon der Zunahme des Tempos in der modernen Gesellschaft bei gleichzeitiger Absicht, mit moderner Technik Zeit zu sparen, finden Sie mehr bei Dr. Hartmut Rosa, Professor der Soziologie an der Universität Jena:»In welchen Zeiten leben wir? Zeitsouveränität im Zeitalter von Multitasking und permanenter Verfügbarkeit«, Vortrag bei der Milton Erickson Gesellschaft 3.3.2016, zu beziehen über: www.auditorium-netzwerk.de.

3 DER SPIEGEL Nr. 32/2016:»Legt doch mal das Ding weg! Wie man sein Smartphone beherrscht – und Ruhe findet«.

4 Rosa, H. (2009): Über falsche und wahre Bedürfnisse, Vortrag, www.auditorium-netzwerk.de 2016.

5 Gemeinsamkeit mit anderen und ein soziales Netz durch Familie und Freunde stärken und halten nachweislich gesund, so Spitzer, M.:»Mentale Stärke – über die Kunst zu können, was man will«. Vortrag 24.10.2014 in Ulm, zu beziehen über: www.auditorium-netzwerk.de.

6 In Borchert, J. (2013): *Sozialstaatsdämmerung* können Sie nachlesen, was Familien genauer an Zuschüssen/Entlastungen in unserem Staat zustünde und wie sie derzeit im Vergleich zu jenen Menschen, die keine Kinder unterhalten, steuerlich mehrfach und generell zu hoch belastet sind.

7 Hüther, G. (2105): *Das Geheimnis der ersten neun Monate.* Der Neurobiologe und Hirnforscher Gerald Hüther beschreibt, wie diese beiden Themen bereits in der Schwangerschaft für menschliches Werden und Wachsen zentral sind. In seinen Büchern und Vorträgen erklärt Gerald Hüther uns »Laien«, wie das menschliche Gehirn eingerichtet ist – dass es sich durch Zuneigung und Verbundenheit zu den nächsten Mit-Menschen (für Kinder beginnend in der Schwangerschaft mit der Mutter, dann mit beiden Eltern) und durch Freude an Erfahrungen und Entdeckungen vielfältig verzweigt und dadurch hochkreativ und intelligent wird.

8 Hüther, G. (2001): »Die Entstehung der Liebesfähigkeit«, in: *Rundbrief der Gesellschaft für Geburtsvorbereitung* Nr. 1/2003, Göttingen, und Hüther, G. (2001): Bedienungsanleitung für ein menschliches Gehirn. Vorträge von Gerald Hüther, der verständlich und freundlich erklärt, bekommen Sie über www.auditoriumnetzwerk.de.

9 Siehe Anmerkung 7 und 8.

10 Das Gesagte gilt, so lange Kinder ausreichend geliebt werden und eine normal anregende Umgebung haben, also keine Lebenssituation, die sie extrem belastet und benachteiligt. In manchen Fällen kann eine Förderung sinnvoll sein.

11 Hüther, G./Quarch, C. (2016): *Rettet das Spiel!* Louv, R. (2011): *Das letzte Kind im Wald.* Renz-Polster, H./Hüther, G. (2013): *Wie Kinder heute wachsen.* Renz-Polster, H. (2014): *Die Kindheit ist unantastbar.* Stamm, M. (2016): *Lasst die Kinder los!* Stern, A. (2016): *Spielen.* Löbner, I. (2016): *Gelassene Eltern – glückliche Kinder.*

12 Kindertagesstätte, abgekürzt KiTa, ist inzwischen der Oberbegriff für alle Einrichtungen für Kinder; mit KiTa ist im ganzen Buch immer auch der Kindergarten gemeint.

13 Renz-Polster, H. (2014): *Die Kindheit ist unantastbar,* S. 60.

14 In Renz-Polster, H. (2014): *Die Kindheit ist unantastbar;* Seite um Seite weist der Autor nach, dass die überall gepriesene frühe Förderung kleiner Kinder weder demokratisch legitimiert noch an den Bedürfnissen kleiner Kinder orientiert ist. Sie als Eltern werden ebenso wie Sie als Fachkräfte der Kindertagesstätten über die Komplexität der Entscheidungen informiert und erfahren detailliert, wer letztlich über die Veränderung des Alltags in Kindertagesstätten bestimmt.

15 Hüther, G. (2011): *Was wir sind und was wir sein könnten – ein neurobiologischer Mutmacher.*

16 Stern, A. (2016): *Spielen, um zu fühlen, zu lernen und zu leben,* S. 127.

17 Hüther, G./Hauser, U. (2014): *Jedes Kind ist hochbegabt – die angeborenen Talente unserer Kinder und was wir aus ihnen machen.*

18 Es sind jene, die etwas leidenschaftlich gern und gut tun, zum Beispiel handwerken, Menschen bewirten, einen Laden liebevoll gestalten, einen Garten besonders pflegen usw.

19 Ein Beispiel für eine Hochbegabung im klassischen Sinne ist David Garrett. Er hat ehrlich und öffentlich darüber gesprochen, was es bedeutete, dass seine Eltern seine Begabung zwar früh erkannten, ihm aber seit früher Kindheit täglich langes Geige-Üben auferlegten. Garrett sprach in Interviews offen darüber, dass er wenig

Kind war und es ihn anstrengte, nicht unter anderen Kindern sein zu können, sondern als Hochbegabung ein Leben des »Ausgeschlossen-Seins« vom typischen Spielen auszuhalten. Man kann auf Youtube Aufnahmen anschauen, wie er als Junge konzertiert. Man hört virtuoses Geigenspiel und sieht zugleich große Anspannung. Das Schicksal war gnädig, denn früh extrem gefördert zu werden, kann fatal ausgehen und auch Garrett verlor aufgrund intensiver Förderung und Forderung die Freude und hörte mit der Musik auf. Er hatte Glück, denn er überwand das Tief. Alle, die psychotherapeutisch arbeiten, wissen, dass es zahllose Beispiele von begabten Menschen gibt, für die es anders ausgeht, weil das frühe Fördern und Fordern vielfach zu starker Anspannung führt und dann plötzlich in bleibenden Krisen endet. Dann aber ist diese frühe Spezialisierung das Einzige, was Betroffene können. Sieht man Garrett heute, spürt man, dass er wieder vergnügt geigt.

20 DER SPIEGEL, Nr. 39 /2015: Frei im Kopf.

21 Lindgren, A. (1968): *Ferien auf Saltkrokan,* S. 74.

22 Ergebnisse einer Studie: Gegenseitige Unterstützung der Partner macht beide Elternteile glücklich. S. Ferguson, M. et al. »The supportive spouse at work: Does being work-linked help?« Occu Help Psychol, in: *Hebammenforum* 1/2016.

23 Ausführlich hierzu: Garsoffky, S./Sembach, B. (2014): *Die Alles-ist-möglich-Lüge.*

24 Von Astrid Lindgren findet sich eine sehr zu empfehlende Glosse zur Frage, was gute Autoren und entsprechende Geschichten für Kinder ausmacht, in Lindgren, A. (1977): *Das entschwundene Land,* S. 85.

25 Hildebrandt, S. (Hrsg., 2016): *Ich spüre – also bin ich. Bedürfnisse vorgeburtlicher Kinder und ihrer Eltern im Spannungsfeld zwischen geburtskulturellen Entwicklungen, Gesundheitspolitik, Grundrechten, Ethik und Ökonomie.*

26 Rockenschaub, A.: »Die Frauen können es, man lässt sie nur nicht«, Interview in: Bundeszentrale für gesundheitliche Aufklärung (BZgA) Forum Nr.2/2005.

27 McDonald, E. A./Gartland, D./Small, R./Brown, S. J.: »Dyspareunia and childbirth: a prospective cohort study.« BJOG 2015; 122: 672-679 in: Hebammenforum, 6/2016.

28 Heute weiß man, dass belastende prä- und perinatale Erfahrungen bleibende Auswirkungen haben können, einerseits durch Vorerfahrungen der Eltern, andererseits durch psychische oder körperlich/medizinisch schwierige Erfahrungen für das Kind; ausführlich hierzu: Hildebrandt, S. a.a.O. und Roth, G.: »Vor- und nachgeburtlicher Stress und seine Auswirkungen auf Gehirn, Psyche und Verhalten«, Seminar bei den Lindauer Psychotherapie-Wochen 2014, zu beziehen über: www.auditorium-netzwerk.de.

29 Wohlleben, P. (2015): *Das geheime Leben der Bäume,* in der SPIEGEL-Bestsellerliste über Monate auf Platz 1. Warum? Weil es viele Menschen fasziniert, wie klug selbst Pflanzen sind und wie ihre »Körper« wissen, was zu tun ist, um gesund und gestärkt ihre Lebensprozesse zu bewältigen. Zur weiteren Vertiefung: Sämtliche Natur-Filme von Baumann, K. H., www.baumann-naturfilme.de; Arzt, V. (2009): »Kluge Vögel«, Sendereihe auf ARTE und den Sendern der ARD); Arzt, V. (2009): »Kluge Pflanzen«. Menschliche Körper sind gleichfalls »klug«, ähnlich denen der Pflanzen- und Tierwelt.

30 Gubalke, W. (1985): *Die Hebamme im Wandel der Zeiten.*

31 Seit Jahren machen Hebammen darauf aufmerksam, dass komplikationsfreie Geburten mehr und mehr bedroht sind, ebenso ihr Beruf, weil ihre Arbeitsbedingungen und ihre Entlohnung eine fachlich sorgfältige Geburtshilfe kaum noch gewährleisten – bisher ohne Erfolg. Bereits 2008 führte der Hebammenverband Baden-Württembergs im Verbund mit Ärzten und Krankenkassen eine größere Kampagne für die Senkung der hohen Kaiserschnittrate durch (ich erlebte es als Referentin mit). Es sind nicht nur die Hebammen, sondern auch Ärzte und Krankenkassen, die warnen, und dennoch verschlechtern sich die Bedingungen für Hebammen weiter. Ihre Arbeitsbelastung in Kliniken und ihre Versicherungsbeiträge steigen, ihr Berufsstand ist belastet und damit gefährdet. Das senkt dauerhaft die Chancen auf ruhige Betreuungsbedingungen für »normale« Geburtshilfe und normale Geburten. Helfen könnte (wie einst bei der Geburt für eine Frau selbstverständlich): Die Eins-zu-Eins-Betreuung, also jeweils *eine* Hebamme, die *eine* Gebärende betreut. Das würde die Kaiserschnittrate senken helfen. Hier spart unser System an völlig falscher Stelle, mit unter Umständen sehr langen Folgekosten. Zu den Folgen von Privatisierung, Ökonomisierung und Reduzierung von Personal in heutigen Kliniken: DER SPIEGEL, Heft 51/2016: »In der Krankenfabrik«.

32 Die Liste der in Ihrer Region niedergelassenen Hebammen bekommen Sie bei der Caritas, der Diakonie, dem Gesundheitsamt oder bei der pro familia in Ihrer Nähe. Wie bei Ärzten gilt auch hier: Sie haben die freie Wahl und dürfen auch wechseln, sollten Sie und die Hebamme nicht zusammen«passen«. Kümmern Sie sich möglichst frühzeitig, denn Hebammen sind gefragt und werden ernsthaft rar.

33 Schmid, V. (2005): *Der Geburtsschmerz.*

34 Der Hinweis zum guten Effekt des begleitenden Gesprächs zwischen Hebamme und Gebärender bei der Gabe von Wehenmitteln stammt von Margarethe Mroz, Hebamme, Hechingen, mündlich am 14.12.2016.

35 Fischer, H. (2003): *Atlas der Gebärhaltungen.*

36 Das beschriebene Phänomen ist bekannt: Erfahrene Fachleute wissen, dass bei sehr ambivalent erlebten Schwangerschaften die gute Geburtserfahrung entscheidend ist; wenn eine Frau große Zweifel hat, ob sie ihr Kind ausreichend lieben wird, kann eine gute, ruhig begleitende Geburtshilfe entscheidend sein, weil Mutter und Kind dann große Chancen haben, sich stark ineinander zu verlieben. Dass dies möglich ist, erleben Fachleute in der Begleitung von Frauen unter Geburten.

37 PD Dr. F. Reister, Leitender Oberarzt der Geburtshilfe, Universitäts-Kliniken Ulm: »News und Entwicklungen«, Vortrag bei der Hebammentagung, Ulm, am 8.10.2016.

38 Odent, M. (2014): *Es ist nicht egal, wie wir geboren werden – Risiko Kaiserschnitt;* Hildebrandt, S. a.a.O.

39 *Hebammenforum* Nr. 5/2016 und Löbner, I.: »Die Spuren der Sexualität während der Geburt«, in: *Deutsche Hebammenzeitschrift* 1998.

40 Rockenschaub, A.: a.a.O. und Hebammenforum Nr. 11/2016, S. 1268: Kaiserschnittrate in Deutschland ist zu hoch – Hebammenverband fordert Stärkung der physiologischen Geburt.

41 Odent, M. (2014): a.a.O.

42 Ausführlich hierzu Hildebrandt, S. (Hrsg).: a.a.O.

43 Bauer, J. (2009): Das Gedächtnis des Körpers.

44 Hebammenforum Nr.8 / 2016

45 Eine Abbildung hierzu finden Sie im Anhang in: Löbner, I. (2016): *Gelassene Eltern – glückliche Kinder.*

46 Es hilft Ihnen, wenn Sie sich ein gutes, leicht anzuwendendes Tragesystem besorgen. Das »Bondolino« von der Firma Hoppediz hat in der Testreihe der Fachzeitschrift »Hebammenforum« Heft 1/2013 in allen Bewertungs-Kriterien die Bestnote »Eins« bekommen.

47 s. o.

48 Spork, P. (2014): *Wake Up! Aufbruch in eine ausgeschlafene Gesellschaft.*

49 Reddemann, L. (2001): *Imagination als heilsame Kraft.*

50 Lindgren, A. (1984): *Die Kinder aus der Krachmacherstraße,* S. 53 ff.

51 Ausführlicher zur Frage, warum Babys eher wenig an- und ausgezogen werden wollen, und dazu, welche Art Kleidung für Babys und Kleinkinder im täglichen Gebrauch sinnvoll ist, siehe Löbner, I. (2016): *Gelassene Eltern – glückliche Kinder.*

52 Siehe Anmerkung 1.

53 Lindgren, A. (1978): »Die Puppe Mirabell«, in *Märchen,* S. 30.

54 Bauer, J. (2011): »Kinder und Jugendliche erreichen – Schule und Erziehung aus Sicht der Gehirnforschung«, Vortrag am 13.04.2011 an der Volkshochschule in 72810 Gomaringen.

55 Roth, G.: a.a.O.

56 Bucher, A. (2008): *Was Kinder glücklich macht*

57 In Löbner, I. (2016): *Gelassene Eltern – glückliche Kinder,* S. 149 ff finden Sie eine umfassendere Erläuterung, wozu Menschen Aggressionen brauchen und warum Kleinkinder sie so unvermittelt ausleben.

58 Ausführlich zu diesem Thema: Hüther, G./Renz-Polster, H. (2013): *Wie Kinder heute wachsen;* Louv, R. (2011): *Das letzte Kind im Wald;* Löbner, I. (2016) *Gelassene Eltern – glückliche Kinder,* Stamm, M. (2016): *Lasst die Kinder los!*

59 DER SPIEGEL Nr.32/2016 »Legt doch mal das Ding weg! Wie man sein Smartphone beherrscht – und Ruhe findet«.

60 Dr. G. M. Barth, Klinik für Psychotherapie und Psychiatrie im Kindes-und Jugendalter der Universität Tübingen, Interview in »Schwäbisches Tagblatt« 28.09.2016 und Prof. Dr. J. Bauer in swr2.de/zeitgenossen, 28.01.2017.

61 Spitzer, M.: siehe Anmerkung 5. Vortrag »*Mentale Stärke – über die Kunst zu können, wo man will«.*

62 Wehr, M. (2014): *Kleine Kinder sind große Lehrer. Das Genie der frühen Jahre.*

63 Hüther, G. (2001): »Die Entstehung der Liebesfähigkeit«, in: *Rundbrief der Gesellschaft für Geburtsvorbereitung* Nr.1/2003, Göttingen, und weitere seiner hier genannten Bücher und Vorträge.

64 »Jedes Jahr melden sich rund 300.000 Menschen in Deutschland wegen einer Depression arbeitsunfähig. Sie fühlen sich ausgelaugt, sind erschöpft, haben ihren Antrieb, ihre Lebenslust verloren. Doch nicht nur Erwachsene leiden unter Depressionen. Psychiater untersuchen heute, warum auch Kinder an der Krankheit leiden.« SWR2/Wissen, am 20.12.2016: »Depressionen bei Kindern«.

65 Reddemann, L. (2001): *Eine Reise von 1000 Meilen beginnt mit dem ersten Schritt.*

66 Manuela Schwesig, Bundesministerin für Familie, im Interview im Südwestrundfunk, in SWR2 am 19.11.2016.

67 Diese Themen sind sowohl bei Eltern als auch unter Erzieher/-innen häufiger im Gespräch, wie ich in der Beratung individuell und institutionell erlebe.

68 Die Erziehungswissenschaftlerin M. Stamm (2016) geht in: *Lasst die Kinder los!* diversen Mythen zur heutigen Kindererziehung auf den Grund und verweist u. a. (S. 70/71) darauf, dass bei Zunahme frühkindlicher Betreuung die Hauptbezugspersonen, die Eltern, doch an erster Stelle zu sehen sind, Einrichtungen also ergänzende Orte für Kinder sind.

69 Die Erfahrung lehrt mich: Kinder sind sehr früh begeistert von Kleineren. Sowohl in der täglichen Beratung als auch in privaten Bezügen wie auch in jährlich stattfindenden Kursen für Kinder bis zum Ende des kindlichen Spiels, also bis zur Pubertät (mehr dazu: Löbner, I.: »Babysitterkurse im Ferienprogramm in der pro familia Tübingen«, in: Schneider, E. (2008): *Hebammen an Schulen*) beobachte ich seit vielen Jahren, wie liebevoll und ernsthaft um sie bemüht größere Kinder mit Kleineren umgehen, sie versorgen, so gut sie es schon können, bzw. wie sie alles, was sie miterleben und gezeigt bekommen, in ihrem Umgang mit Puppen, Teddys usw. umsetzen und/oder nachspielen. Hierzu mehr in Lindgren, A. (1970): *Die Kinder aus Bullerbü*, S. 165: Ole bekommt eine Schwester.

70 Spork, P. (2014), *Wake Up!*

71 Lindgren, A. (1978): *Märchen*; Lindgren, A. (1989): *Nein, ich will noch nicht ins Bett!*

72 Lindgren, A. (1990): *Karlsson vom Dach.*

73 Lindgren, A. (1988): *Immer dieser Michel.*

74 Lindgren, A. (1980): *Madita*; Lindgren, A. (1984): *Die Kinder aus der Krachmacherstraße*; Lindgren, A. (1997): *Lotta zieht um*; Lindgren, A. (1977): *Lotta kann fast alles.*

75 »Es geht nicht darum, dauernd glücklich zu sein, aber darum, nach kleinen Momenten des Glücks zu suchen – Kinder tun dies, ständig«, PD Dr. L. Hermle, der mit Suchterkrankungen Erwachsener zu tun hat, in der Erläuterung dazu, warum es wichtig ist, dass Kinder reichlich fantasievoll spielen können. SWR3 Akademie am 22.5.2016.

76 Lindgren, A. (1968): *Ferien auf Saltkrokan.*

77 Hüther, G., Kurzvortrag am 23.9.2016 in 3SAT, Kulturzeit.

78 Hüther, G./Quarch, C. (2016): *Rettet das Spiel! Weil Leben mehr als Funktionieren ist*, S. 35.

79 Hüther, G.: siehe Anmerkung 77.

80 Hüther, G. am 23.9.2016 in 3SAT, Kulturzeit.

81 Diese »Ergebnisse« betreffen Kinder jeden Alters bis zur Pubertät; insofern wundere ich mich, dass bei aller Diskussion um die Ganztagschule eigentlich nie die Frage diskutiert wird, wann ganztägig verplante Kinder noch lange Zeiträume haben, um spielen zu können. Wer von uns wollte einst ganze Tage unter erwachsener Aufsicht, in der Schule verbringen? Unser Erinnern an die eigenen Abenteuer als Cowboys und Indianer, an kleine Banden-Unternehmungen oder ans Spiel mit Puppen und Tieren würde sicher helfen, dass die heutigen Söhne und

Töchter reichhaltiger und anregender nachmittags leben dürften. Wir müssten, wenn überhaupt, dann Ganztagsschulen so einrichten, dass Kinder dort spielen können oder, besser noch, von dort aus hinausgehen können für ihr Spiel unter ihresgleichen, ohne Vorgaben, ohne Anleitung. Nicht nur Vereine (für Musik, Sport, usw.) in der Schule sind wichtig – das freie Spiel ist wichtig. Was sagen Ihre Erinnerungen? Wenn ich Erwachsene danach frage, was sie als Kinder bis zur Pubertät am liebsten gemacht haben, dann hat bisher noch nie jemand geantwortet:»Kurse.«

82 Siehe Anmerkung 74: Dr. Hermle erläuterte im Vortrag, wie Kinder durch Spielen ihr Gehirn mit genau jenen Botenstoffen versorgen, die sich Suchtkranke in ihrer Not durch Suchtmittel zuführen müssen; wie Kinder also durch ausgedehntes Spielen möglichem Suchtverhalten vorbeugen. Ausführlicher zur stärkenden Wirkung des Spiels auf Kinder (und Erwachsene): Hüther, G. (2016): *Rettet das Spiel! Weil Leben mehr als Funktionieren ist;* Stern, A. (2016): *Spielen;* Löbner, I. (2016): *Gelassene Eltern – glückliche Kinder;* Pohl, G. (2014): *Kindheit – aufs Spiel gesetzt.*

83 Lindgren, A. (1961): *Madita,* S. 19 ff.

84 Ausführlicher zum Spiel mit Puppen und Kuscheltieren als»Kinder« von Kindern: Löbner, I. (2016): *Gelassene Eltern – glückliche Kinder,* S. 245 f.

85 Lindgren, A. (1990): *Karlsson vom Dach,* S. 58 f.

86 Spitzer, M.: »Mentale Stärke! Oder die Kunst zu können, was man will«, Vortrag Ulm 24.10.2014, zu beziehen über: www.auditorium-netzwerk.de.

87 Lindgren, A. (1984): *Die Kinder aus der Krachmacherstraße,* S. 14.

88 Römische Gutsanlage in 72379 Hechingen-Stein.

89 Gewöhnen Sie Jungen nicht ab, im Stehen zu pinkeln, und Mädchen nicht, wenn sie sich gerne irgendwo in die Hocke setzen. Denn dabei wird der Ausscheidungsvorgang deutlicher gespürt, macht mehr»Spaß und Lust«; ganz nebenbei erledigen Kinder aus ihrer Erlebnisfreude heraus Wichtiges. Es ist langfristig hilfreich, wenn Kinder ihre Körpergefühle in ihrer intuitiven Art spielerisch wahrnehmen dürfen und ihr ganz normal kindliches Vergnügen dabei haben. Mädchen haben durch das intensive Spüren ein Gefühl für ihren Unterleib und seine Organe (das bleibt unbewusst, ist dennoch entscheidend), was ihnen für ihre Sexualität und ihr Gebärenkönnen später entgegenkommt. Festhalten und Loslassen, Spannungsauf- und abbau werden mehr gespürt. Das Gleiche gilt für Jungen im Stehen. So erleben Kinder aus ihrem Vergnügen heraus, was ihr Körper alles kann. Man muss das mit Kindern nicht besprechen, sondern sollte sie lediglich machen lassen. Für ein gutes Zusammenleben ist wichtig und machbar, mit Kindern stetig zu üben, dass und wie man ein WC sauber verlässt. Angriffe auf ihre Freude an Ausscheidungsprozessen sollten aus besagten Gründen besser nicht stattfinden. Erzieherinnen berichten, dass es heute Jungen gibt, die nicht mehr wissen, wie ein Mann im Stehen machen kann, und deshalb im Wald nicht wissen, was sie tun sollen. Mehr dazu in: Löbner, I. (2012): *Körpererleben und Sexualität im Kindes- und Jugendalter.*

90 Im hier Beschriebenen zeigt sich übrigens eine Parallele zum Gebären: Das Gebären ist ebenfalls ein Ausscheidungsprozess und braucht wie alle Ausscheidung Ruhe und Vertrautes. Es ist ein Ineinandergreifen von Körper und Psyche. Als

ich diese Ebenen menschlicher Ausscheidung neulich in einer Veranstaltung referierte, nicht wissend, dass ein diesen Themen entsprechender Facharzt unter den Zuhörern saß, war sein spontaner Kommentar, er erlebe es so und könne aus seiner täglichen Arbeit als Facharzt mit betroffenen »Kranken« diese Zusammenhänge zwischen Körper und Psyche in puncto Ausscheidung nur unterstreichen.

91 Als wir Kinder waren, war ein wesentliches Kriterium von Schulreife, ob ein Kind seine Körperprozesse mit sechs oder sieben Jahren vollständig, alleine und außer Haus regeln konnte – ein weiterer Hinweis, dass wir an jüngere Kinder heute möglicherweise zu früh Anforderungen stellen, die sie noch anstrengen und zu Unruhe bei Kindern führen.

92 Lindgren, A. (1968): *Ferien auf Saltkrokan*, S. 166.

93 SWR2.de/wissen, am 24.8.2016: Braszus, M: »Krankheiten zum aus der Haut fahren«.

94 Ausführlich zu den vielfachen Verbindungen zwischen Haut und psychischem Erleben: Taube, M. u. a. (2015): *Die Haut und die Sprache der Seele*.

95 Lindgren, A. (1984): *Die Kinder aus der Krachmacherstraße*, S. 70 ff.

96 Lindgren, A. (1984): *Guck mal Madita, es schneit*.

97 Löbner, I. (2012): *Körpererleben und Sexualität im Kindes- und Jugendalter*.

98 Lindgren, A. (1978): *Märchen*.

99 Dieses menschliche Bedürfnis, wissen zu wollen, von wem man abstammt, ist in uns allen stark und ist der Grund, warum auch moderne Reproduktions-Medizin, das heißt Ei- oder Samenspenden, nicht ausschließlich langfristig verborgen bleiben soll; weil auch für jene Kinder, deren einer Elternteil in den anderen Elternteil per Moderner Medizin eingepflanzt wurde (die infolge normal geboren werden/ bei »normalem« Elternpaar aufwachsen), der zweite, körperlich entscheidende Elternteil Bedeutung hat; mehr hierzu in: Oelsner, W./Lehmkuhl, G. (2016): *Spenderkinder – Künstliche Befruchtung, Samenspende, Leihmutterschaft und die Folgen*.

100 Lindgren, A. (1968): *Ferien auf Saltkrokan*, S. 208.

101 Ich weiß, dazu muss der Platz für das Kind in einer KiTa der Wohnortnähe sein; aber wenn er weiter weg ist, dann müsste es dort Puppenwagen geben und man nähme die Puppe im Tragetuch mit. Die Firma Hoppediz (Bondolino) hat auch Tragetücher für Puppen, oder jemand näht gerne welche selbst.

102 In *Gelassene Eltern – glückliche Kinder* habe ich geschrieben, man müsse als Erwachsener nicht mit Kindern spielen. Dabei liegt die Betonung auf *müssen*. Wenn man als Erwachsener gerade nicht will, muss man mit einem Kind nicht spielen und ist generell nicht vorrangig dafür zuständig, dass ein Kind spielt. Assistieren im wie folgt beschriebenen Sinn sollte man aber, wenn irgend möglich, als Erwachsene/r immer. Ausführlichere Erläuterungen zu Sinn, Wirkung und Gestaltung von Spiel für Kinder finden sich in: Löbner, I. (2016) ab S. 220.

103 Lindgren, A. (1984): *Die Kinder aus Bullerbü*.

104 Lindgren, A. (1984): »Wie Ole seinen Hund bekam«, in: *Bullerbü*, S. 36; »Ich bekomme ein Lämmchen«, S. 173; Lindgren, A. (1968): *Ferien auf Saltkrokan*.

105 Lindgren, A. (1968): *Ferien auf Saltkrokan*, S. 170 ff.

106 Andersen, J. (2015): *Astrid Lindgren – ihr Leben*. S. 384 ff.

107 Südwest Presse/Schwäbisches Tagblatt vom 28.10.2016, Haupt-Artikel:»Dramatischer Rückgang: Tiere verschwinden von der Erde« Der WWF warnt zum dramatischen Rückgang der Tiere. Zum besorgniserregenden Rückgang von Insekten: DER SPIEGEL Nr. 37/2016»Ausgeflogen«.

108 Verband der Kinder- und Jugendfarmen: www.bdja.org

109 Südwest Presse, 19.11.2016:»Ein Schulhund für die 1a: Der 19 Wochen alte Mini Australian Sheperd Hugo ist seit Anfang des Schuljahres in der Klasse 1a der Goethe-Grundschule in Potsdam im Einsatz. Sein Job: Als ›Pädagoge auf vier Pfoten‹ für gute Stimmung zu sorgen.«

110 Rosa, H. (2016):»In welchen Zeiten leben wir? Zeitsouveränität im Zeitalter von Multitasking und ständiger Verfügbarkeit«, Vortrag Bad Kissingen, 3.3.2016, erhältlich unter www.auditorium-netzwerk.de und: Rosa, H.:»Mehr Resonanz – Auswege aus der Beschleunigungsgesellschaft«, Vortrag SWR2.de/Aula 18.9.2016.

111 Lindgren, A. (1977): Das entschwundene Land, S. 34.

INTERESSANTE BÜCHER ZUM WEITERLESEN FÜR (WERDENDE) ELTERN

Schmid, V. (2005): *Der Geburtsschmerz,* Stuttgart

Borchert, J. (2013): *Sozialstaatsdämmerung,* München

Renz-Polster, H. (2014): *Die Kindheit ist unantastbar,* Weinheim/Basel

Pohl, G. (2014): *Kindheit – aufs Spiel gesetzt,* Berlin

Hüther, G./Hauser U. (2012): *Jedes Kind ist hochbegabt,* München

Hüther, G./Quarch, C. (2016): *Rettet das Spiel! Weil Leben mehr als Funktionieren ist,* München

Lindgren, A.: Alle Titel – für Sie als Eltern.

ZUM VORLESEN FÜR DIE KINDER

ES IST SCHÖNER FÜR KINDER, wenn Bücher ihnen nicht zu früh vorgelesen werden, sondern erst dann, wenn ihr Verständnis für das gesamte Erleben der Kinder in den Erzählungen da ist, wenn auch die Ängste und Befürchtungen aller in den Geschichten sie nicht überfordern, sondern gut ausgehalten und durchgestanden werden können. Entscheiden Sie nach Ihrem Empfinden, wofür Ihr Kind die Reife hat. Gehen Sie auch das Vorlesen von Lindgren-Geschichten im Interesse Ihres Kindes ruhig langsam an. Meine Empfehlung:

- Ab drei bis vier Jahren: *Lotta- und Madita-Bilderbücher* und *Nein, ich will noch nicht ins Bett!*
- Ab viereinhalb (eher fünf) Jahren: *Die Kinder aus der Krachmacherstraße* und *Madita.*
- Erst ab fünf Jahren und später: *Michel, Karlsson vom Dach, Ferien auf Saltkrokan, Pippi Langstrumpf, Die Kinder aus Bullerbü, Märchen.*

WIR DANKEN DEM FRIEDRICH OETINGER VERLAG für die freundliche Genehmigung des Abdrucks einzelner Textpassagen aus folgenden Werken Astrid Lindgrens:

„Ferien auf Saltkrokan" © Verlag Friedrich Oetinger, Hamburg 1992
„Die Puppe Mirabell" © Verlag Friedrich Oetinger, Hamburg 2003
„Karlsson vom Dach" © Verlag Friedrich Oetinger, Hamburg 1990
„Die Kinder aus der Krachmacherstraße" © Verlag Friedrich Oetinger, Hamburg 1992
„Das entschwundene Land" © Verlag Friedrich Oetinger, Hamburg 1977

LITERATURVERZEICHNIS

Andersen, J. (2015): *Astrid Lindgren – ihr Leben.* Deutsche Verlagsanstalt, München.

Arnold, R. (2016): *Depressionen bei Kindern,* www.swr2.de/wissen 20.12.2016.

Arzt, V. (2009): *Kluge Pflanzen.* C. Bertelsmann Verlag, München.

Barth, G. M. (2016): Interview 28.09.2016. Südwest Presse/Schwäbisches Tagblatt, Ulm.

Bauer, J. (2009): *Das Gedächtnis des Körpers.* Piper, München.

Borchert, J. (2013): *Sozialstaatsdämmerung.* Goldmann, München.

Braszus, M. (2016): »Krankheiten zum aus der Haut fahren«, swr2.de/wissen.

Bucher, A. (2008): *Was Kinder glücklich macht.* Hugendubel, München.

DER SPIEGEL, Hamburg, Heft 39/2015 und Hefte 32, 37, 5/2016.

Deutsche Hebammenzeitschrift, Staude Verlag, Hannover.

Ewald, N./Hochwald, F. (2015): »Denken in Bewegung – wie unser Gehirn die Welt versteht«, www.swr2.de/wissen 24.10.2015.

Fischer, H. (2003): *Atlas der Gebärhaltungen.* Hippokrates, Stuttgart.

Garsoffky S./Sembach, B. (2014): *Die Alles ist möglich Lüge.* Pantheon, München.

Gubalke, W. (1985): *Die Hebamme im Wandel der Zeiten.* Staude Verlag, Hannover.

Hebammenforum, Geschäftsstelle DHV, 76006 Karslruhe, Hefte 1/2013 und 1, 5, 6, 8, 11/2016.

Hermle, L.: SWR2/aula am 22.05.2016.

Hildebrandt, S. (Hg.) (2015): *Ich spüre – also bin ich. Bedürfnisse vorgeburtlicher Kinder und ihrer Eltern im Spannungsfeld zwischen geburtskulturellen Entwicklungen, Gesundheitspolitik, Grundrechten, Ethik und Ökonomie.* Mattes, Heidelberg.

Hüther, G. (2001a): *Bedienungsanleitung für ein menschliches Gehirn.* Vandenhoek & Ruprecht, Göttingen.

Hüther, G. (2001b): »Die Entstehung der Liebesfähigkeit«, in: Rundbrief der Gesellschaft für Geburtsvorbereitung, Nr. 1/2003, Göttingen.

Hüther, G./Renz-Polster, H. (2013): *Wie Kinder heute wachsen.* Beltz, Weinheim/Basel.

Hüther, G. (2011): *Was wir sind und was wir sein könnten – ein neurobiologischer Mutmacher.* S. Fischer Verlag, Frankfurt a. M.

Hüther, G/Hauser, U. (2014): *Jedes Kind ist hochbegabt.* Knaus, München.

Hüther, G./Weser, I. (2015): *Das Geheimnis der ersten neun Monate.* Beltz, Weinheim/Basel.

Hüther, G./Quarck, C. (2016): *Rettet das Spiel! Warum Leben mehr als Funktionieren ist.* Hanser, München.

Lindgren, A. (1968): *Ferien auf Saltkrokan.* Oetinger, Hamburg.

Lindgren, A. (1972): *Pippi Langstrumpf.* Oetinger, Hamburg.

Lindgren, A. (1976): *Madita und Pims.* Oetinger, Hamburg.

Lindgren, A. (1977a): *Das entschwundene Land.* Oetinger, Hamburg.

Lindgren, A. (1977b): *Lotta kann fast alles.* Oetinger, Hamburg.

Lindgren, A. (1978a): »Mio, mein Mio«, in: *Märchen.* Oetinger, Hamburg.

Lindgren, A. (1978b): *Märchen.* Oetinger, Hamburg.

Lindgren, A. (1980): *Madita.* Oetinger, Hamburg.

Lindgren, A. (1984a): *Die Kinder aus Bullerbü*. Oetinger, Hamburg.

Lindgren, A. (1984b): *Guck mal Madita, es schneit*. Oetinger, Hamburg.

Lindgren, A. (1984): *Die Kinder aus der Krachmacherstraße*. Oetinger, Hamburg.

Lindgren, A. (1988): *Immer dieser Michel*. Oetinger, Hamburg.

Lindgren, A. (1989): *Nein, ich will noch nicht ins Bett!* Oetinger, Hamburg.

Lindgren, A. (1990): *Karlsson vom Dach*. Oetinger, Hamburg.

Lindgren, A. (1997): *Lotta zieht um*. Oetinger, Hamburg.

Louv, R. (2011): *Das letzte Kind im Wald*. Herder, Freiburg.

Löbner, I. (1998):»Die Spuren der Sexualität während der Geburt«, in: Deutsche Hebammenzeitschrift. Staude Verlag, Hannover.

Löbner, I. (2012): *Körpererleben und Sexualität im Kindes- und Jugendalter*. Widelewedele, Reutlingen.

Löbner, I. (2016): *Gelassene Eltern – glückliche Kinder*. Fischer & Gann, Munderfing.

Odent, M. (2014): *Es ist nicht egal, wie wir geboren werden – Risiko Kaiserschnitt*. Mabuse, Frankfurt a. M.

Oelsner, W./Lehmkuhl, G. (2016): *Spenderkinder*. Fischer & Gann, Munderfing.

Pohl, G. (2014): *Kindheit – aufs Spiel gesetzt*. Springer, Berlin.

Reddemann, L. (2001): *Imagination als heilsame Kraft*. Klett-Cotta, Stuttgart.

Renz-Polster, H. (2014): *Die Kindheit ist unantastbar*. Beltz, Weinheim/Basel.

Rockenschaub, A.:»Die Frauen können es, man lässt sie nur nicht«, Bundeszentrale für gesundheitliche Aufklärung (BZgA) Forum Nr. 2/2005, Köln.

Roth, G. (2014): »Vor- und nachgeburtlicher Stress und seine Auswirkungen auf Gehirn, Psyche und Verhalten«,
www.auditorium-netzwerk.de

Rosa, H. (2009): »Über falsche und wahre Bedürfnisse«,
www.auditorium-netzwerk.de

Rosa, H. (2016): »In welchen Zeiten leben wir? Zeitsouveränität
im Zeitalter von Multitasking und permanenter Verfügbarkeit«, www.auditorium-netzwerk.de

Rosa, H. (2016): »Mehr Resonanz – Auswege aus der Beschleunigungsgesellschaft«, www.swr2.de/aula

Schmid, V. (2005): *Der Geburtsschmerz.* Hippokrates, Stuttgart.

Schneider, E. (2008): *Hebammen an Schulen.* Mabuse, Frankfurt a. M.

Spitzer, M. (2014): »Mentale Stärke! Oder die Kunst zu können,
was man will«, www.auditorium-netzwerk.de

Spork, P. (2014): *Wake Up! Aufbruch in eine ausgeschlafene
Gesellschaft.* Hanser, München.

Stern, A. (2016): *Spielen, um zu fühlen, zu lernen und zu leben.*
Elisabeth Sandmann, München.

Stamm, M. (2016): *Lasst die Kinder los. Warum entspannte Erziehung lebenstüchtig macht.* Piper, Berlin/München/Zürich.

SÜDWEST PRESSE; 28. 09. 16 /28. 10. 16/ 19. 11. 16. Ulm.

Taube, K. M./Seikowski, K./Rapp, G./Gieler, U. (2015): *Die Haut
und die Sprache der Seele.* Fischer & Gann, Munderfing.

Wehr, M. (2014): *Kleine Kinder sind große Lehrer. Das Genie der
frühen Jahre.* Beltz, Weinheim/Basel.

Wohlleben, P. (2015): *Das geheime Leben der Bäume.* Ludwig,
München.

HILFREICHE INFOS

ADRESSEN
Beratungsstellen in Ihrer Nähe: www.dajeb.de
Anlaufstellen für Eltern mit Säuglingen und Kleinkindern:
www.trostreich.de, www.gaimh.de, www.isppm.de
www.franz-renggli.ch, www.emotionelle-erste-hilfe.org
Hilfe nach Kaiserschnitt: www.kaiserschnitt-netzwerk.de oder
www.isppm.de oder www.nach-dem-kaiserschnitt.at
www.kaiserschnitt.ch

VORTRÄGE
www.swr2.de/zeitgenossen
www.swr2.de/wissen
www.swr2.de/aula
www.auditorium-netzwerk.de

FILME
www.baumann-naturfilme.de

UNTERSTÜTZUNG FÜR ELTERNRECHTE
www.elternklagen.de
www.deutscher-familienverband.de

INGRID LÖBNER
GELASSENE ELTERN – GLÜCKLICHE KINDER

MIT MEHR LEICHTIGKEIT UND ENTSPANNTHEIT DURCH DIE ERSTEN SECHS LEBENSJAHRE

14 × 22 cm, 300 Seiten

ISBN 978-3-903072-20-6

DAS MODERNE LEBEN VERLANGT JUNGEN ELTERN EINIGES AB – aber auch deren Kindern. Ein weitgehend durchorganisierter Alltag, selbst der Tag der Kleinsten läuft meist nach Terminkalender ab. Und kommt dabei jemand aus dem Tritt, geht es oft schnell an die Substanz …

Was tun, wenn ein Baby nicht mehr schläft, wenn Kleinkinder nicht mehr spielen wollen, wenn Trotz und Chaos regieren und in der Familie jegliche Ruhe abhanden gekommen ist? Die Autorin zeigt mit ihrer jahrzehntelangen Erfahrung, wie man das Leben mit Kindern reibungsloser gestalten kann, warum Respekt, Würde und gute Grenzen der Schlüssel zum besseren Familienklima sind.

Sie erklärt, wie Eltern feinfühliger auf ihre Babys reagieren können, warum Kleinkinder mehr Freiraum und mehr Muße brauchen. Und sie brauchen mehr Gelassenheit der Eltern – auch das macht Kinder glücklich!

fischer & gann

Das gesamte Verlagsprogramm finden Sie unter www.fischerundgann.com

MATTHIAS FRANZ

ALLEINERZIEHEND, SELBSTBEWUSST UND STARK

MIT ZAHLREICHEN ÜBUNGEN DES *wir2*-BINDUNGSTRAININGS

14 × 22 cm, 217 Seiten

ISBN 978-3-903072-21-3

IM LINKEN ARM DAS BABY, mit der rechten Hand bastelt sie fröhlich an der Karriere: Dieses Bild moderner alleinerziehender Mütter hat mit dem realen Leben so gut wie gar nichts zu tun. Kinder allein zu erziehen ist eine enorme Herausforderung. Fachkundige Unterstützung bietet dieses eigens für Alleinerziehende entwickelte Trainingsprogramm. Seit vielen Jahren erprobt bieten die Übungen viele Hilfestellungen, um die inneren Stärken und Ressourcen von Müttern zu aktivieren und eine stabile Mutter-Kind-Bindung aufzubauen. In acht Fallgeschichten werden außerdem typische schwierige Alltagsszenarien dargestellt und Lösungswege aufgezeigt.

Ein Ratgeber, der Alleinerziehende einfühlsam begleitet, damit sie innerlich stark und zuversichtlich ihr Leben gestalten können.

fischer & gann

Das gesamte Verlagsprogramm finden Sie unter www.fischerundgann.com